対話で学ぶ
〈世界文学〉連続講義
5

つまり、読書は冒険だ。

沼野充義 編著

光文社

目次

外国の日本文学研究者たちが与えてくれるもの／わけがわからないままどっぷり浸かった、日本版モダニストの石川淳／興味の焦点は言語と文学の間にあった／揚州の鑑真を偲ぶ庭園に日本を想い、京都に残る古き唐朝の息吹に感動した／「あ行」から始めた乱読が、「こ」まで来たところで小島信夫が見つかった／日本人の真似をしながら日本語を話すということから自分を解放できずにいます／着地するのではなくどこかに向かう気持ち、そしてその過程に存在することへの関心／完璧な瞬間の美に気づくことができたのは、俳句を読んでいたから

カバーイラスト●サジマミキ
装幀●Better Days（大久保裕文+村上知子）

つまり、読書は冒険だ。

はじめに——世界文学六カ条

「対話で学ぶ〈世界文学〉連続講義」と銘打って刊行してきた本シリーズは、今回で五冊目になります。ここまで順調に続いてきたのも、私との対話にお付き合いくださったゲストの皆さん、そして興味と共感を持って「講義」を聞いてくださった聴講者の皆さんのおかげです。本当にありがとうございました。

とはいえ、何事にも区切りというものがあります。このシリーズもこの五冊目をもって、一区切りとさせていただきたいと思います。前回の四冊目では、趣向をちょっと変えて、メインタイトルを「8歳から80歳までの世界文学入門」としました。ケストナーからいただいた、我ながらいいタイトルだと思っていたのですが、妻から読書好きの義理の母に進呈したところ――少し怪《け》訝《げん》な顔をされたというのです。義理の母は今も元気で（ありがたいことです）、読書欲も旺盛、進呈した本もあっという間に読了して、面白いといってくれたのですが、鈍感なことながら、ようやく後で思い当たったことがありました。タイトルに「80歳までの」と書いてあったため、すでにその歳を超えている義理の母は、自分が除外されたように一瞬感じたに違いありません。

平均寿命が延び、戦争をしたがったり、武器で金儲けをしたがったりする人が一部で目立つようになってきたとはいえ、まだ平和に読書を楽しめる今の世の中で、確かに「80歳まで」と区切るのは現実に合わない失敗でした。そこで今回は、その反省を踏まえ、90歳まで、いや、いっそのこと、１００歳まで、と銘打って、華々しくフィナーレを飾ろうかと一瞬考えたのですが――いやいや、そもそも年齢で人を区切る必要なんて、ないじゃないか、と思い当たり、もっと元気よく、『つまり、読書は冒険だ。』とすることにしました。

この機会に、ここで私が日ごろ考えている――というか、これまで五冊の本に収録された数々の対話を通じて練り上げてきた――「世界文学を読むための六カ条」をここでご披露させていただきましょう。

1．文学を読むのは体験だ。
2．文学を読むことは旅に似ている。
3．翻訳は豊かにする。
4．多様さこそ価値である。
5．世界文学は「あなたがそれをどう読むか」だ。
6．誰もあなたの代わりに本を読んでくれない。世界文学を切り拓く冒険のヒーロー、ヒロインはあなた自身だ。

いかがでしょうか。この六カ条、よくわかるのも、なんだか意味不明のものもあると思います。詳しく論じ始めると、それだけでまた別の一冊の本になってしまいそうなのですが、ごく簡単に説明させてください。

第一に、文学を読むのは体験だ、ということ。文学を読むのは、受験勉強のときのように何らかの知識を得るためではありません。本を読むこと自体が、人間にとっての体験なのです。何らかの体験をしたら人間は多少なりとも成長し、変わります。知識は忘れてしまえばそれまでですが、読書という体験は――たとえば読んだ小説の筋書きや登場人物の名前を忘れたとしても――一生、読んだ人間に残ります。いい本を読む前と読んだ後では、あなたは少し変わっているはずだし、世界は少し違って見えるはずです。

第二に、文学を読むことは旅に似ている。文学はあなたを遠い見知らぬ国の中に導き入れてくれます。現実には旅することさえできないような時空間へも連れていってくれる。それは空間だけでなく、時間を超えた旅でもあります。文学は時も場所も自由に超えていけるすてきな夢の機械なのです。

第三に、翻訳は豊かにする。何を？　文学作品そのものを、そして、もちろん、翻訳を読むあなたを、です。普通、文学作品というものは原文で読むのが一番で、翻訳をすると原文の価値がどうしても（特に詩の場合は顕著に）失われると考えられがちです。それは一面では確かにそうなのですが、「世界文学」は翻訳なしには考えられないもので、翻訳を通して世界を知ることによって私たちは豊かになります。また翻訳は、ある文学作品が原語から外国語に旅をすることでもあります。旅をする際、余計な荷物は捨てていくことになりますが、その代わり、旅先でいろいろないいもの、新しいもの、面白いものを得て、豊かになっていきます。

第四に、多様さこそ価値である。世界文学はいまこの瞬間も数百、いやひょっとしたら千を超える言語で書かれ続けている、あまりに膨大で多様な塊です。しかし、この多様さに圧倒される必要はありません。多様さを多様さとして楽しみ、自分もその多様さを織りなす一つの要素としてこの祝祭に加わること。それが世界文学を読むということです。多様さを否定し、「一」に回帰しようとする伝統主義や国粋主義の立場があることも、もちろん否定はしません。しかし、伝統というものも、じつは多様さの祝祭に参加してこそ、初めて力と意味を持つものです。

第五に、世界文学は「あなたがそれをどう読むか」だ。現在進行中の世界文学には、これを絶対に読まなければならない、これだけ読んだら大丈夫、といった必読書リストはあり得ません。どんなに素晴らしい世界文学全集であっても、世界文学の名作を網羅することなどできません。じゃあ、どうしたらいいのか？　あまりに膨大な世界文学の塊の前に、絶望しなければならないのか？　いや、そんなことはないのです。読みたいもの、出会ったものをとりあえず自分なりに読み進め、つなげたり広げたりしていく。その営みこそが世界文学なのです。だから、世界文学とは一連の必読書リストとか、価値があると認定された古典的名作の総体などではなく、まさに「あなたがそれをどう読むか」にかかっているのです。

最後に六番目の、「誰もあなたの代わりに本を読んでくれない。世界文学を切り拓く冒険のヒーロー、ヒロインはあなた自身だ」。これは一番わかりやすいかもしれませんが、じつは一番実践が難しいことでもあります。私たちは自分で本を読んでいる気になっていても、じつは人の考えの枠組みに縛られて本を読んでいることが多い。自分自身の感想だと思ったことが、じつは世の中で作られ、すでに準備された紋切型をなぞっているだけだったりもする（中高生の読書感想文を読んでいると、特にそう思います）。しかし、ソ連出身の亡命ロシア語詩人ブロツキーは、かつてノーベル賞受賞講演（一九八七年）でこんなことを言っていました。

（……）たいていのものは、他人と分かち合うことができる。パンも、ベッドも、恋人でさえも。しかし、例えば、ライナー・マリア・リルケの詩を他人と分かち合うことはできない。芸術全般、特に文学、そしてとりわけ詩は人間に一対一で話しかけ、仲介者抜きで人間と直接の関係を結ぶ。

絶望的に膨大で多様な世界文学に一人で立ち向かうのは、ちょっと心細いかもしれません。でも、文学作品に一人で向き合うのはあなただけです。他の誰かに読んでもらうわけにはいきません。当たり前のことですが、それはものすごく素敵なことでもある。だって、冒険のヒロイン、ヒーローは、世界文学を読むあなた、君なんですから。

最後に恒例になりましたが、謝辞を申し上げます。本書に収録された対話は、先に出た四冊の場合と同様、一般財団法人出版文化産業振興財団（ＪＰＩＣ）が主催し、光文社が共催者として企画し、東京大学文学部現代文芸論研究室が協力して公開で行われたものです。そして、締めくくりには、大学の研究室での楽しくも多彩な世界文学探求のありかたをお見せするために、それまでとは趣向を変えて、にぎやかなシンポジウムを収録しました。

全五巻シリーズを締めくくるにあたって、講演会を長年にわたって主催してくださったＪＰＩＣの皆様、そして常に変わらぬ熱意をもって企画を推進した光文社の駒井稔さん、前嶋知明さん、さらには編集を担当してくださった今野哲男さん、小都一郎さんに特に感謝いたします。そしてゲストの皆さん、聴衆の皆さん、読者の皆さんにも。

この「連続講義」はいったんこれで区切りとしますが、何かが終わるわけではありません。文学は続く。私も。あなたも。世界も。

二〇一七年二月二十四日　　忌野清志郎の「明日なき世界」を聴きながら　　沼野充義

対談

川上弘美×沼野充義＋小澤 實

特別ゲスト

1

「私と文学」

なめらかで熱くて甘苦しくて

川上弘美

かわかみ・ひろみ

東京都生まれ。小説家。大学在学中よりSF雑誌に短編を寄稿、編集にもたずさわる。幻想的な世界と日常が織り交ざった描写を特色とする。高校の生物科教員を経て、1994年にデビュー短編「神様」でパスカル短篇文学新人賞を受賞。以降、1996年「蛇を踏む」で芥川賞、1999年『神様』で紫式部文学賞とBunkamuraドゥマゴ文学賞、2000年『溺レる』で伊藤整文学賞と女流文学賞、2001年『センセイの鞄』で谷崎潤一郎賞、2007年『真鶴』で芸術選奨文部科学大臣賞、2015年『水声』で読売文学賞、2016年『大きな鳥にさらわれないよう』で泉鏡花文学賞をそれぞれ受賞。2007年の第137回から芥川賞選考委員、そのほか谷崎潤一郎賞と三島由紀夫賞の選考委員も務める。俳人として、句作活動も展開している。

大学は生物学科。図書館で本を読み、研究室ではおでんを煮ていた

沼野　今日は川上弘美さんと、世界の文学をどういうふうに読んできたのか、という話を中心に進めさせていただきます。川上さんはもちろん、いろんな本をたくさん読んでこられたと思うのですが、子どもの頃はどうだったんでしょうか。

川上　子どもの頃は、実はほとんど本を読まなかったんです。小学校三年生の時、ちょっと病気をして学校を一学期間休みまして、あまりに退屈なので本を読もうとしたら、読み慣れていないのでうまく読めなかった。しかたなく、小学校三年生なのに母が読み聞かせをしてくれまして、それが『ロビンソン・クルーソー』でした。それをきっかけに読み始めました……、とずっと言ってきたのですけれど、今日は事前に沼野さんの質問をいただいていたので、もう少し真剣に考えてみました。すると、思いだしたことがありました。実は父の仕事の都合で幼稚園に入る前にアメリカに行き、三年ほど住んでいたことがあって、だから、最初の読書は、たぶん英語の本だったんですよ。

沼野　何歳ぐらいの頃ですか。

川上　五歳からです。同じように日本人の子がアメリカに行くと、だいたい三カ月くらいで英語が喋《しゃべ》れるようになるんですけれど、私は一年間全然喋れなくて。だから、読み始めたのは一年が経った後で、アメリカや英語圏の国に行った方ならご存じかもしれませんが、日本でも何冊か訳されている「ドクター・スースの絵本」（ドクター・スース著、わたなべしげお訳 など、偕成社ほか）というシリーズがありまして、日本で訳されているのは比較的物語性の高いものですが、私が愛読したものは言葉遊びが中心の絵本。シルクハットを被《かぶ》った猫のキャラクターが、"CAT ON THE HUT"などと喋りながら、初歩の英語でナンセンスな言葉遊びをしていく、そういう絵本でした。もう少し英語を読めるようになってからは、これも英語圏では有名な『ジェインのもうふ』（アーサー・ミラー著、厨川圭子訳、偕成社、一九七一年）なども繰り返し読みました。毛布が手放せない女の子が毛布を手放すまでのお話です。

沼野　日本の普通の子どもとは違っていたんですね。

川上　う〜ん、そうでもなかったんですけど、物語や意味を読むというよりも、詩や、韻律を毎日毎日口に出して読んでいたような気がします。それは自分の小説の書きようとちょっと関係しているんじゃないかと、今回初めて思いました。

沼野　小さい頃に外国語が入っていると、その後、言語感覚がどう発達していくのか、興味深いですね。一時期はバイリンガル状態ですか。

川上 いやいや、アメリカに住んだのは小学校一年くらいまでで、だから最高にうまく喋れても小学校一年生レベルです。

沼野 あとは日本ですか。

川上 はい。ただ日本では一年の二学期から入学したもので「あいうえお」を習わなかったんです。だから、「あかさたな」の規則性を知らないでいて、小学校四年でローマ字を習う時に初めて知って、びっくりしたんです。それまでは、ひらがなはバラバラに四十四文字あるのだと思いこんでいた。

沼野 それからは、日本語で本を。

川上 それが、読まなかったんですよ。だからすごく空白期があるような気がするんです。

沼野 じゃあ、日本に戻ってからの小学校の愛読書とかは。

川上 ぜんぜん覚えていませんね。その小学校三年の時に『ロビンソン・クルーソー』を読む前から、親が「世界児童文学全集」を毎月とってくれていたんですが、なにせうまく読めない。でも、病気をきっかけに読み始めて、その後は児童文学全集ひとすじです。

沼野 今、おっしゃったのは児童文学の「世界文学全集」ですね。小学館とか、集英社とか、いろいろあったと思うのですが。

川上 私のは、河出書房でした。

沼野　話が少し飛びますが、川上さんは皆さんもご存じでしょうが、大学時代は理科系で、中高時代から理科系少女のようなところがあった。

川上　作文や感想文を書くのが苦手で。国語の成績も悪くて、小説を読むのは好きだったんですが、児童文学から離れられなくて、高校になっても一番の愛読書が「ムーミン」シリーズ。自分が文学を研究する大学に行くというのは考えられなかったですね。

沼野　最初から理科系ということで決めていたのですか。

川上　はい。数学も好きでしたし。

沼野　文学をやる人は、数学が苦手だから文学に来たという人がわりあい多いと思いますけど。

川上　私は大学で生物学科だったんですけど、ロシアのウリツカヤ*1さんも生物を学んでいたと聞きます。日本の小説家にも理系の方がたまにいらっしゃいますよね。先日、河出の「日本文学全集」の中世文学を訳した五人の小説家たちによるシンポジウムがあったんですけれど、中のお一人、森見登美彦*2さんは、農学部の大学院で竹の研究をしていらしたそうです。

沼野　そうですか。本来は理科系だったのに、途中から文系にくる人は確かにいますね。大学では「文転」などといいますが、柴田翔さんという、ここにいる方はもうあまり馴染みがないかもしれないですが、『されどわれらが日々――』（文藝春秋新社、一九六四年、のち文春文庫）で芥川賞を受けた――。

川上 私たちの世代だと必読書です。

沼野 彼も理科系からの「文転」です。無線ラジオを自分で作ったりする理科少年だったようです。でも逆に、つまり文科系から理科系に転身することは、普通は難しいのであまりいない。

時々、私のところにも、理科系や、なんと医学部からも、文学部に移りたいという学生が相談に来ることがあるんですが、私はそういう専門変更をあまり勧めません。むしろ、「早まるんじゃない」と言うんです。医学をやりながら趣味で文学を読むことはできるけれど、文学をやりながら医学をやるなんてことはできませんから。それでも、来る人は来る。逆にいうと、それくらい強い希望がないと、移った後が難しくて、後悔することになります。川上さんは、生物でどんな研究をされていたのですか。

川上 研究というほどのものではないのですが、ウニの精子の尻尾の動きを制御するタンパク質のことなどを。

沼野 理科系で卒業研究に取り組むようになると、すごく忙しいですよね。遊んでいる暇がないというか、小説を読んでいる暇なんかなかったのでは。

川上 いや。それがぜんぜん理系の勉強はせず、三年生まではほとんどさぼって、図書館に通ってずっと本を読んでいました。最低限の授業にしか出ず、もちろん成績は悪かった。四年生の時に同じ研究室に同級生が三人入ったんですけれど、私以外の二人は優秀で、私は研究室にいて何をしているかというと、おでんを煮ていたりした（笑）。

『季刊NW-SF』という「場所」

沼野 専門の研究とは別に、図書館で読んでいたのは、文学ですか。

川上 小説ばっかりですね。

沼野 その頃の好きな作家や小説は。

川上 海外のものをよく読んでいました。日本のものでは、倉橋由美子と安部公房から始まって、内田百閒《ひゃっけん》、第三の新人、そして村上龍以降の若い作家たち。でも日本の作家よりは外国の作家でしたね。

沼野 外国の作家というと。

川上 大学ではSF研だったので、アシモフ、ハインライン、ヴォネガット*3などから始まって、早川書房で出ていたイタロ・カルヴィーノ*4を知り、そちらのほうからブッツァーティ*5、あるいは大学の中頃から集英社の「世界文学全集」が出はじめて、ラテンアメリカのマルケス*6、コルタサル、カルペンティエール、バルガス・リョサ、それからボルヘスへも行って。

沼野 SFは、いわゆるハードSFではなくて、幻想系というか、ニューウェーヴですね。

川上 はい。アウタースペースではなく、インナースペース、心の内宇宙を描く、とされたものを。

沼野 ブライアン・オールディスとか。

川上 そうですね。オールディスの『地球の長い午後』（伊藤典夫訳、早川書房、一九六七年、のちハヤカワ文庫SF）、名作です。

沼野 実は私もSF少年だったんです。聴衆の皆さんのための読書案内を兼ねて多少補足しますと、最初に名前があがったアイザック・アシモフは、ロシア系のアメリカ人で、科学者としてもたいへん有名な人です。ロボットの話も書きましたけれど、ほかに銀河系の宇宙を舞台にした宇宙活劇みたいなシリーズがあります。

川上 そうですね。「ファウンデーション」シリーズといって、ワクワクする壮大な宇宙叙事小説です。

沼野 「スター・ウォーズ」の基になるような話ですね。ハインラインなども、われわれSF少年少女にとっては懐かしいです。

SFというのはサイエンス・フィクションの略ですが、ニューウェーヴ系の人たちは、思索的な内面世界を探っていくということで「スペキュラティヴ・フィクション」のことだと言っていた。

川上 「思弁的」という言い方もありました。

沼野　日本では早川書房の『S-Fマガジン』という雑誌がSFのメインストリームであったわけですが、ニューウェーヴ系の人たちというのは、それよりもちょっと知的で高級、大衆受けはしないけれども、先端的なものをやろうとした人たちで、その中心にいたのが山野浩一さんという方でした。天才的な作家だと思いますが、残念ながらSF作家としては早い時期に筆を折ってしまって、その後は競馬評論を中心に著作を続けてきました。競馬のことはまったく知らないのですが、その世界では著名人だと聞いています。その山野浩一さんが『季刊NW-SF』という雑誌を出していた。今、古本屋で見つけたら、すごく貴重なものです。その編集部には、川上さんも学生時代に出入りしていたんですよね。

川上　大学四年の時に小説を見せに行かないかと友達に誘われて、そこに行きましたら、「載せてあげましょう」と。その後、私が大学を出てからも就職せず大学の研究生としてぶらぶらしていたので、ちょっとバイトをしてみないかということで、編集作業のアルバイトを二、三号分しました。

沼野　ここに、『季刊NW-SF』の実物があります。私が所蔵しているものです。

（スクリーンに『季刊NW-SF』16号の表紙が映し出される）

川上 この表紙は、私が実験で染めた細胞の切片なんです。

沼野 私は『季刊NW-SF』をほぼ全部持っているんですが、この号は座談会があって、川上さんが山田弘美という名前で出ている。

川上 旧姓が山田。

沼野 写真も載っていますが、編集部の素人カメラマンが撮ったらしく、真っ暗でほとんど顔が見えません（笑）。川上さんの小説も載っています。これも山田弘美名義かな。

川上 ですね。

沼野 『季刊NW-SF』に全部で短編を三回くらい発表していますね。全部、学部生の頃の作品ですか。

川上 四年生か、卒業してすぐの頃かです。

沼野 川上さんのファンが見つけたら、レアものですねぇ。

川上 見つけないでくださいね（笑）。

沼野 でも、この頃から川上さんらしさが出ていますね。

川上 いやー、たとえば中の「女は自ら女を語る」という座談会は、女性性をいかに小説の中で昇華していくかという話で、私はぼんやりと自分は女だしな〜、女性性はどうしても出ちゃうんじゃないかな〜、とかそんなことしか話していないんですけど、自分のもとにあるものがたしかに出ているかもしれませんね。

沼野　大学は理科系で勉強をしていて、SFからファンタジーの方向へ傾倒していったという流れを見ると、SFには、やはり理科系の興味でつながっていったのでしょうか。

川上　いや、科学的な知識を使って書くSFというのは書けなくて。違いました。実は自分は理系じゃなかったんじゃないかと思っています（笑）。

沼野　確かにさっき挙げられた作家は、イタロ・カルヴィーノとかブッツァーティとか、二十世紀後半の世界文学の中でも奇想文学の最先端で、カルヴィーノの作品などはSFというよりは、宇宙的なほら話で、あまり科学的ではありませんね。いずれにせよ川上さんの知られざるSF時代があったということで、改めて『初期川上弘美SF短編集』を出していただきたいですね。

ついでながら、山野浩一さんが中心になっていた『NW-SF』編集部は、その後、サンリオという会社が伝説的なSF文庫を創刊したとき、その司令塔にもなったんですね。

川上　そのサンリオSF文庫のラインナップを考えたのが山野さんで、沼野さんも『ソラリス』の作者のスタニスワフ・レムの作品を翻訳なさった（スタニスワフ・レム『枯草熱』吉上昭三・沼野充義共訳、サンリオSF文庫、一九七九年）。

沼野　そうなんです。あの頃、私も山野さんのところに出入りしていて、英語系の人たちと、誰のどの作品をサンリオSF文庫に入れるとか、あの作品はあの人が訳すんだとか、そんな話をしていました。川上さんとも編集部ですれ違っていたんじゃないでしょうか、互いに知り合いではなかったわけですが。

川上　私は召使いのように働いていたので、翻訳する方たちのところには入れてもらえませんでした（笑）。

溜まった十年間の澱《おり》のようなものが、書かせてくれた

沼野　川上さんはその後、小説家としてデビューされるわけですけど、最初の作品は一九九四年の「パスカル文学賞」*7を取った「神様」（『神様』所収、中央公論社、一九九八年、のち中公文庫）ですね。あれは大学を出てからになりますか。

川上　もう三十五歳くらいの時です。『NW-SF』でバイトしていましたが、ちゃんと働かないなら実家を出ていきなさいと言われて、いろいろな伝手《つて》をたどってようやく教師になったんです。教師になってからは、忙しいということもあったんですけど一行も書けなくて、書けないという前に書くことがない。今もないんですけど、当時はもっとなかった。だから私、二十代でデビューした人は、なんてすごいんだろうと思うんですよね。

私たちの世代だと、学生運動はほとんど終わっていましたし、戦争は体験しておらず平和な時代に育ってきて、個人的にも波瀾万丈な人生を送ってきたわけではないし。言葉で何か作るのは

好きだったけど、作ったものが影を持たないというのかな、普通なら日が射すと影ができるけれど、その日が射してこないというか。それは自分でも気づいていて、それで書けなくなった。だから、働いて、結婚して、子どもが生まれて、普通の生活をして、そこで溜まった澱のようなものが、三十五、六歳になって小説を書かせてくれたという気がしています。

沼野　確かに、作家の中にはとても若くしてデビューする人もいて、大江健三郎さんなどは、二十歳そこそこの頃から作家として認められていますから、もう六十年近くも作家として第一線で書き続けてきた。これは気が遠くなるような歳月と持続的な仕事でして、大江さんは別格中の別格ですけれど、もっと若い世代でも、例えば島田雅彦さんは大学在学中にデビューしています。その後の彼の作家としての成長を見ていると、それはもう大活躍ではあるんですけれども、あまり若くして作家として出てしまうと、やっぱりその後、走りながら勉強して実力をつけていかなければならない。蓄積がまだあまりないときにデビューしてしまうと、その先の長い道のりがけっこう大変なんですよ。それに比べると、川上さんはデビューが遅かった分、たくさん溜めている。

川上　そうですね。溜めている時間が十年以上あったような気がします。

沼野　学校の先生になって生物を教えていたのですか。

川上　ええ、理科を。中学と高校が続いている女子校で理科と生物を教えていました。

沼野 どんな先生だったんでしょうね。

川上 けっこう授業は好きで。教え子で理系に行きましたという子が何人かいたので、授業はよかったのだと思います。でも、教師としてはダメだったかなと。教師って授業ばかりしているのではなくて、一人一人の子たちと向き合うことが必要なので、そこがダメでした。というより、私が子どもたちに教えるよりも、教えられるばかりだったし。

沼野 川上さんに理科を習った昔の子どもたちから、そろそろ、いろんな分野で活躍する人たちが出てきてもいい頃でしょう。

川上 そうだといいですね。

沼野 どこかで活躍していて、「実はいまの私があるのも川上先生に生物を教えていただいたおかげです」なんていう人はいませんか。

川上 いないなあ（笑）。

沼野 女子校ですよね。作家になった人は。

川上 うーん、離れて久しいので、わかりません。

沼野 十年以上の「蓄積」の後、「神様」という、短いけれどすごく印象的な作品でデビューしたわけですが、あの作品の着想はどんなふうに生まれたのでしょうか。

川上 書けちゃったんです、めずらしく。上の子がすごく言葉が遅い、小学校に入る直前まで喋れなかった子どもで、だから病院に通ったりして、そういう子を育てているとどうしたらいいかが自分でもわからなくていろいろ悩んで、「神様」は、熊が隣に引っ越してきて、その熊と散歩に行くという話なんですけど、その熊が世界から弾き出されている感じ、だけど弾き出されていることを恨むのではなくて、理不尽な中でどうやって生きていくかということを感じつつ書いた話でした。上の子と世界とのかかわりの比喩として意識していたのではないですけれど、普段の生活の中でなんとなく感じていたことがそのままぱっと一時間か二時間で書けちゃった感じでした。それまでも小説を書こうとしてはいたけれど、実感がこもって書けたなと思うものがなかった。

沼野　その前に、押し入れに原稿がたくさん溜まっていたという感じではなかったんですか。

川上　多少は書いては捨て、していましたが、そのころは小説を書くより新聞ダイジェストを作るほうが楽しくなっていた時期だったんです。子どもを育てていましたから、本を読む時間がなくて、唯一の楽しみが新聞だったんですね。その月の面白かった記事と、死亡した人の記事を、紙一枚に三段組でまとめて何年か作っていました。

沼野　手書きですか。

川上　最初は手書きで、ワープロを買ってからはワープロを使って。

沼野　それは家族で回覧していたのですか。

川上　新聞の前に、原稿用紙一枚か二枚の短い小説を書いてはコピーして、友達に送っていたんですけど、全然反応がなくて、半分嫌がられていたので、それをやめてその新聞を毎月送るようになったら、それは喜ばれたんです。

沼野　まだインターネットが普及していない頃ですか。

川上　私がデビューした「パスカル文学賞」というのはパソコン通信によるものですから、まだです。

沼野　パソコン通信で応募する形の文学賞ですね。今のインターネットの一歩手前の段階の。

川上　今、私が若かったら、短い自分の小説を書いてネット上で発表していたのじゃないかなと思います。そして「誰も見てくれないな」とがっかりしていたという気がします。

沼野　今のインターネットは便利である反面、普及しすぎた結果、あまりに膨大な情報の中で埋もれてしまう危険がありますね。本当にいいものをみつけるのはかえって難しくなったかもしれない。あの頃は、賞にしても少し手作り感みたいなものが残っていました。

川上　ありましたね。その頃に知り合った人と、まだ仲が良かったりします。長嶋有*8さんはその時にパスカルの第一回に応募した応募仲間です。応募仲間で俳句を作りあってみたり、それから、オフ会というのがあって、そこに行って実際に会って、こういう顔をした人だったんだって思ったり（笑）。

沼野　それでいよいよ作家の道を歩み始められるわけですね。作家になった人には、話をうかがってみると、なるべくしてなったというところがたいていあるんですが、実際にどういうふうにしてなったのかはなかなか説明しにくい。簡単に説明できるくらいなら、誰でも作家になっているでしょう（笑）。ですから、聞くだけ野暮なのかもしれませんが、川上さんの場合はどうだったんでしょう。SFが好きで濫読《らんどく》している人は珍しくないと思いますが、読むだけの人から、書く人になるにあたっては、大胆な飛躍が必要だと思うのです。

川上　大学に入ってSF研に入ったら、年に二回ほど機関誌を作ることになったんですね。そこで無理矢理小説を書きなさいと言われてショートショートから始め、最長で二十枚から三十枚のものが書けるようになりました。締め切りがあって初めて書けるようになった。もし、それがなかったら一生書いてなかったかもしれません。締め切りって大事ですね。

沼野　お茶の水女子大学のSF研ですね。こちら出身の作家は、他に誰かいますか。

川上　一年下の伊東麻紀*9さん、三年下の松尾由美*10さんがいます。お二人とも私より先のデビューで、同じ雑誌で書いていた私もデビューできるかもしれないと、甘い考えを抱いておりました。

沼野　では、SF研の雑誌でもけっこう書いていたのですか。

川上　毎回毎回、書いていました。

沼野　それを探しだしてまとめれば、初期短編集が一冊簡単にできそうですが、探すのは難しいでしょうか。

川上　だから、どうか探さないでください（笑）。

異世界に遊ぶ翻訳文学の歓び

沼野　さて、この辺で翻訳文学の話に移りましょう。日本文学になんとなく馴染めないで外国文学を多く読んできたということでしたが、日本文学を読むのと翻訳文学を読むのとは何が違うんでしょう。

川上　今は外国の生活って身近ですよね。四十年近く前に初めてフランスに行ってちょっとだけ滞在した時に、スーパーに行くとワインが当時の日本の値段でいうと五百円くらいで売っている。日本だとどんなに安くとも二千〜三千円はした時代だったのですが、買うと普通に美味《おい》しい。それからただのフランスパンでも、ものすごく美味しい。外国の日常生活を、日本人はぜんぜん実感できていなかったんです。

今は日本にいても、外国のものがさまざまに手に入るし、わかります。この前『ナイン・ストーリーズ』（J・D・サリンジャー著、柴田元幸訳、ヴィレッジブックス、二〇〇九年）を久しぶりに読んだのですが、昔に読んだ時はそこに書いてある日常風景が異世界のようだった。それが外国文学を読む面白さでした。作家にとってのリアルが自分には幻想に感じられるような、そういう歓《よろこ》びが当時の翻訳文学にはありました。

沼野 翻訳文学って好きな人もいますが、逆に馴染めないという人もいて、特に昔は、文体に翻訳調といわれるものがあって、日本のものに比べて、なんだか不自然な日本語でしっくり来ないなんてことがよくいわれました。川上さんの場合、逆に日本文学のほうが馴染めなかったというわけですが、これは何なんでしょう。

川上 小さい頃は日本の学校にうまく馴染めなくて、今いるところにもう一つ馴染めないと感じながら育ってきたところがあります。たとえば、学校での生活が本当に楽しい人は、異世界について書いてあるものはあまり読みたがらないような気がするんです。馴染めない人間が、今いるところのものじゃないものを読みたがる。

沼野 それはもうそうですね。あまりこんなことをいうとさしさわりがあるかもしれませんが、外国文学を専門にやっている人には、多少そういうところ、日本文学が嫌だなというのがあるような気がします。

川上 そうなんですよ。今でいうところの「リア充」*11というんですか、「リア充」系のものは読みたがらないということがあるんですね、多分。

沼野 翻訳ものを読む時はどうやって選んでいたのですか。

川上　好きな翻訳家のものを選んで読んでいました。SFでいうと伊藤典夫や浅倉久志訳のもの。平明で美しい日本語で、ずっと飛んで、今でいうと岸本佐知子さんが訳すものは、ことに好きです。

沼野　東大の同僚だった柴田元幸さんの訳すものなども、質が高いですよね。日本の文芸誌の小説より、翻訳を読んでいたほうが、文学的な世界が味わえるなんてこともある。

川上さんは外国文学を読むだけの立場から、いまや自分の小説が外国語に訳されるという立場になったわけですが、興味があるのは、翻訳者とどう付き合っているのかなということです。翻訳者の中には、訳しているとき「ここがよくわからない」と原文について質問してくる人もいますし、個人的に著者と親しく付き合うようになる人もいます。川上さんの場合はどうですか。

川上　実際に恒常的に付き合っている翻訳者は一人。私、最初に訳されたのはフランス語で、その翻訳者の方はフランス人の女性なんですけど、日本の方と結婚されて今、京都に住んでいるんです。

沼野　末次エリザベートさん。

川上　はい。彼女とは電話で話したりお喋りしたりします。ただ、私の小説に関しては、語句や題の決め方についての質問が多少あるくらいで、後はあまりないです。多分訳しにくいだろうと思うのですが、訳しにくくても自分のイマジネーションをこうと決めて訳すことができる人が、訳してくださるんだと思います。

沼野　川上さんの文章は、難解な言葉とか極度に難しい言葉は使っていませんね。だから表面的には割と平易に見えるけれども、非常に独特な語感があって、オノマトペなども個性的な使い方をされていますし、微妙なニュアンスを正確に感じとるのは難しい。

川上　難しいとは思うんですけど、訳したものは私にはわからないので。

沼野　仏訳とか英訳とかは、ご自分ではチェックはされないのですか。

川上　英訳を読もうと思って三ページくらい行くと、もう疲れて止めてしまう（笑）。

沼野　でも作家の中には、自分が苦労して書いたところがちゃんと訳されているかと気になってチェックしたがる人もいる。

川上　前にロンドンに行った時に、三カ国語ができる小説家と話しまして、彼女は英語で書いて、同じものをフランス語で書いて、ドイツ語でも書くんです。自分で書かないと耐えられないと。なぜあなたは大丈夫なのかと言われました。

もしかしたら、日本語に訳された外国文学を読んで育ったので、翻訳者は上手に翻訳してくれると思いこんでいるのかもしれません。

沼野　いろんな作家のケースがありますけれど、有名なところだと、ミラン・クンデラ。彼はチェコからフランスに亡命して、いまではフランス語で書いていますが、もともとチェコ語が母語で、長編『不滅』までの前期の傑作はすべてチェコ語で書いています。彼はチェコ語がマイナー言語で、ちゃんと信頼できる翻訳者があまりいないということもあって、神経質なまでに自分で翻訳を細かくチェックしてきました。ヨーロッパ的な教養人ですから、英語、ドイツ語、フランス語くらいはすらすら読めてしまうんでしょう。でも読めてしまうということが、かえって問題かもしれません。まったく読めなかったら、自分でチェックなんてしようとも思わないでしょうからね。

クンデラは『冗談』という小説が初めて英訳された時に、チェックしてみたところ、とんでもないことに気づいた。章の数が違っていたというんです。それなら、たとえ英語がまったく読めなくてもわかります。ただ、さらにとんでもないことがあった。彼の小説では本来の物語の展開の中に、思弁的というか、哲学的というか、そういう評論のような部分がたくさん挟み込まれるんですけれども、その部分が勝手にカットされていた。そんなことを無断でやられていたわけです。それ以来、クンデラは翻訳不信に陥って、訳文をいちいち点検するようになり、自分のできない日本語訳までチェックするようになった。

川上　どうチェックするんですか。

沼野　編集者やエージェントを通じて、チェコ語ができる他の翻訳家や専門家に点検を依頼したり、意見を聞いたりしたようです。しかしですね、容易に想像がつきますが、こういうことをやると、人間関係に問題が生ずることもある。自分がライバルと見なしている人の翻訳を、公平に評価できるような人ばかりだったらいいんですけれども。

川上 対談をする時に、編集者がまず活字に起こしてくれますよね。私、実はそれにものすごく手を入れるタイプなんです。もし、自分がいろいろな言語ができたら、同じようにしちゃうかもしれません。

沼野 時間がかかり過ぎて、自分の作品が書けなくなるのでは。

川上 その通りなんです。ただ、こんなことも思うんです。小さい頃名作のダイジェスト版がはやったんですが、私の母が嫌がりまして、読ませてもらえなかったんです。でも私は、それを読みたくてしょうがなかった。そして、読んでいたら満足していたような気がする。要するに書く人間が思うほど読むほうは細かく読んでいない。

沼野 そこに、書く側と読む側の立場の違いがあります。今、世界中で出版され、読まれている小説について、テクストの一言一言を細かく吟味して、「この箇所の翻訳はちょっと」と言っていたら、そもそも翻訳出版なんて成り立ちません。どんなに人並はずれた言語の天才が翻訳に取り組んだとしても、他の言語で原作と百パーセント同じものが再現できるかというと、そんなことはありえない。語学があまりできない人がそういう幻想を抱きがちですが、言葉の一つ一つが一対一でぴったり対応するような翻訳ができるかというと——、

川上　無理ですよ。言語が成り立っている社会が違う、そうすると言語もずれが出てくるわけですから、それはありえないです。

沼野　そうすると、原作とどこか違うものになったものが、翻訳としていろんな言語で読まれている、それが世界文学の実際のあり方なわけですね。村上春樹だってそんなふうに読まれているわけです。あまり細かいところに神経を使いすぎると、翻訳そのものが不可能だということになってしまう。

『真鶴』を読む

今日はせっかく大学の教室に来ていただきましたから、ちょっと授業風に、川上さんの作品が外国語に訳されたらどうなるかなということを、実際のテクストに即して見てみたいと思います。川上さんの代表作の一つに『真鶴』（文藝春秋、二〇〇六年、のち文春文庫）という長編があります。この作品はとても雰囲気のある文体で書かれていまして、冒頭を見ても、「歩いていると、ついてくるものがあった」という文で始まるのですが、ついてくるのが女なのか男なのかわからない、ひょっとしたら幽霊じゃないかなんて感じを漂わせる書き方になっています。川上さんの個性がよく生きた、雰囲気のある書き出しですが、これは外国語にするのは、簡単なようでいてなかなか難しい。そこで、今日は最初に川上さんに日本語の原文を読んでいただいて、次にここにいる外国の日本文学研究者の皆さんに、英訳、ロシア語訳、ポーランド語訳ではどんなふうになるのか、読んでもらいましょう。では川上さんからお願いします。

（川上氏、『真鶴』の冒頭を朗読する）

歩いていると、ついてくるものがあった。

まだ遠いので、女なのか、男なのか、わからない。どちらでもいい、かまわず歩きつづけた。

午前中に入り江の宿を出て、岬の突端に向かっている。昨夜はその集落の、母親年配と息子年配の男女の二人でやっている小さな宿に、泊まった。

東京から電車で二時間、九時ごろに着いた宿の表はすでに閉じていた。表といっても、民家と同じ低い鉄製の門に、細くねじれた松を二三本置いた、宿の名も書かれていない、「砂」と墨書された古びた表札がぽつりとかけてあるばかりの構えだ。

「砂、という名字は珍しいですね」聞くと、母親の方が、

「このあたりには、幾軒かあります」答えた。

息子は白髪の多い、けれどわたしとそう年はかわらないだろう、四十なかばを過ぎたほど

の齢とみえた。

「朝食は」と聞く息子の声に、おぼえがあったが、あきらかに初対面である、知ったものの声に似ているにしても、それが誰なのか思いだせない。

沼野　はい、どうもありがとうございます。やはりご本人に読んでもらうと素晴らしいですね。では、英訳からいきますか。読んでくれるのはデビッド・ボイドさん。東大の現代文芸論の修士課程を卒業し、現在プリンストン大学の博士課程で日本近代文学の研究をされています。

（ボイド氏、英訳を朗読する）

I walked on, and something was following.

Enough distance lay between us that I couldn't tell if it was male or female. It made no difference, I ignored it, kept walking.

I had set out before noon from the guest house on the inlet, headed for the tip of the cape. I stayed there last night, in that small building set amidst an isolated cluster of private houses, run by a man and woman who, judging from their ages, were mother and son.

It was nearly nine when I arrived, two hours on a train from Tokyo, and by then the entrance to the inn was shut. The entrance was unremarkable: a low swinging iron gate like any other; two or three wiry, gnarled pines; nothing to indicate the lodge's name but a weathered nameplate, ink on wood, bearing the name "SUNA." *Suna* meaning *sand.*

"Unusual name, isn't it?" I asked. "Suna?"

"There are a few in the area," the mother replied.

Her son's hair was graying, though he looked my age, forty-five or so.

When he asked what time I wanted breakfast, it was as if I knew his voice. And yet it was obvious we had never met.

沼野　ボイドさんは澁澤龍彦がとてもお好きで、そのほか、近代の文壇史も研究されている方です。日本語ももちろんよく知っていますが、この箇所の日本語の原文と翻訳を比べて何かコメントがありますか。ちなみに、今の英訳は、マイケル・エメリックという、若手で抜群に優秀な日本文学者による翻訳です。

ボイド　いいと思いました。原文と比べてみると、句読点、コンマの置き方が面白いですね。原文は主語のなさが特徴ですね。けっこうカットしていて、それでいろいろなことを再現させていると思うんですけど。

沼野 I walked on という過去形の文の後にコンマがあって something was と過去進行形が続くでしょ、エメリックさん自身は、ここが工夫したところだと言っていました。独特のリズムが出ていますね。

ボイド 文章の中で主語が変わるんですね。視点の揺れみたいなものが出ているんだと思います。

沼野 変わるというか、本来の日本語の原文には主語がない。

川上 ないんです。私、一人称がないところから始めるところがあって、「神様」というデビュー作は、英語でいう日記文体というか、日記文体は英語にしてはめずらしく主語がないわけですが、I を使わないでいきなり go to the ～などという、それで「神様」を書いてみたところがあります。主語がないんです。

沼野 日本語は、主語がなくても書けますからね。

川上 書けますが、意識しないと主語が出てきちゃうので、これは意識して出さないようにした。

沼野 英語の場合は主語がないと文が成り立たない。この英訳もいきなり I という一人称単数の主語から始まっています。ボイドさん、どうもありがとうございました。

次に、ちょっとエキゾチックというか、日本ではあまりよく知られていない言葉にするとどうなるか、聞いていただきましょう。

現在、現代文芸論の博士課程に留学していて、太宰治とチェーホフの比較研究をやっているウッセン・ボタゴスさんに読んでもらいます。ウッセンさんはカザフスタンの出身で、ロシア語とカザフ語のバイリンガルです。

（ウッセン氏、ロシア語訳を朗読する）

Я шла, а за мной кто-то следовал. Издалека было непонятно, женщина это или мужчина. Не обращая внимания, я продолжала идти вперед.

Утром, оставив гостиницу, располагавшуюся в бухте, я направилась к краю мыса. Ночь я провела в местном маленьком отеле, который держали мужчина и женщина, по виду мать и сын.（中略）

（……）только одиноко висела потертая табличка, на которой черной тушью было написано «Суна».

— «Суна» — необычная фамилия, — заметила я.

— Здесь таких несколько, — ответила хозяйка.（後略）〔リュドミラ・ミローノヴァ訳〕

沼野　ウッセンさん、ロシア語訳について何かコメントをいただけますか。

ウッセン　英語訳と比べてみたんですけれど、アプローチが違っていて、日本語では「ついてくるもの」が人か物かよくわからないけれど、ロシア語では人として翻訳されているのですね。英語訳だとsomethingですから、人ではなくてモノとして訳されている。その違いが面白い。それと、英語訳の場合だと「砂」の意味が説明されているんですけど、ロシア語訳では「砂」には何の説明もありません。

沼野　原文で「砂、という名字は珍しいですね」と言われているだけですが、ロシア人の読者にはどういう意味だかわからないから、説明を入れたほうがいいかもしれませんね。ミステリアスな感じは保ったままでも。

ウッセン　「珍しいですね」とあるので、敢えてよけいな説明をしなかったのかもしれないですね。でも、ロシア語訳もよくできていると思います。

沼野　ウッセンさんは言わなかったけれど、ロシア語の文法的特徴から出てくる大きな違いは、いきなり主語が出てきて、二番目に動詞の女性形が出てくるので、主語が女性であることがわかるということです。「私」が歩いている場合、ロシア語では、過去形ですと動詞で男性か女性か形を決めないと言えないんです。非常に不便ですが。

川上　自分が女性だと認識している男性の場合はどうなるんでしょう。

沼野　自分の意識に従って使います。

ウッセン　自分が女性と思っている人は女性形です。

川上　そこである種の決定がなされるわけですね。

ウッセン　そうですね。ロシア語と違ってカザフ語の場合は、男性女性を分けなくてもいいです。

川上　フランス語だと話す人が男性か女性かではなく、「もの」に性がありますよね。

沼野　それとは違って、動詞の過去形の語尾が、女性と男性とでは形が変わるんです。だから、同じ「歩いていた」でも、男か女かはっきり区別されてしまう。いまどき、ちょっと不便といえるかもしれません。でもこれは文法なのでしかたない。

今、翻訳のいろんな問題を話し合っているわけですけど、別に各言語への翻訳の出来不出来をあげつらっているわけではありません。今日とりあげた翻訳は、どれもとてもいい訳だと思います。ただ、それぞれ異なっているのは、テクストに対してどう向き合うかということ。それから言語の特質によって、どうしても結果としてできあがる翻訳がかなり違ってきます。では、最後にポーランド語を読んでもらいます。

読んでくれるのは、やはり東大の現代文芸論研究室で日本の俳句のポーランド語訳の研究をしているエルジビエタ・コロナさんです。

（コロナ氏、ポーランド語訳を朗読する）

Cały czas idzie za mną.

Jest jeszcze daleko, więc nie rozpoznaję, czy to kobieta czy mężczyzna. Wszstko mi zresztą jedno, idę dalej, nie przejmując się tym.

Przed południem wyszłam z pensjonatu nad zatoczką i skierowałam się ku krańcowi cypla. Ostatnią noc spędziłem w małym wiejskim pensjonacie, prowadzonym przez kobietę i mężczyznę, sądząc w wieku: matkę i syna.（中略）

(......) i stara tabliczka, na której nie było nawet nazwy pensjonatu, tylko wypisane tuszem nazwisko “Suna”.

—“Suna” to rzadkie nazwisko, prawda? — zapytałam, na co matka odpowiedziała:

A tu w okolicu jest kilka rodzin.（後略）〔バルバラ・スウォムカ訳〕

コロナ　英語で I walked on と過去形に訳したところが、ポーランド語では現在形になっています。過去形にすると男性か女性かがわかってしまうからですね。

沼野　男性か女性かをぼかして、しかも主語を省略していますから、非常に曖昧な始まり方ですね。ポーランド語の文法をうまく利用していますけれど、ちょっと不思議な文章で、原文にある不思議さに何とか対応しようとして現在形に変えたわけですね。

川上　みんな細やかですね。

沼野　翻訳の質、とくに各国の日本学の水準はずいぶん高くなっています。こういうものを訳す人は、これは失礼な言い方になりますが、訳したからといってお金が稼げるわけではありません。基本的に好きだからやっている。

川上　そのことは、すごく感じます。川上さんのものはこちらでは知名度がもう一つなのでなかなかOKが出ないけれども訳したい、と言ってくださる翻訳者の方がけっこういらして、そういう方が心を込めて、細かいところを汲《く》んでやってみたい、挑戦したいと言ってくれるのは嬉しいです。

沼野　そういう気持ちでやる人は非常に丁寧でしょう。レベルも高いし。

川上　やはり信頼して大丈夫だと。

沼野　こういうレベルで、筆者が細かいところに口を出すと、たいへん複雑なやりとりになってしまいます。私の手元にはドイツ語訳、フランス語訳もあるのですが、今日は朗読では、英語以外に、日本ではあまり響きを聞く機会もない二つの言語への訳をご紹介しました。

川上　私も初めてでした。貴重な体験をありがとうございました。

俳句を作る小説家

沼野 さて、川上さんは小説家ですが、エッセイストでもある。そしてじつは、俳人でもある。

川上 俳人というのはちょっと（笑）。小説家で俳句も少したしなむという程度です。『機嫌のいい犬』（集英社、二〇一〇年）という句集が一冊あります。

沼野 俳句というのは、小説とずいぶん違うと思うのですが、どうなんでしょう。小説を書く時と比べると、気分転換みたいなところがあるんですか。

川上 いや気分転換でできるほど、どんどんできないです。小説はどんな短い作品でも、完成するまでにやっぱりたくさん書かなければいけないんですけど、俳句は五七五、合計十七文字で完成の喜びがある。それが一番違いますね。短い時間で喜びがやってくる。

沼野 『機嫌のいい犬』の中から、いくつか紹介していただけますか。

川上 （詠む）

はつきりしない人ね茄子《なす》投げるわよ

C難度宙返りせる春のたましひ

てながざるほしくてをどるちるさくら
聖夜なりミナミトリシマ風力10
楽しさは湯豆腐に浮く豆腐くづ
春の夜人体模型《じんたいもけい》歩きさう
名画座へゆく落第のおとうとと
はるうれひ乳房はすこしお湯に浮く
秋晴や山川草木《さんせんそうもく》皆無慈悲《むじひ》

（聴衆から、笑いわく）

沼野　最初の「茄子投げるわよ」はすごいですね。
川上　はげしい破調ですね。足して十七で作った。ごく最初の頃の句です。
沼野　今日は皆さんへのサプライズというか趣向がありまして、実は川上さんのパートナーの……
川上　パートナーであり、俳句では師匠です。
沼野　小澤實《みのる》さんをお迎えしています。ご紹介しましょう。

川上　こういう場でご紹介するのは、初めてです。本邦初公開です。

（小澤氏登壇）

小澤　小澤實です。

沼野　川上さんにいくつか読んでいただきましたが、小澤さんから見て川上さんの俳句はいかがでしょう。

小澤　とても自在です。普通の俳人は、あまり面白いことをいわないです。聴衆の皆さんが笑ってくださいましたけれども、非常に面白さが強い句なんでしょう。それは普通ないですよ。

沼野　小澤さんの立場から見て、小説を書くために必要な才能と、俳句を作るために必要な感性は、根本的に違うのではないですか。

小澤　いや、続いているんだと思います。小説を書いている人であることで、一句一句にジャンプしているところがあるんじゃないでしょうか。

沼野　小説と俳句は通じていると。

小澤　ええ。それで、普通の俳人とは違う自由さを獲得している。

川上　俳句のつくりかたとしては、つい物語性を込め過ぎてしまってよくないなと思うことがあります。小説家なので嘘の話を書くのが大好きで、そういう俳句がいっぱいありますけれども、反面では、自分のことを詠んだという印象があるものが少ない。俳句としては弱いのかなと思います。

小澤　それが、面白いところだと思います。

川上　OKですか。

小澤　OKです。

沼野　コンスタントに作られているのですか。

小澤　私がやっている『澤』という俳句雑誌で、毎月。

川上　毎月作らないといけないので、嫌々ながら作っています。作ると楽しいんですけど。

小説を一つ思いつくのと同じくらいに一つの句に苦労があります。小説を書きはじめるまでには、ハードルをいくつか超えないといけないんですけれど、俳句を作るにもハードルを越える必要があるんです。

小澤　句会があると作ってくれるんだけれども、ないと作ってくれないんです。

川上　締め切りがあると作る。

沼野　その場で作るということですね。

小澤　次の句会は、二カ月後に設定しているんですけれど。

沼野 その二カ月間は考えているんですか。
川上 いや全然考えていないです。直前になって考える。
沼野 俳句と小説はつながっている面があるというお話でしたが、小澤さんは小説をお書きになったことは。
小澤 高校生の時に書きましたけれど、もう恥ずかしい次第です。
沼野 弘美さんに先生になってもらって、これから書いてみてはいかがですか。小説界は人材を必要としていますので。
小澤 俳句だけで手一杯です。なかなかそこまでは行かないと思います。
川上 指導などをしだすと、関係に亀裂が（笑）。
沼野 実は、川上さん、小澤さんとは、もう何年も前になりますが、一緒にロシアを旅行したご縁があります。お二人で前に出て喋るという機会は今までになかったということですし、貴重な機会なので、今日は小澤さんには壇上で最後までお付き合いいただきましょう。

『伊勢物語』を翻訳して

沼野 さて、ここで古典の話、日本の古典の話をしようと思います。
川上さんは、日本のものより外国の文学が好きだったというお話がありましたけれど、そうはいっても日本文学は長い歴史がありまして、素晴らしい古典の宝庫になっています。そこで、日本の古典文学にどう接したらいいかということをうかがいたいと思います。

川上さんは最近、『伊勢物語』の現代語訳の仕事をされました。これは、作家の池澤夏樹さんが、個人編集で出している「日本文学全集」のための翻訳でした。池澤さんはまず数年前に非常に画期的な「世界文学全集」を出して、それが大成功したので、その次に「日本文学全集」を出すことになった。これには非常に独特な編集方針がありまして、近代以前、明治以前の古典は原則として現代語訳で収録するというものです。日本の古典の現代語訳は今までももちろん行われていましたが、多くの場合、古典文学を専門とする研究者がやっていた。そういう訳は学問的に正確ではあっても、それ自体、文学作品として味わえるような日本語になっていないことが多かった。

ところが、今回の「日本文学全集」はそこが大きく違うところで、現役で活躍している第一線の作家たちをほとんど総動員して、現代語訳をしてもらっているんです。川上さんが『伊勢物語』を担当された巻でも、森見登美彦さんが『竹取物語』、中島京子さんが『堤中納言物語』、堀江敏幸さんが『土左日記』、江國香織さんが『更級日記』を訳している。つまり日本の文壇でいま活躍している作家たちが勢揃いして、古典に取り組んでいるんです。じつに豪華な訳者陣ですね。川上さん、いかがでしたか、『伊勢物語』を訳してみて。

川上 いや、私は古典が不得意で、今回も、何か古典のいい参考書がありますかって、出版社の担当の方に聞きました。教えてくれたのは小西甚一さんの古文の名著『古文研究法』（洛陽社、一九六五年、のちちくま学芸文庫）でした。

沼野 あれはもともと学習参考書として書かれたものですが、今は文庫本でも再版されていますね。

川上 あれを若い頃に知っていたら、古典がもっと好きになっていたかもしれません。でも実際のところ、翻訳しても古典の教養は身にはつかなかったです。私、『伊勢物語』を翻訳するのに、鈴木日出男さんの『伊勢物語評解』（筑摩書房、二〇一三年）がすばらしかったので、鈴木さんの解釈をどうやって今の自分の日本語に置き換えるかということを考え考え文章を作っていったんです。だから、正確にいうと、私がやったのは翻訳ではなく、研究者の積み重ねてくださったことを自分の言葉で翻案することだったという気がします。やっぱり、自分には古典は読み切れないなというのが正直なところです。

だから、古典がものすごく得意で、たとえばロシア語を学びたいということでロシア語をそのまま学んじゃう人のように、古典をすらすらと読むことも可能な方は別として、そうじゃない普通の方は、たとえば『伊勢物語』だったら、中谷孝雄さんや田辺聖子さんの現代語訳もありますし、そういうものを読んで、それでいいんじゃないかなという気がします。

宣伝ではないですけど、私の『伊勢物語』が載っている巻でいいますと、堀江敏幸さんの『土左日記』の訳し方など、とても工夫がこらされている。この翻訳では、実際の『土左日記』にはない「まえがき」というものを堀江さんが創作で書いているんです。それは、堅い漢字の文章を書くべき「私」が、何故《なぜ》ひらがなでものを書くようになったのかという心境を説明するというものので、それを読んでから訳されたものを読むとなるほどと得心する。私自身は、注釈的なものはつけ加えず、現代の自分たちが使っている日本語にしてどのくらい自然に読めるのかということを考えて書きましたが、これは二つとも、古典が苦手だという方にはよい編集だったという気がします。

沼野　そんなふうにして『伊勢物語』という古典のテクストに密着する貴重な機会があったわけですね。古典ってやっぱりいいなといった、発見はありましたか。

川上　この時代のものは、和歌が重要だということを実感しました。散文と韻文が同等なんです。あるいは、韻文のほうが重い。ことに伊勢は、和歌があって、そこに散文がよりそっているものです。だから今回は、歌を訳すとき、かなり行替えをして、行替えをするとゆっくり読みますよね。そうやってちょっとでも、時間をかけて丁寧に読んでもらいたいと思って訳しました。和歌というものが、如何《いか》にたくさんのことを言えるものなのかということが、初めてわかった気がしました。

沼野　日本の古典には「物語」と名の付くものがたくさんありますが、学習参考書的にいうと、物語にもいくつも種類があって、『平家物語』のような「軍記物語」もあれば、伝奇物語、歴史物語、説話物語などもあった。それに「源氏」があったりと、いろいろと違うタイプがあります。今、川上さんが歌が大事だと言われましたが、『伊勢物語』はまさに歌を中心に構成されているので普通「歌物語」に分類されます。しかし、そもそも平安時代は文学の中心は歌だったといってもいいくらいで、あの『源氏物語』だって実は歌がたくさん出てくるわけですね。ところが、あれを二十世紀初頭に英訳したアーサー・ウェイリーは——彼の訳は名訳として知られていますが——この肝心の歌がなかなかうまく英訳できない場合、省略してしまっている。それは一つの見識には違いありませんが、歌が英訳できないといったら、日本の古典はそもそも外国語に訳せない、なんて話になりかねない。

小澤さんにここでちょっとうかがいたいんですが、今は歌の話が出ましたけれど、日本の伝統的な短詩形というと、まず短歌・和歌があって、その後、俳諧・俳句が出てきますね。いずれも日本の伝統的な詩として世界に誇るべきものですが、和歌と俳句というのは、似て非なるものなんでしょうか。

小澤　和歌と短歌が五七五七七で、俳句とは七七しか違わないように感じるのですが、実は大きく距離があって、和歌、短歌は言いたいことが言えるんです、実作してみると。それに対して俳句は、本当に言えなくて、何かを言うためのものではないところがある。

沼野　俳句はずっと凝縮されていますね。

小澤　はい。現代の短歌のほうは、ことに若い人たちのものは口語中心の親しみやすい詩になっているんですけれど、対して俳句のほうは文語中心で切れ字なども使っていますから、若い人たちが入ってきてくださらない。そこが困っているところです。

沼野　確かに、短歌は俵万智さんとか穂村弘さんとか、非常に人気のあるスター級の方が現代口語でやっていますけど、散文に近く日常生活のいろんなことが言えるところがありますね。俳句は、むしろそういうところに立ち入るのを、断ち切ろうとする表現なのかもしれない。

川上　そう言われますと、私、夏目漱石の『夢十夜』や内田百閒が好きなんですけれども、二人とも俳句を作る作家なんです。

沼野　外国で日本語・日本文学研究をしている人たちの間でも、俳句に対する関心はとても強いようです。俳句の表現はものすごく凝縮されているから、それをどう翻訳するかということが大きな問題になる。俵万智さんの短歌だと、別に悪口を言うわけではないのですが、そこに書いてあるものをきちんと読めば翻訳できてしまう。実は私がポーランドにいたのは『サラダ記念日』が大ヒットしていた頃で、ある時、ワルシャワの市民講座のようなところで現代日本文学について講演してほしいと頼まれたので、俵万智さんのことにも触れ、彼女の短歌を二、三、ポーランド語に訳してみせたんです。すると、みんなきょとんとした顔をしている。私の訳が下手だったということもあるのでしょうが、皆さん、「それがどうしたの？ それがなんで詩なの？」という表情をしていた。つまり、短歌の多くは、意味をとって翻訳することはわりと簡単なんですけれども、詩になりにくい。下手をすると単なる短い散文になってしまうんです。

川上 私も短歌を作ったことがあります。短歌を作るのは短編小説一編書くのと似ているなという感じがします。短歌にはシノプシスというか、意味があるんですね。でも俳句にはほとんどない。だからこそ、小説を書いている身としては、かえって面白いかなというのがあります。

沼野 今日は俳人が二人いらっしゃるので、俳句のほうがいい、という論調になりつつありますが（笑）、どちらも特性のある、日本文学が誇るべき表現形式ですね。私は若い頃は何しろ外国文学かぶれですからね、こういう日本の伝統的なものはあまり好きじゃないと思っていたので、いまさら人前で短歌や俳句は素晴らしいですと宣伝できる立場ではないんですけれど、やっぱり読んでいると素晴らしいものだなと思います。なんといっても、どちらも日本語の発音や文法の特性を生かしたユニークなものなので、特に俳句の場合は外国語で書く人たちもたくさんいますけれども、やっぱり日本語で書くのが本来の道でしょうね。

小澤 そうですね。五七調が、気持ちいいってこともありますし。短くて調子がいいのですぐ覚えられるところも魅力でしょう。

『神様2011』の想像力――いまお薦めの本

沼野　もう一つ触れておきたいことがあります。川上さんは小説では深刻な社会問題をあまり取り上げませんが、3・11の後、『神様2011』（講談社、二〇一一年）という作品をお書きになりましたね。これは原発事故後の放射線汚染の危機の中で書かれた、特筆すべき小説だと思うのですが、あの作品を書くきっかけは、どんなところにあったのですか。素晴らしいと思った方もいるでしょうし、作家がこういうことをしなくてもいいんじゃないかという声も多分あったとは思うのですが。

川上　3・11の後に、「神様」というデビュー作で出てきた熊と一緒に散歩に行って、帰ってくるというだけの話なんですけど。

あれを書いたのは、地震があって原発が水素爆発をしたほんの数日後でした。今となってみると、東京に住めなくなるほど放射性物質が降ってくるという事態は結局ありませんでしたが、あの時はメルトダウンが続発し、すべての建屋が爆発して、放射性物質が大量に飛び散って東京にも住めなくなるという可能性もあった。そうなったらその時、いったい自分はこれからどうなるんだろうと考えたんです。

そうした時に、最初に書いた牧歌的な、帰ってきておやすみといって抱き合うという「神様」

の小説の世界がどう変わってしまうのか。それから、もし住めなくなったとしても、私は東京生まれの東京育ちですから、チェルノブイリの近くに今も住み続けている人たちのように、自分は故郷に近いところに居続ける可能性だってある、と。そういうことを考えながら、もし居続けたとして、その中で暮らして、あの幸福だった光景はどんなふうになるだろうか、そして本当に自分は不幸になるのか、それともその中で何かを探しながら生きていくのか、そういうことを思いながら書いたので、純粋に自分自身のこととして書いたんです。

今までも日常的なことを書いてきたつもりだったし、その延長上で書いたものです。何か新しいことや社会啓蒙的なことを書こうという気はこれっぽっちもなかったですね。

沼野 これは素晴らしい作品だと思います。本当に「よくやってくれた!」という感じで。デビュー作の無垢な世界が放射性物質に汚染されたとき、世界がどう変わって見えるのか、それを描く——もちろん社会批評としてではなく、まさに文学として素晴らしい想像力です。あの事態を受けて、こういう作品を書ける作家が一人でも日本にいることに、感謝したいと思いました。

川上 沼野さんが書いてくださったと思うのですが、文章はほんの少ししか変わっていないのです。変わっていないけれど読後感がすごく違ってみえる。それが、地震が起きて原発があんなことになった当時の、半径何百キロ以内のところにいる私たち全員の正直な感じだったのじゃないかと、今は思っています。

沼野　では最後に、読書の勧めを兼ねて、川上さんが選んでくれた、ぜひこれを読んでください、というお薦めの本を三冊ほどと、ご自分の本を一冊あげていただきましょう。

川上　小説にはいろいろな読み方があって、現代日本の自分と同じくらいの歳の人が出てきて、同じような日常を送っているという作品を読みたい時もあれば、まったく異世界のことを読みたくなることもあります。異世界のことを読むのは抵抗感があって面倒くさいなと思う時もあるんですけど、読んだ後に精神が解放されるのは、自分に近いものではなくて、やはり自分から遠いものを読んだ時なので、そういう感じのものを紹介したいと思います。

今日は若い方が多いのかなと思って来たので、私が十代二十代の頃に読んで、こういうことを書いてもいいんだ、考えていいんだとびっくりしたような小説をいくつかあげます。

アーヴィングの『ガープの世界』（上・下、筒井正明訳、サンリオ、一九八三年、のち新潮文庫）。これは、ほんとうにびっくりしました。ガープという人の一生が語られていくんですけど、その饒舌《じょうぜつ》な感じも新鮮だったし、ガルシア＝マルケスの『百年の孤独』（鼓直訳、新潮社、一九七二年）を読んだ後で読んだのですが、『百年の孤独』に比べると読みやすく、その衝撃は同じくらいでした。

次が、イタロ・カルヴィーノの『レ・コスミコミケ』（米川良夫訳、早川書房、一九七八年、のちハヤカワepi文庫）。『柔かい月』（脇功訳、河出文庫、二〇〇三年）も出ています。ともに奇想天外で楽しい創世神話のほら語りです。

それから日本の人では内田百閒。「冥途」や「サラサーテの盤」などの有名な短編小説をはじめ、何を読んでもどれもいいです。どこから切っても、内田百閒は内田百閒、という感じの確立されたおかしみがあります。

女の人の作品もあげておきます。さっき日記という話が出たので、武田百合子の日記。『富士日記』（上・中・下、中央公論社、一九七七年、のち中公文庫）が有名ですけど、『犬が星見た』（中央公論社、一九七九年、のち中公文庫）というロシア紀行もお薦めしたいと思います。武田百合子は武田泰淳の妻だったのですが、泰淳が亡くなってから、出版社に泰淳さんのことを書いてくださいということで文章を書き始めたんです。もともと泰淳が書いておけと言った、富士の山荘で何を食べたとか、行く道でこれをしたとか、山荘の管理人さんにお土産をあげたとかそういうことが書いてある備忘録的なものをもとにして書かれたのが『富士日記』です。独特のものの見方、佐野洋子の大先輩という感じの痛快さがあり、どちらでもいいので読んでみてください。

自作では『神様』と思ったんですけど、『神様』は自分としては若いころのもので、ちょっと歳をとって書けたなと思ったのは『どこから行っても遠い町』（新潮社、二〇〇八年、のち新潮文庫）という短編集と、最新長編の『大きな鳥にさらわれないよう』（講談社、二〇一六年）です。

沼野　ありがとうございます。小澤さんから、俳句関係でぜひこれを読めというものを何か薦めていただけませんか？

小澤　まず、芭蕉ですね。俳句にとっては芭蕉という人は大きいです。それまでの俳句というのは面白おかしいだけのものだったのですが、芭蕉は自分の人生というものを俳句のテーマとしてとりあげました。いろいろ学ぶべきところがあります。『芭蕉俳句集』（岩波文庫ほか）をお読みいただきたいと思います。

近代になりますと、いろんな流れが出てきます。多様性というのが近代俳句の特徴だと思います。一人近代であげるとすると、山口誓子という人がいます。俳句は短い詩なのでモノが中心になります。モノをもって世界を語らせるというところがあります。

かりかりと蟷螂《とうろう》蜂の皃《かお》を食む

なんていうのがありますね。蟷螂というのはかまきりのことです。かりかりとかまきりが蜂をとらえて顔を食べているというわけです。そういう、即物に徹した残酷な世界が魅力的です。

川上

海に出て木枯《こがらし》帰るところなし

これは、戦後すぐに作った句です。

小澤 特攻隊のことが重なっているんですね。太平洋戦争というものと向き合った句です。様々な俳句があるんですけれど、俳人からまず一人勉強するなら、山口誓子をあげてみたいと思います。

沼野 小澤さんが主宰されている『澤』という雑誌は、どちらの本屋さんに行けば買えるのですか。

小澤 本屋には置いていないのです。ささやかなものですが、ホームページで「澤俳句会」か「澤」と検索していただければ見られますので、よろしくお願いします（http://www.sawahaiku.com/）。俳句人口は減っていると思います。高齢化しています。NHKのEテレで三年間、二十五分の番組をやったんですけど、それでも、会員は十人くらいしか増えませんでした。新人を歓迎しています。

沼野 私の推薦したい本もあげておきます。古臭いと思われていた古典が、新訳で元気に甦《よみがえ》るということがあります。集英社の「ポケットマスターピース」というシリーズが新訳で世界文学のアンソロジーを出し始めていますが、どれも面白い。カフカの巻の『変身』を多和田葉子さんが訳していて話題になっていますが、ゲーテの巻は『若きヴェルターの悩み』を大宮勘一郎さんという人が訳していて、これはびっくりするくらいに新鮮な訳です。

光文社古典新訳文庫では、内村鑑三の『ぼくはいかにしてキリスト教徒になったか』（河野純治訳、二〇一五年）。皆さん、内村鑑三にそんな本があったかなと思うかもしれませんが、これは内村鑑三が英語で書いた英語の本で、昔、明治時代に、内村鑑三の弟子が『余は如何にして基督信徒となりし乎』として訳して、長いこと読まれてきました。ところがこの訳文、なにしろ明治時代の文語ですから、今は古めかしくて若い人にはとても読めたものではありません。でも内村鑑三なんだから、そういう古めかしい難しい日本語が相応《ふさわ》しいと考える人がいるかもしれませんが、これはとんでもない大間違い。だって、英語の原文を見れば、平易で読みやすいもので、一種の若者の留学体験記・異文化との出会いの記録なんですよ。今度、現代の若者に近い言葉で新訳されて甦った。人生の意味を求めて冒険する若者の経験がびんびん伝わってくるような内容の本です。

それから、個人的な好みで、『ほんとうの空色』（徳永康元訳、講談社青い鳥文庫、一九八〇年、のち岩波少年文庫、二〇〇一年）という児童文学の知られざる傑作を。これはハンガリーの映画理論家として有名な、バラージュ・ベーラという人の作品で、いま「知られざる傑作」といいましたが、岩波少年文庫に入っているくらいですから、「知られていない」というわけではもちろんないでしょうけれども、この作品を読んだという人に会ったことがあまりないので……。あまり人に教えたくない、自分だけのものにしておきたいくらいの作品です。

川上さんの作品はどれも素晴らしくて一冊選ぶのが難しいんですが、『なめらかで熱くて甘苦しくて』（新潮社、二〇一三年、のち新潮文庫）という短編集を取りあえずお薦めしておきます。言葉によって異世界を作り出していくような、そんな濃密な言語感覚が味わえる作品です。

質疑応答

沼野　最後に質問を受けたいと思います。

質問者1　翻訳本で絶版になっているけれども、読むべき本だとお考えのものがありますか。

川上　絶版事情はよくわからないのですが、ミシェル・レリスの『夜なき夜、昼なき昼』（細田直孝訳、現代思潮社、一九七〇年）、あれは好きで、影響を受けました。さっき言った「サンリオSF文庫」は、古本屋さんでしか手に入らないですが、とてもいいラインナップです。

沼野　今はネット書店が発達していますから、古本もネットで簡単に調べられます。最近は古本は汚くて嫌だという、きれい好きの若い人が多いようですが、本はなんといっても出会いに意味がありますから、ネットで調べるよりも、ちょっとでも時間があったら自分で古書店に行って探すと楽しいですよ。

川上　古本屋さんって面白いですよね、自分が買いたい本が探せるし。昔の街の本屋さんもそうでしたけど、ちょっと傾向のある古本屋さんがいっぱいあって、そこに行くと買いたい本が次々に出てきたりする。

沼野　絶版本の俳句の本でいいものはありますか。

小澤　俳句の本は、ほとんど絶版なんです。

川上　講談社学術文庫に『現代の俳句』という平井照敏編の、明治から昭和までの、小澤さんの前くらいまでの俳人たちのアンソロジーが出ています。それを読むと現代俳句が見渡せるような気がします。

小澤　そうですね。ちょっと厳密ではないけど、見渡すのにいいです。でも、わりと値段が高い。

川上　そうなんです。ネットで買おうとしたら、先日は二千円くらいになっていた。

質問者2　神奈川県で教員をしているのですが、教室では解釈を含んで教えているのだなと思うことがあります。それをきっかけに、生徒から意外な解釈を受け取ることもある。具体的にいいますと、私が使っている教科書に川上先生の「水かまきり」（二〇〇〇年、東京新聞に掲載。短編集『ハヅキさんのこと』に収録）が載っていまして、それを読んでいる生徒から食事の場面が印象的だった、そのような場面に人間関係が出ているのではないか、話の区切り目になっているのではないかという指摘がありました。その生徒に対して答えるとしたなら、どのような答えになるでしょう。教えていただけますか。

川上　鋭い生徒さんですね。「水かまきり」はプロ野球でしばらく活躍した後、肩を壊して引退に近い形になった近所のお兄ちゃんを、密かに好きな女の子の話なんです。その二人が歩いていると、水かまきりがいるんですよ、盥《たらい》の中に。水かまきりという、東京ではほとんど見かけないものに託して、少し古い、懐かしい二人の間柄を書きたいなと思って書きました。

質問者2　生徒は、春子という名に、ケン坊がとじこもった精神を開くことを掛けているのではないかという感想を持っていました。

川上　おお、作者の無意識を読み取ってくださったのでしょうね。自分では意識していませんでしたが。

質問者2　授業で、どうやったらこういった解釈を引き出していけるのかなというアドバイスを先生方にしていただきたいのですが。

小澤　深く読み込んでいるのは素晴らしいなと思います。現在の指導方針が素晴らしいのだと思います。

沼野　それは教科書に載っているんですか。教科書に載ってしまうと、作品を読むことが一種の義務になり、義務で読むものはどんなにいいものもつまらなくなってしまう。それは一種の宿命みたいなものですが、先生の指導が素晴らしいので、そういういい感想が出てくるのでしょう。私も大学でそんなことを毎日のように考えて、やっていますが、もしもご興味があったら授業を覗《のぞ》きに来てください。日本人の学生だけでなく、外国からの留学生の読みも非常に鋭いです。

質問者3　五歳でアメリカに行って、お漏らしをしてしまい、そのことがきっかけでいじめにあったとエッセイで書かれていましたが……。

川上　お漏らしは、しょっちゅうしていたんです。でも、今でいうところの「いじめ」ではなく、ちょっとみんなについていけない子どもで、みんなにオミソ扱いをされていた、という感じでしょうか。

質問者3　その描写を拝見して、今日、直接の言葉を拝聴していたのですが、おつらい体験だったと思いますが、それを客観的に見ているところがあって、それが作品にも反映されている。主観と客観の調合が素晴らしいなと思います。作品によって主観と客観の配合が違うと思うのですが。どう思われますか。

川上　そうかもしれませんね。ただ、自分の小説に対して、分析的になり過ぎると、私は小説を書きにくくなってしまうタイプのようで、ご質問の主観・客観の配合についてきっちり考えたことはないんです、すみません。

質問者4　中学生で、文芸部に入っています。川上先生はＳＦを書いていたと言いましたが、その着想はどういうふうにして持つことができたのですか。

川上　着想については私も聞きたいくらいで、どこからか降ってきて〜といつも思っています(笑)。でも書こうと思っていると、着想って来るんですよ。これを書こうと思っていると、読んでいるものの中でも、あるいは人と話しているときのある言葉の中にでも、何か着想につながるものがある。センサーが働きやすくなるというのでしょうか。締め切りの存在が、センサーを作動させたりもします。

沼野 俳人の場合は、締め切りが句会ということなんですかね。

小澤 そうです。締め切りは大変です（笑）。

沼野 締め切りをどのくらい守るかは、作家や詩人によっていろいろでありまして、私などは締め切りが来てからようやく何か書ける気分になるという、とんでもなく不埒《ふらち》で、編集者にとっては困った人間ですが、詩人の谷川俊太郎さんは逆にものすごく早くて、締め切りのはるか前に原稿を編集者に渡したら、編集者のほうが何の原稿だかわからずきょとんとした、なんて話を聞いたことがあります。私は大学の教師ですので、日常的に学生や院生の論文に向き合わなければなりませんが、レポート、卒業論文、修士論文、博士論文、とあらゆる論文に締め切りがあります。締め切りよりも早く提出する学生も稀《まれ》にいますけれど、大部分の場合は締め切り間際の攻防になって、苦し紛れの言い訳を聞かされることも多い。私は自分でも締め切りに遅れる人間ですから、学生にあまり厳しいことは言いませんが、それでも締め切りはあっても困るけれども、なくても困る（笑）。だって、人間を待ち構えていて、絶対に逃れられない究極の締め切りというものがあって、その前にやるべきことをやらなければいけないんですから。まあ、これは学生たちにではなく、自分に言い聞かせるべきことかもしれませんが。
川上さん、小澤さん、今日はどうも長い間、ありがとうございました。

＊1　ウリツカヤ　リュドミラ・エヴゲーニエヴナ・ウリツカヤ（一九四三年〜）ロシアの小説家。旧ソ連、現ロシア連邦にあるバシコルトスタン共和国生まれ。モスクワ大学で遺伝学を専攻。卒業後、研究員としてモスクワ学術院に所属。児童文学で作家デビューし、一九九三年の『ソーネチカ』で人気作家となる。モスクワ在住。著書に『女が嘘をつくとき』『クコツキイの症例』などがある。

＊2　森見登美彦　もりみ　とみひこ（一九七九年〜）小説家。奈良県生駒市出身。京都大学農学部、同大学院農学研究科修士課程修了。『太陽の塔』で第十五回日本ファンタジーノベル大賞を受賞し、小説家デビュー。『夜は短し歩けよ乙女』で二〇〇六年度山本周五郎賞を受賞した。著書に『聖なる怠け者の冒険』（二〇一三年）など。

＊3　ヴォネガット　Kurt Vonnegut（一九二二〜二〇〇七年）アメリカの小説家、エッセイスト、劇作家。現代アメリカ文学を代表する作家の一人。代表作に『タイタンの妖女』（一九五九年）、『猫のゆりかご』（一九六三年）、『スローターハウス5』（一九六九年）、『チャンピオンたちの朝食』（一九七三年）、『スラップスティック』（一九七六年）など。

＊4　イタロ・カルヴィーノ　Italo Calvino（一九二三〜一九八五年）イタリアの作家。SF、幻想文学、児童文学など多くのジャンルを手がける。二十世紀イタリアの国民的作家とされる。代表作に『木のぼり男爵』『冬の夜ひとりの旅人が』『見えない都市』、短編集『レ・コスミコミケ』『柔かい月』など。

＊5　ブッツァーティ　Dino Buzzati-Traverso（一九〇六〜一九七二年）イタリアの作家、画家、詩人。イタ

ロ・カルヴィーノと並び二十世紀イタリアを代表する作家。代表作に『タタール人の砂漠』『神を見た犬』など。

＊6 ガルシア＝マルケス Gabriel José de la Concordia García Márquez（一九二八〜二〇一四年）コロンビアの作家。マジック・リアリズムの旗手として世界の文学に大きな影響を与える。一九八二年、ノーベル文学賞受賞。代表作に『百年の孤独』『コレラの時代の愛』など。

＊7 パスカル文学賞 パスカル短篇文学新人賞。一九九四〜一九九六年まで開催された公募型新人文学賞のこと。最終選考を、公開選考会という形で実施していたことも大きな特徴のひとつだった。第一回の大賞受賞者が、のちに芥川賞作家となる川上弘美氏である。

＊8 長嶋有 ながしま ゆう（一九七二年〜）小説家、漫画家。ブルボン小林名義でコラムニストとしても活動する。「サイドカーに犬」で第九十二回文學界新人賞を受賞し、二〇〇二年「猛スピードで母は」で第百二十六回芥川賞受賞。主著に『タンノイのエジンバラ』、『夕子ちゃんの近道』（第一回大江健三郎賞受賞）など。

＊9 伊東麻紀 いとう まき。SFファンタジー系の作家。主な作品に『〈反逆〉号ログノート』『崖の上に住む女』『フォクシー・レディ』『〈ブラック・ローズ〉の帰還』など。

＊10 松尾由美 まつお ゆみ（一九六〇年〜）SF作家、ミステリー作家。主な作品に『異次元カフェテラス』、「安楽椅子探偵アーチー」シリーズ、「バルーン・タウン」シリーズなど。

＊11 リア充（りあじゅう）。友人関係、恋愛、仕事など現実（リアル）の生活が充実していること、あるいは充実している人物。2ちゃんねる発祥のインターネットスラング。

対談
小野正嗣×沼野充義

2

マグノリアの庭から

文学の未来はどうなるのか

© 講談社（撮影／森清）

小野正嗣

おの・まさつぐ

1970年生まれ。小説家。比較文学者。フランス文学者。立教大学教授。東京大学大学院総合文化研究科言語情報科学専攻博士課程単位取得退学。マリーズ・コンデを論じた博士論文でパリ第8大学Ph.Dを取得。1996年に新潮学生小説コンクールに応募した「ばあばあ・さる・じいじい」でデビューし、2001年「水に埋もれる墓」で朝日新人文学賞、2002年「にぎやかな湾に背負われた船」で三島由紀夫賞受賞。2015年「九年前の祈り」で芥川賞受賞。主な作品に『水に埋もれる墓』『にぎやかな湾に背負われた船』『森のはずれで』『マイクロバス』『線路と川と母のまじわるところ』『夜よりも大きい』『獅子渡り鼻』『九年前の祈り』『残された者たち』『水死人の帰還』など。ほかに『文学　ヒューマニティーズ』『浦からマグノリアの庭へ』などの著作がある。

文学とは場所を作り、与え、受け入れてくれるもの

沼野　皆さん、よくいらっしゃいました。今日は、とても良いお天気になりました。好天はこういうイベントにとっては必ずしも良くないところがありまして、もっと他の楽しいところに行こうかと思う人が出てくる（笑）。それなのに、今日はよく来ていただいたと、まずは感謝いたします。私が小野でございまして、こちらがゲストの沼野充義さんです。というのは冗談で、私と小野さんをとり間違える人はまずいないと思いますが、昔アメリカの大学に留学していたとき、ウンベルト・エーコの講演会があって聞きに行ったら、司会役のイタリア人の教授が、「今日は最初にアナウンスすべきことが一つあります。それはウンベルト・エーコさんは私の隣に立っている人で、私はウンベルト・エーコではない、ということです」といきなり言ったんですね。それを聞いて、イタリア人というのはなんて面白いことを言うのだろうと感心したので、今日はそれを真似してみたんです。それではウンベルト・エーコさん、じゃなくて小野正嗣さん、まず一言、お願いいします。

小野　小野と申します。天気が良くなってよかったです。皆さん、他に行くところはなかったたん

ですか（笑）。

沼野　そういうネガティブな突っ込みはやめましょう（笑）。小野さんとは古い付き合いで、最初からわりと気楽な雰囲気になってしまいましたが、今日は真面目な話もしたいと思っています。よろしくお願いします。

小野　はい。

沼野　お聞きしたいことはいろいろありますが、まずは最近、『九年前の祈り』（講談社、二〇一四年）で受賞された芥川賞について。

小野　最近といっても、一年以上も前、去年（二〇一五年）の一月です。次に『火花』（又吉直樹著、文藝春秋、二〇一五年）が受賞したので、僕の火はすっかり消えましたけど。

沼野　でも、最近、NHKで小野さんをフィーチャーした番組が放送されて（二〇一六年二月六日放送、ETV特集「〝浦〟によせる物語〜作家・小野正嗣を育んだ蒲江〜」）、巷《ちまた》ではかなり話題になっていますよ。ご覧になった方も多いと思います。小野さん、一年後に言うのもなんですけれど、芥川賞受賞、おめでとうございます。

小野　ありがとうございます。

沼野　芥川賞は新人の登竜門だといわれていますが、単なる新人賞ではなく、非常に特別な位置づけをされている賞ですね。どうでしょう、芥川賞を取ってから何か変わりましたか。

小野　うーん、若い人が受ける新人賞だと思っていたのですが……。僕、もうかなりいい歳じゃないですか。

沼野　その前に三島賞も取っておられる。私などはあの当時から、小野さんという人は作家としてもう選考委員よりも偉いんじゃないかと思っていました。だから、いまさら選ばれても、という感じはありませんでしたか。

小野　いや、薹《とう》が立った新人だという感じは自分にもありましたけれど、賞は有難くいただきました。とくに、僕の場合は大分県の出身で、ずっと大分の南部の海辺の小さな集落を舞台にした作品を書いてきましたので、地元の方々が大変喜んでくださった。いろんなところからお声をかけていただき、去年は、ひと月に一回から二回、大分に帰りました。昔は盆か正月にしか帰らなかったのですが、そのくらい地元に帰る機会が増えたことが一番大きな変化だと思います。そのおかげで、自分のふるさとを違った形で見つめられるというか、あらたな発見もありまして。それもとても良かったかなと思っています。

沼野　授賞式には、私もお邪魔させていただきました。この種の授賞パーティの案内状はたくさんいただきますけれども、普段はめったに行きません。でも今回は、小野さんがどんなことを言うのかと思って、うかがったのです。小野さんらしいとても感動的なスピーチでしたね。その中で記憶に強く残っているのは、「文学というのは与えるもの」「贈り物だ」と言われたことです。

「与えるもの」というのがどういう感覚なのか、もう少しお話ししていただけますか。

小野　ここに来ておられる方々は、皆さん本が好きで、物語の世界に入り込むことがとても好きな人たちだと思います。僕たちの読書の体験をよくよく考えてみると、その世界に入れてもらうというのでしょうか、僕たちの前に開いている言葉が作り出した世界に、受け止められているというところがあると思うのですね。読んでいるときに、自分が与えていると思っている人はほとんどいないでしょう。むしろ何かを貰《もら》っている体験だと思うのです。文学に限らずあらゆる芸術は、そうやって惜しみなく人に与えるものだと、僕自身もずっと感じてきたし、それは多くの人が感じている感覚でもあると思うんです。

沼野　今までに読んできた作品からいろんなものを与えられてきた、という思い。第一義的にはその感覚が強いということですか。

小野　与えられているけれど、何を与えられているかはわからないんです。何が与えられているかわからないけれども、何かを与えられていることだけはわかるわけです。包まれているというか、受け止められているというのか。

受け止めてもらうとは、自分の場所を作ってもらう、場所を与えてもらうことですよね。だから、書き手は作品を作ることによって自分自身の場所を作り出す。それは書き手にとっての場所でもあるわけですけど、不思議なことに、読む人の場所にもなる。僕自身も読者として世界のいろいろな地域の様々な書き手が書いた作品を読みながら、そこに自分が身を落ち着かせることができてホッとするような、あるいは心が立ち騒ぐような、そういう場所にいるという感覚を得てきたと思うんです。

沼野　その場合、与えてくれるのは、作家個人ということですか。

小野　いや、作家個人ではないと思います。やっぱりそこにある作品そのものではないでしょうか。

沼野　作品そのものですか。「場」としての作品そのもの。

小野　今日は、外国文学、外国語に関わる話がいろいろ出てくると思いますけれども、何かが起きるとか、生じることを、フランス語だと avoir lieu――場所を・持つというじゃないですか。英語だと take place――場所を・取る。つまり、作品がそこに生まれるとは、そこに場所を作り出すことです。それは具体的な場所ではないのですが、言語によって作り出されるというか、言語が、書き手と読み手の想像力と一緒になって編み上げていく、そんな場所なのだと思います。そこに受け入れられているというのが読書の感覚で、本来なら、そのままどんな言葉の世界の中にでもすうっと入っていければいいのでしょうが、でもそれがうまくいかないこともある。明らかにここは自分の場所じゃないという場合がね。読んでいてその作品の中に入っていけないこともありますから。

沼野　書き手としての小野さんは、そういう場所を読者のために作っていく立場になると思うのですが。

小野　それがね、面白いのは——、と、先生に「それがね」などと言っちゃいけないな。

沼野　いや、いいんです。そもそも私は先生などではありませんから。

小野　僕は沼野先生を塊《かたまり》と呼んでいます。見た目で言っているわけではありません。知性と教養のカタマリ。

沼野　カタマリというだけでは意味がわからないんじゃないですか。

小野　そこにいろいろな含意がある。皆さんは知っていますか。沼野先生の著作に『徹夜の塊』三部作っていうものがあって……

沼野　うん。あれ、みんな見間違えて『徹夜の魂《たましい》』だと思っている。漢字をよく見てほしいなと思いますけど。

小野　これには、いろいろなところにトラップが仕掛けられている。

沼野　それはともかく、何の話でしたっけ。

小野　カタマリの話です。

沼野　そうじゃない。

小野　「それがね」などと気安く喋《しゃべ》っちゃいけないと、こういう立派な先生に。

沼野　やめてくださいよ（笑）。話を戻しましょう。

小野　はい（笑）。

読者のために場所を作るということに関していいますと、書いている人は、たぶん読者のためにその場所を作っているとは考えていないと思うんです。たとえば多くの書き手が、書くということは自分の中を掘っていくことだ、と言いますね。

沼野　ええ、そうですね。

小野　自分の中を掘っていきながら、自分自身の場所、いわば巣を作るわけです。しかし、自分のための巣を作るという極めて個人的な行為なのに、そこが不特定多数の人の場にもなりうるってところが面白いと思うんです。

沼野　小野さんが小説を書くときには、読者の顔を思い浮かべることはないのですか。

小野　少なくとも、沼野先生の顔は思い浮かべていません。だいたい先生なら何を書いても褒めてくれるに違いないと思っていますから。

沼野　ははは。

小野　冗談ですけどね、もちろん。

沼野　確かにだいたい褒めてきたけれど。でも、たとえば評論とか研究書ならば、読んでくれる人がおのずと限られてくるでしょう。

小野　ええ。そういう場合は多少顔を思い浮かべることがあります。アカデミック・コミュニティというか。

沼野　小野さんは、小説や研究以外にも、評論というか、少し高度な啓蒙書とでもいうか、『文学　ヒューマニティーズ』（岩波書店、ヒューマニティーズ・シリーズ、二〇一二年）という、よくよく考えてみたらすごいタイトルの本も書かれています。あの本は、読者が想定されているんじゃないですか。

小野　ええ。あの本を書くときに想定したのは、若い読者の方です。文学というものにまだたくさん触れていない、文学を読む習慣がまだないような人たちに、文学とはどのようなものなのか、文学という営みは人間にとってどんな意味があるのかを伝える本を書いてほしいと、編集者の方に言われました。だから想定したのはそういう若い高校生くらいの人ですかね。これから大学に入ろうかなという人たちを想定して書いたつもりでいます。

沼野　小説を書く場合は、そういうことは考えないですか。

小野　考えないです。先生は考えますか。

沼野　いや、僕は、小説は書かないですから。

小野　最近、先生は『チェーホフ』（講談社、二〇一六年）という本を書かれているでしょう。これはどういうおつもりで書かれたのですか。文芸誌（『群像』）に連載されていましたけども。

沼野　書きたいものを書けるように書く、ということしか考えていなかったです。相手を、読み手のことを想定して器用に書き分けるなんてことは、普通の人にはあまりできないことだと思う。

小野　僕の答えもまったく同じです。小説を書くときには、書くことで精一杯で読者のことを思い浮かべている余裕はありません。

沼野　小説家がものを書くのは、自分の中を掘っていくような感じだと言われましたが、その種のことは、外国でもよく聞きます。ロシア人などと話をすると、彼らには非常に文学好きの人が多いのですが、よく聞く言い方は、日本でいう純文学のような真面目な文学は自分のために書く、それに対していわゆるエンタテインメント、売れるために書く本は読者のために書く、そこが違うとかなり端的にいいます。エンタテインメント系の作家の人には失礼かもしれないのですが、だからロシアの真面目な文学者にとっては、読者のことを思って書くなんてことは良くないことというか、本筋じゃないっていうところがあるんですね。本来、優れた作品というものは自分のために書くものだと。どうですか、そういう言い方は。

小野　自分のために書いているものが、多くの他人に繋《つな》がるということが起こり得るというか、それが起こるときがすごく幸せな瞬間ですよね。

沼野　それがなかったら自己満足で終わっちゃいますものね。ジョイスの『ユリシーズ』だって、今だってみんながわかっているわけではないでしょうが、ひょっとして誰もわからないままで終わっていたかも知れない。それがどこかで繋がっていくところがすごいのだと思います。

小野 そうですよね。多くの書き手が『ユリシーズ』を読んで、こういうことがやれるんだと驚き、自分もこういうものを書きたい、自分も自分の場所でそれをやってみようと試みた、というような話をよく聞くじゃないですか。

沼野 そうですね。

小野 それが、届く人には届く、ということですよね。だから、何も書かないよりは書いていたほうがいいのかなという気がします。

沼野 もう一つ、最初に「与えるもの」「贈り物」という話が出たのでうかがっておきたいのですが、英語のgiftとかフランス語のdonnerとか、「与えるもの」を誰が与えるのかというと、普通ヨーロッパでは、やっぱりそれは神が与えるものだという意識がありますね。日本でも「天賦の才」といいますが、才能というのは天に与えられるものだ、と。小野さんは、作品という場について、特定の作者が作るというより、何かによってある場が切り開かれると言われたわけですけれど、そこには、いわば人間を超えた上から与えられるものという感じはありますか。インスピレーションなども、上から降ってくるようなことを言う人がいますけれども。

小野 それで思い出すのは、フローベールの『ブヴァールとペキュシェ』（『ポケットマスターピース07 フローベール』堀江敏幸編、集英社文庫ヘリテージシリーズ、二〇一六に抄訳あり）という完成しなかった、晩年の作品のことです。二人の代書人という、ひたすらものを書き写すだけのお馬鹿な人たちの物語です。彼らは世界中の知とか芸術というものを、書物を書き写すことによって、あるいは実験をすることによって身につけよう、自分たちのものにしようと試みる。それがある種、滑稽に描かれているわけですよね。それで、ブヴァールとペキュシェが芸術の方向を目指したときに、作家にはインスピレーションが降ってくるのだと言って、二人で自然の中を歩き回って、インスピレーションが降りてくるのを待っているのだけれども何も降りてこない、というすごく滑稽な場面があります。僕はどちらかというとそういう感じです。何も降ってきませんし、むしろそのへんに落ちているものを拾うという感じがする（笑）。

沼野　インスピレーションという言葉は、息を吹き込むというのが語源ですから、外から吹き込まれるというような感じがあるのでしょうか。それとも内側から湧いてくるものなのかな。

小野　どうなんでしょうね。たとえばマルグリット・デュラスは、声が聞こえてくると言っていたと思いますが。

沼野　すごいですね。翻訳の場合でも柴田元幸さんなどは、訳していると登場人物の声が聞こえてくる、それを書きとめているだけだ、みたいなことを言いますよ。

小野　それは、読んでいるテクストから聞こえてくるわけじゃないですか。違うところから聞こえてくる声ではないですよね。

沼野　柴田さんは、テクストが英語なのに、日本語で声が聞こえてくるというからすごいです。私は、ロシア語を翻訳しているときに、ロシア語のテクストをいくら読んでいてもロシア語しか聞こえません。だから翻訳するのが大変で大変で（笑）。

方言、標準語、登場人物のモデルの話など

沼野　次の話題に行きましょう。ここまでは、文学では場所を作るということが大事だという話でしたが、それとは別に、実は、もっと具体的な小野さんの文学の場所というものがあるわけで、その話をうかがいたいと思います。

この間のテレビ番組でも主な舞台として取り上げられていましたけれども、小野さんは大分県の海辺の地方の、「浦」といわれている場所のご出身ですね。今まで書いてきた小説の多くは、その場所によって互いに緩やかに繋がっていて、一貫しているわけです。こういう場所を持っていることは、作家にとって何を意味するんでしょうか。単純な言い方をすれば、原点だってことになりますか。

小野　自分が小説を書こうかなと思ったのは、小説を書きたいというより、この土地について書いてみたいと思ったのが最初です。自分の土地がけっこう面白いところじゃないかと、外に出て初めて気がついた。大学に入ってからですね。

沼野 東京に来てから、ですね。

小野 そうです。

沼野 高校までは大分ですか。

小野 そうです。大分ですけれど、僕は集落から山を越えたところにある県立高校に通っていました。バスで一時間くらいの。

沼野 一時間もかかるのですか。

小野 しかもリアス式海岸の土地で道が曲がりくねっているから、車酔いで本が読めないのです。読んでいたら気持ちが悪くなって吐くんですよ。

沼野 作品にも、あの辺でマイクロバスを運転する話が出てきますね。

小野 それで、高校に出たときにも、けっこうカルチャーショックがありましたが、東京に来たときには、もう全然レベルが違いました。地方出身者の方ならみんな経験していることだと思いますけれども。

沼野 言葉もかなり違うわけですものね。

小野 そうです、言葉も違う。本を読んだり、ニュースを見たりしてきているわけですから、さすがに標準語と呼ばれるものがどんなものかはわかりますけれども、なかなか上手に話せない。でも、たとえば大学の勉強で学んだことなどは、いわゆる標準語で喋ることができるんです。

それで面白かったのは、在学中に田舎に帰ると、大学ではどんな勉強をしているんだと聞かれるじゃないですか。それを説明しようとすると、今度は方言では説明できない。そのことが面白いと思いました。標準語で勉強しているから標準語でしか語れない。それで、たとえば沼野先生の『屋根の上のバイリンガル』（白水Uブックス、一九九六年）という本を読んだと田舎でその話をしようとすると、標準語になってしまうんです。

沼野　法律とか憲法の話も方言に訳するわけにはいかないですね。普段、方言でしか喋らないような友達とか親戚とかが相手でも、そういう話題になると、標準語でないと話せなくなる。

小野　それが面白いと思いました。方言というのは、自分の親密な世界、親密圏に関わる事柄や、自分に近いもの、感情とか情動とかを表現することに向いている、そういう言語だったんだと思い知ったわけです。だから、東京に行って大学で勉強することは、そういうものから切り離される経験なのだと感じました。

大学に行くと、いろんな人に「どこから来たの」って聞かれるじゃないですか。そうして自分の田舎の話をすると、みんながけっこう面白がるので、自分の出身地ってなかなかいいところじゃないかと思ったりしましたし、大学に入っていろいろな文学を読んでみると、いろんな友達が「これも読むといい」などと言う。そういう友達にも恵まれたし、先生にも恵まれていたと思うのです。大学に入って、先ほども言ったように柴田元幸先生に出会ったり、そのときに大学に講師として教えに来ておられた西谷修先生に出会ったりして。そういった人たちから「君はそういう土地の出身だから、この本を読むといいんじゃないか」とか、「この作品は君なら面白いと思うんじゃないかな」みたいなことを言われて、その手の本を読むということもよくありました。そうすると、すごく小さなコミュニティや小さな土地を描いている作品があって、そこに非常に普遍的な力があることを発見するわけです。そういうことがとても大きかった。あるいは、自分の土地を、東京に出てきたからこそ面白いところだなといっそう強く思うことができた。それが、自分の土地について何か書くことができる、という気持ちにつながったと思います。

沼野　その頃に読んだ世界の文学で、小さな場所を起点にしているものには、どんなものがありましたか。

小野　世界文学といっていいと思いますが、大江健三郎さんの後期の、いわゆる四国の村の森の谷間を書いたものとか。

沼野　大江さんの後期の作品の場合は、コギトという作家が、成城の家とか、東京に住んでいる。だから二つの世界の間に往還がありますよね。

小野　そうですね。僕がいいと思っていたのは『懐かしい年への手紙』（講談社、一九八七年、のち講談社文芸文庫）という作品です。ダンテの世界と四国の森が宇宙論的に繋がっていくみたいな話で、まさに小さな土地が書物というものを媒介にして普遍的なものへと通じている。

沼野　日本も超えちゃうわけですものね、世界文学の古典へと。

小野　時代も超えちゃうし。

沼野　改めて思うに、大江健三郎という作家はじつにすごいことをやっている。

小野　すごい作品だなと思いました。それから日本の作家だと、中上健次さんの、「路地」と呼ばれる、紀州の被差別部落を舞台にした作品群を読みました。それにガルシア＝マルケスの『百年の孤独』とか。いずれも世界文学の傑作ですけれど、そういう作品に触れることによって、自分はそこまでは書けないけれども、自分の土地について書くことならできるのかなと。素晴らしい作品はそういう励ましを与えてくれると思うのです。この場所についてはもう書かれているから、あなたはあなたの場所を見つけて書きなさいっていうふうに促したり、強く励ましてくれるところがあります。

沼野　なるほど。それでガルシア＝マルケスのマコンドの場合も、マコンドって地名自体は架空のものですけれども、かなりの程度まで現実に基づいています。しかし、現実に基づいているとはいえ、彼の場合は、マジック・リアリズム（魔術的リアリズム）と呼ばれていて、実際にはありそうもない不思議なことがいっぱい起こる世界になっているわけですね。そういう文学的世界が世界的なブームを引き起こすことになった。でも、どうなんでしょう、特定の場所に結びついてものを書いていると、その場所の持つ力に引っ張られてしまって、想像力の自由をかえって失う危険もあるような気がします。ガルシア＝マルケスの場合は、明らかにそんな危険を超えていますけれども、小野さんの場合はどうですか。

小野　僕はあらゆる土地が語るべきコトとモノを持っていると思うのですね。だから「小野君はすごい田舎出身でよかったね」と言われるのですが、僕は東京でもどこでも、掘っていけば書くべきことがたくさんあると思う。それは書き方の問題ではないかと。

沼野　それはどうかな。今日ここにいらした人たちは、東京近辺に住んでいる方が多いと思いますが、いわゆる田舎らしい田舎のない人が、今は、すごく多いと思うんですよ。たとえば小野さんよりもだいぶ年上の島田雅彦さんだと、せいぜい郊外しかなくて、近郊ベッドタウンが、心の故郷になってしまうわけです。私なども生まれてからずっと東京育ちなので田舎らしい田舎がなくて、小さい頃に神奈川県の伊勢原の親戚の家に連れていってもらったら、近所に田んぼがあって、そこで蛙《かえる》を捕まえたのが面白かったとか、そんなことがほとんど唯一の田舎の思い出なんです。だから、ちょっと寂しいですよね、蛙を捕まえただけではね。その点、小野さんは、やはり、すごく恵まれているなと思います。

小野　そうですね。僕は本当に土地には多くのものを与えてもらっていると思います。そこに生きている人たちにもかなり風変わりな人がいたし。

沼野　そこで、小野的マジック・リアリズムの話になるのですけれど、小野さんの作品には、いったい本当にこういう人がいたのだろうかとか、想像力で作ってしまっているんじゃないか、といった人物が出てきますけれども、そこはどうなんでしょう。

小野 いました。

沼野 モデルがいるのですか。

小野 風変わりなことを言ったりやったりする人はたくさんいましたし、僕の最初の小説には猿がたくさん出てくるんですけれど、本当に猿が出てきて悪さをするんですよ。

沼野 テレビにも猿の話が出てきましたけれども、あの辺には実際にいるわけですか。

小野 いるんです。

沼野 読んでいると、だんだんどれが本当でどれがフィクションかがわからなくなっちゃうんですよ。猿が普通にいるわけですね、山に。

小野 普通に、本当にいます。近くにやってきますし。このあいだも田舎に帰ったら、両親が言っていました。両親は毎朝お墓参りしているのですけれど、すごく大きな猿に遭遇したらしいんです。猿は墓地で悪さをするんですよ。お供えのシキミの花枝を折ったり、菊の花を活けていたら花びらを全部むしり取ったり、湯飲みを叩き割ったり。本当です。そういうのを実際に見ていますし、話にもよく聞くんです。お袋が「すごく大きな猿でおそろしかった」と言うから、親父にどれくらい大きかったか聞くと「お母《かあ》と同じくらい大きかった」などと言っていました。それはさすがに違うと思いましたが（笑）。

沼野　その辺から、もうお話が始まっているわけですね。

小野　そうです。

沼野　小野さんは、その辺の話が一貫していて、とくに初期の作品では濃密で、『水に埋もれる墓』（朝日新聞社、二〇〇一年）とか、『にぎやかな湾に背負われた船』（朝日新聞社、二〇〇二年、のち朝日文庫）とか、あの辺の作品は文体もそうですが、登場人物もものすごくカラフルで、ちょっと大盤振る舞いしすぎじゃないかと思えるくらい鮮やかな登場人物が多いのですけれども、それはすべて素材になる実在のモデルがあったわけですね。

小野　必ずしもその人っていうわけではないですけれども。小さい頃から見たり聞いたりしていたいろんな人たちのその時々の姿とか言葉が、人物を作るときに非常に参考になっています。クッツェーがオースターとの往復書簡の中で、ある人物を小説の中で書くときには、具体的な誰かがモデルっていうよりも、前に出会った人たちの仕草や身につけていたもの、そういった部分が組み合わされてできてくるものだという話をしていたと思うのですけれど、そういうことですよね。登場人物を書くときに、具体的に沼野先生などをモデルにしたら面白いキャラクターができそうですね、ゆるキャラっぽい感じで。

沼野　私をもとにしてもちっとも面白い話にはなりませんよ。

小野　あ、反撃されてしまいました。

沼野　いや、何を話そうとしていたのかわからなくなってしまった（笑）……。

　そうそう、いろんな人物が出てくるという話ですが、ちょっと微妙なことを聞きますが、郷里を舞台にして郷里の人のことをモデルにしてしまうと、書かれたと思った人が、怒ったり不快がったりということが世の中にはあります。小野さんの小説の場合がそうだというわけではないですけれども、郷里の出身の作家で郷里を有名にしてくれたと郷里の人たちが喜ぶ場合がある一方で、変なことを書かれてしまって嫌だと思われることが、場合によってはある。小野さんの場合はどうでしたか。みんなが芥川賞を取って喜んで、郷里の生んだ文豪という感じで、歓迎一色で迎えてくれましたか。

小野　面白い質問ですね。実は、文句を言った人が一人だけいました。うちの父親です。焼酎を飲んで暴れるお父さんが出てくるんですけど、「あれはオレじゃろう」、「人を焼酎飲みみたいに書いて……」と言っていたそうです。それはでも、父じゃなかったんです。少なくとも父だけがモデルではない。焼酎飲みは小さい頃からたくさん見てきましたので、そういうのが混じり合って出てきた。それ以外は誰からも何も文句は言われたことはありません。

沼野　昔、『にぎやかな湾に背負われた船』の書評を書いたときに、登場人物があまりに多いので、メモを取りながら人物表を作り、この人はこういう人だとかいちいち整理したことがありました。今日はそのメモを持参して、いま見ているんですが、それにしてもたくさんいますね。「トシコばあ」は何回出てきたんでしたっけ。家にロケット花火を打ち込まれちゃったり、面白い話があってすごく印象的だった。

小さな場所について

小野 ロケット花火で思い出した。ちょっといいですか。

沼野 はい、どうぞ。

小野 ロケット花火の話を小説に書いたときに、僕の後輩から、小さいときから遊んでいる一つ年下の男の子なんですけれども、ロケット花火を打ち込んだという話は完全に創作なのに、読んで記憶が捏造《ねつぞう》されちゃったというか、こんなことを言われました。僕は田舎ではマー君と呼ばれているんですけど、「マー君はなあ、人の家に向かってロケット花火をよう打ち込んでおったもんなあ」と。いやいや、オレはやったことはないぞと（笑）。

沼野 なるほど。そういう記憶の捏造はありますね、実際に。

小野 面白いと思ったのは、彼は小説を読んでくれて、それで自分たちは小さいときにそういうことをやっていたと。そこまではいいです。しかし、僕がその子に人の家に向かってロケット花火を打ち込めと指図していたとまで言う（笑）。

沼野　文学作品には、書かれたテクストができると、それがいわば歴史になってしまうというか、みんながそれに基づいて記憶を作り替えちゃうような力がありますね。書かれた言葉の力というのはすごいなと思います。

　場所に関してもう一つうかがっておきたいことがあります。今、いろんな作品に言及されましたけど、辺境とか小さな場所とか、世界の産業や経済の中心からはだいぶ遠い、そういうところを描くこと、あるいはそういうところに徹することによって、逆に世界文学の広い地平に出ていくことがあると思うんです。それはすごく逆説的なことですが、さきほど話題になったように、作家は誰かのために書くのではなく、自分をどんどん掘っていくだけなのに、自分を掘っていったらそれがみんなのための場所になっていたということと同じかもしれない。小さな場所に徹することによって、広い文学の世界に繋がるということについてはどう思いますか。

小野　そういうことが起こるのが文学や芸術の不思議さで、『にぎやかな湾に背負われた船』という本は、先生のおかげでベトナム語に翻訳されたんです。

沼野　ベトナムに講演旅行に行ったときですね。

小野　そうです。先生が前の年に行かれて、次の年に声をかけていただいて、僕が行った。それがきっかけで向こうで作品が翻訳されたわけです。そうしたら、それを読んでくれたベトナムの人から、これはベトナムの田舎の話かと思ったと言われました。

沼野　親しみを持たれたわけですね。

小野　日本の局所的な小さな土地について書いた話なのに、読んだ人たちが自分たちのことが書かれているような気がすると言ってくれたわけです。大都市は大都市同士で、違うところがあるにもかかわらずある種似てもいて、何らかの共通性があるように、小さな辺境は辺境で、日本の辺境もベトナムの辺境もロシアの辺境も似ているところがあるんじゃないかと思います。この間、ロシアに行ってきたんです。図書展で自分の小説の話をしたんですけれども、そこでも観客の方がロシアの田舎の話をたくさんしてくれました。「ロシアの田舎に行くと、君が書いているようなことよりももっとすごいことが起こってるぞ」みたいな話を聞かされたりして面白かったですね。

沼野　小野さんの作品はロシア語訳はまだないのですか。

小野　そうそう、それについても面白いことがありました。ロシアの図書展に行く前にアルメニアに行かないかと言われたんです。アルメニアの大学で講演をして、それからロシアに行ってくれませんかと。もちろん、僕の小説はアルメニア語には翻訳されていませんから、読者のために小野さんの作品の一部分を翻訳しますと言われた。そうしたら、その人が『九年前の祈り』をすべて翻訳したと言う。僕はアルメニア語に翻訳されたのかなって思っていたわけです。でも、行ってみたらロシア語だった。アルメニアはソビエト連邦の一共和国でしたから、いまだにロシア語とアルメニア語のバイリンガルの人が多いということなんです。ただ、ロシア語に翻訳されたおかげで、アルメニアでもモスクワでも、それを使って自分の作品について話ができました。

沼野　なるほどね。ああいう小国の言語状況はかなり複雑ですからね。マイナー言語の話はまたあとでちょっと触れたいと思いますが、ここでもう少し話しておきたいのは、小さな場所で掘っていると、何か大きいところに出ちゃうことがあるということです。一つには小さな場所の小さな場所らしさってものには、共通して理解できるものがある。一方、大都会の生活というものにも、ある意味では同じようなところがあって、たとえば村上春樹の描く都市の中流より上くらいの少しインテリっぽい若い人たちの感覚というのは、おそらく世界共通のもので、だから、彼の作品が東南アジアでも東アジアでもヨーロッパでもアメリカでも理解される土壌があると思うんですね。ただトルストイの『アンナ・カレーニナ』の冒頭に「すべての幸福な家庭は互いに似ている、不幸な家庭はそれぞれに不幸である」という有名な言葉がありまして、要するに不幸のあり方は人さまざまだというんですね。別に辺境が不幸だとは言いませんけれども、都会の一見したところ安定した、それなりにいい暮らしをしている様子は世界中どこでも同じようなものだという感じがするのに比べて、地方性に彩られた小さな場所には、実はその場所その場所の輝きがあって、そう簡単には一般化できないからこそ小さな場所なんだろうと思うんです。

小野　小説には、あるいは物語には、必ず場所が要りますよね。土地があって人がいなければ、作品は書けない。都会には都会の豊かさが確かにあると思うんですけど、地方に行くと、都市の風景とは違って、畑があったり川や海がそばにあったり、あるいは山があったりと、土地の表情がかなり異なるし、やっぱり人間関係が非常に濃密ですよね。だから、地方の小さな土地を舞台にして作品を書くと、人間が作り出す濃密なネットワーク、地縁的血縁的なネットワークに触れざるを得ないところがある。人との関係を描かざるを得ない。もちろん都市部でもどこでも、人との関係は重要なファクターですけれど、その描き方が少し変わってくるということがあるんでしょうね。

沼野　こんな話を今更しても仕方がないかもしれないですが、私がアメリカに最初に留学に行ったのは一九八〇年代前半ですけれども、飲み物の自動販売機が日本よりも進化していました。いや、機械そのものは日本のほうが信頼性が高くて、アメリカの自動販売機には故障しているものが多くて、お金を入れてもモノが出てこなかったり、お釣りが出なかったりと、いろんなトラブルがありました。それはさておき、アメリカの自動販売機で驚いたことは、「こんにちは」とか「ありがとうございます」とか、声で応答するものがあったことでした。つまり、お金を入れて機械からモノを買うと、機械との間で一応疑似コミュニケーションが交わされて、人間との触れ合いはまったく何もないままで終わっちゃうわけです。ところが、昔のソ連などは、自動販売機はもちろんないし、ほんのちょっとした物を買うにも売り場があり、そこには怖い顔をしたおばちゃんが立っていた。それで商品が手に取れないから、あそこにあるアレを見せてくれと言うと、コレかと言って見せてくれる。でも値札もついていないから、いちいちこれはいくらですか、と聞いたり、そういう会話をしないと物が買えない。田舎ってそういうところがあるでしょう。

小野　そうなんです。数年前、日本学術会議っていうところで、大学における言語・文学分野の教育課程を編成する上での参照基準を検討・作成するための分科会に、何故《なぜ》か知らないけど、僕と柴田（元幸）先生が呼ばれて参加したんです。その中で文学に携わっている文学部の教員たちだけで文学が重要だ、文学部が重要だといっても説得力がないからと、参照基準の原案を世に問う公開シンポジウムでは、外部の人にも入ってもらおうということになった。それで文学部の教育には意味があると考えている起業家の方が来られて、ビジネスの立場からなぜ文学が大切なのかという話をされた。

文学部は基本的に言葉を扱う場所じゃないですか。それで人間の営みというのは言葉によって成立しているわけだけど、今は会社に入ってコミュニケーションがとれずにすぐ辞めてしまうような若者が増えているし、コミュニケーションの問題が原因で心に苦しみというか辛さを抱えたままでいる人たちもたくさんいて、だからこそ大学で文学をしっかり学ぶことが大切なのだという主旨のことを、その起業家の方は話された。

印象に残っているのは、自分は先日京都に出張で行ってきたけれども、考えてみると、仕事のときを除けば一言も口をきいていないという話です。誰とも喋らずに家を出て、切符は券売機で買うからもちろん誰とも喋らないし、コンビニに行っても、商品をレジに持っていって買うときに店員さんと何か喋るわけではない。京都に着いてタクシーに乗ったときは、一言、行き先を言ったけれども、場所に着いて仕事を終えたあとは、また喋っていないと。だから、喋らなくても生活ができてしまうし、人と接して喋るという機会が少なくてすむ世の中になってきている、とおっしゃった。その話が今、頭に浮かびました。

沼野　不便な暮らしのほうが文学的なのかもしれませんよね。

小野　そうですね。

沼野　ロシアで、今、カルト的な人気があるソローキンという前衛作家がいるんですが、彼の初期の作品に『行列』というのがあります（未訳）。ソ連時代は慢性的な物不足でしたから、何を買うにもすごい行列になるわけですよ。トイレットペーパーを買うのに一時間並んだりとか、冗談ではなく本当にあったわけです。そうすると行列している人の間でいろんな会話が始まって、ときに口喧嘩になったりもする。『行列』という小説は、その行列の中の会話だけでできているという、前衛的でありながらすごくリアルな作品です。そういうものが成り立つのが文学なのかなという気がします。

世界につながるクレオール文学

沼野　そういうちょっと小さい場所の話から、今度は少し外の世界の話に移りたいんですが、今の小野さんの話に、自分の場所性を意識して、世界のいろんな文学を見たということがありました。そこで、もう一つお聞きしたいのが、小説を書こうと思ったときに、自分について書くのではなくて場所について書きたいと思ったということについてです。

というのは、若い文学少年、文学青年には、どちらかというと自意識過剰で、自意識を持て余しているようなところがあり、自分のことしか見ていない人が多いと思うんですよ。新人賞に応募してくる作品でも、私などが見ると大半がそんな感じに見えるんです。でも小野さんの場合は、「私」は最初からどこかに飛んじゃっていたのでしょうか。場所のほうが面白かったということですか。

小野　そうですね。僕自身は、自分という人間は、土地と他の人との関係の中でしかあり得ないとずっと感じていました。田舎に帰っても誰かとやりとりをする中で面白いことが起こるわけで、自分一人でいても、別に面白いことは何もない。

沼野　日本の近代文学は、「私」を持て余して、さてどうしたらいいかというところで成り立ってきたというところがあるでしょう。小野さんの場合は、最初から、ある意味で日本人離れしていたというべきか、そこが面白いと思います。

小野　近代人の個の悩みというのは、基本的に都市の物語ですからね。

沼野　ええ。今の関係のほうが重要だという話は、『〈関係〉の詩学』（管啓次郎訳、インスクリプト、二〇〇〇年）を書いているグリッサンなどに、たぶん繋がると思うのですが、クレオール文学の話にからめて後ですることにして、ここでは、いったん小さな日本の場所の話から、外国の世界の話に移りたいと思います。先ほどのお話にもあったように、大学に入っていろいろな世界の文学に目を開かされ、小野さんは外国文学を専門的に研究するという方向に行ったわけですね。そして、フランス語を専攻し、フランスに留学して、研究者としての道も歩んできた。フランスで博士号も取られましたし、作家であるだけではなく、立派な学者でもあるわけですが、外国文学の世界に外国語を勉強して分け入っていくという、そのことについてはどうお考えですか。若い青年にとって、それはどんなことを意味するんでしょうか。

小野　僕、もともとは文学じゃなかったんです。

沼野　最初は、何をやっていたのですか。

小野　ミシエル・フーコーだったから哲学、思想ですね。それに興味があった。

沼野　そういえば、フーコーの集成（『ミシェル・フーコー講義集成6　社会は防衛しなければならない』石田英敬共訳、筑摩書房、二〇〇七年）にも、訳者として加わっていますよね。

小野　そうですね。

沼野　じゃあ、もともとはそういった思想研究のほうに興味があったわけですか。

小野　ある時代のフランスの文学と哲学って、サルトルは典型的にそうですけれど、表裏一体だったといいますか、密接に結びついているものだったじゃないですか。フーコーも初期のものは過剰に文学的な感じで書いているし、文学作品の話もたくさん出てくるし、実際に文学作品を論じてもいるし、彼が文学作品とどう向き合っているのかということに興味があったんです。ただ、自分はこの道には向いていないなという気持ちはありました。

沼野　思想とか哲学をやることについてですか。

小野　そうです。自分には向いていないと感じました。

沼野　フーコーの話が出てきたので、少々毒舌っぽいことを言いますと、私はフランスの現代小説は、いわゆるヌーボーロマンとかが出てきてつまらなくなったと思っているんです。

小野　いや、それは僕も同じです。フーコーが面白いっていう小説を読んでも、そんなに面白いと思わなかった。

沼野　フーコーが面白いという小説はつまらないかもしれないけれど、フーコーは面白い。

小野　そうですね。

沼野　フランス文化の世界に対する偉大な貢献はですね、二十世紀後半の文学の分野では、もう小説ではなくなって、現代思想だったと。

小野 それと批評ですよね。

沼野 現代思想や批評こそが、フランスでは小説に代わるものだった。だからロラン・バルトだって批評家ですけど、あれをみんなが文学作品として読んでいた。それはそれで素晴らしいことだ、と常々思っていました。フランス文学の専門家には怒られるかもしれませんけど。

小野 刺されると思います（笑）。

沼野 こういうことを大学でも言うから、いろいろ問題があるのかな（笑）。それで、小野さんは文学のほうに行こうとしたわけですね。

小野 ええ。やっていても、何か違うなと思って。フーコー自体は、目を開かれたというか、僕たちが当たり前と思っていることが、いかに歴史的に作られてきたかということを教えてくれて面白かったんです。

沼野 面白いですよ。「エピステーメー（episteme）」[*1]という、いまでは誰でも普通に使う言葉も、もともとはフーコーによって初めて特別な意味を持つ言葉として使われたんですから。

小野 その頃、九〇年代の前半でしたが、フランスでパトリック・シャモワゾーという、カリブ海の海外県マルティニークの作家が、フランスで一番大きい文学賞であるゴンクール賞を取り、カリブ海の文学がフランスでも非常に注目されていた。そのカリブ海のフランス語文学、いわゆるクレオール文学の潮流を、大学の学部のときからいろいろと教えていただいていた西谷修先生が日本に最初に紹介された。

沼野 シャモワゾー、コンフィアンの共著、日本語訳では『クレオールとは何か』(平凡社、一九九五年、のち平凡社ライブラリー)、あれが西谷さんの訳ですよね。今から考えると意外ですけど、西谷さんは、ああいうところでも先駆的でした。

小野 そうなんです。

沼野 解説もとても良かったし。

小野 素晴らしいです。それで西谷先生が、「小野、こういう文学があるぞ」と教えてくれたんです。それで原書を取り寄せてシャモワゾーの一作目と二作目を読んでみたのです。その当時は、フランス語はそんなにできません。フランスのカリブ海の海外県のマルティニークやグアドループでは、クレオール語という、フランス語と似てはいますけれども異なる言語が話されています。そのクレオール語を母語としている作家たちが、学校で教わったフランス語、つまり表現言語としてのフランス語で書いていた小説の中には、クレオール語に基づく単語や表現など、クレオール的な要素がたくさん盛り込まれていて、とくにシャモワゾーはそうだと思うのですが、読むとけっこう難しいんです。だから、たぶん全部は理解できていなかったと思うのですけれど、ただそれを読んだときに非常な懐かしさというか、この世界は僕も知っているぞと思った。カリブ海の小さな島で、スーパーマーケットが進出してきて、元々ある市場が活力を失っていく。そこに本当にたくさんの登場人物が出てきて、その一人一人の悲哀と喜びが描かれているのを読むと、これは知っている、なんだか懐かしいなと思った。なんでだろうと考えると、そうだ、僕の故郷もこんな感じだと気づいた。つまり、海外の文学を通して自分の故郷を発見するということがあったと思うんです。それで、どうせやるんだったらこういう文学作品を読んでみたいと、カリブ海のフランス語文学を研究するようになったんですね。

沼野　シャモワゾーという人は翻訳でしか知らないのですが、クレオール語の要素がいろいろ盛り込まれてはいても、本体はフランス語ですよね。

小野　フランス語です。

沼野　コンフィアンっていうのは『コーヒーの水』（塚本昌則訳、紀伊國屋書店、一九九九年）が翻訳されていて、これもすごい作品ですけれども、これはフランス語なんですか。シャモワゾーに言われてフランス語で書いたというようなことが解説にあったのですけど、ということは、コンフィアンにはクレオール語で書いた作品もあるということですか。

小野　あります。

沼野　それって読めないじゃないですか、多くの人は。

小野　そう。だけど、結局、自分にとっての母語はクレオール語であって、フランス語は植民地主義によって押しつけられた言語だから、クレオール語で書くべきだと考える人たちもいる。ケニアの作家でグギ・ワ・ジオンゴという人がいますが、あの人は英語で書くのをやめたじゃないですか。そして母語のキクユ語で書いている。

カリブ海の島々のなかでも、フランスの植民地だったマルティニークとグアドループは、第二次大戦後は、独立を果たした他の島々とちがって、フランスの海外県になっちゃったわけですが、その後も独立したいと思っている人たちがいた。その人たちは自分たちの文化はクレオール文化で、クレオール語が自分たちの言葉だから、文学もクレオール語で書かなくちゃいけないと主張して、積極的にクレオール語で作品が書かれていた時代があったらしいんです。だけど、それだと自分たちの島にいる四十何万人かの人にしか読まれないということがあって、フランス語で書く選択をした作家もいると思うんです。

沼野　それで小野さんはフランスに留学して、博士論文のテーマにマリーズ・コンデ*2という作家を選んだわけですね。シャモワゾーはマルティニーク島の出身ですが、コンデは違う。

小野　コンデはグアドループ島という、マルティニーク島から見ると、ドミニカ島を挟んで北にある島です。

沼野　ちょっと島を離れただけでも、けっこう言葉とか風習も違ってくるんでしょうね。

小野　ええ、違ってきます。

沼野　でもフランス語をベースにしたクレオール語ではあるわけですね。

小野　そうですね。だけどクレオールではあっても、お互いに自分たちは違うと思っています。グアドループもマルティニークの人たちも。

沼野　そうなんだ。でも微妙な違いですよね。

小野　微妙な違いです。日本でも同じ県の中でも、旧藩の区別や、北と南の違いなどで、自分たちとあいつらは違うということがあるじゃないですか。

沼野　たとえば沖縄だったら、島によって意識に違いがあって、あの島はうちと違うと思っているかもしれない。

小野　そういう感じだと思います。

沼野　そうですか。

小野　マリーズ・コンデを読んでみたら僕にとっては面白かったので、博論ではそっちのほうをやろうかと。

沼野　なるほど。今、クレオールという話が出まして、ここにいらっしゃる方はおわかりの方が多いと思いますけれども、何だそれは、と思っている人もいるに違いないと思いますので、ちょっと説明を加えておきます。

言語学的にいうとクレオールというのは、たとえば植民地などで、現地の言葉と支配者、宗主国の言葉が接触して形成される言語のことですが、コミュニケーションのためにどうしても必要な手段として、最初にできる混成言語はピジン語といわれるものです。ピジン語はその場限りでしか流通しない、便宜的に使われるコミュニケーションの言葉ですから、商業的な目的ではよく使われますけども、それを母語としたり、それが世代を超えて受け継がれていくということにはなかなかならない。クレオールは、それがより言葉として進化して、文法体系もでき、母語として受け継ぐことができるものです。どちらかといいますと、今までは見下される傾向が強かったけれど。

小野　あくまでも話し言葉で、書き言葉ではなかったですからね。

沼野　フランス語を喋る人から見れば、フランス語が訛《なま》ったり崩れたりした変な言葉だと差別的に見られることが多かったようですが、喋り言葉であっても体系性を持って、それが受け継がれていくということですね。もともとは話し言葉に限定されていたとはいっても、やがてそのクレオール語でも文学が書かれるようになり、クレオール語をむしろ意識的に使ってものを書こうとする作家も出てくる。ただし、クレオール語と呼ばれるものは一つではなくて、フランス語をベースにしたものもあれば、英語をベースにしたものもあります。ほかにもポルトガル語ベースとか、いろんなものがありえる。

小野　でも、カリブ海のように近隣だと、だいたい通じ合ったりもする。

沼野 それは、混成言語が産み出されるとき共通の傾向があるからですね。小野さんがそういうことに興味を持ったときに、その導き手として、たとえば西谷修さんなどがいたわけですけれど、そのほかにも文化人類学者の今福龍太さんが『クレオール主義』（青土社、一九九一年、のちちくま学芸文庫／増補版）という本を書いたり、それから西成彦《まさひこ》さんという比較文学者がクレオール語に関するエッセイを書いたり、そういうふうな興味を持つ世代が出てきた。管啓次郎さんなども、マリーズ・コンデの『生命の樹―あるカリブの家系の物語』（平凡社「新しい『世界文学』シリーズ」、一九九八年）を訳していて、やはりクレオール的なものに最初から一貫して興味を持っていた。そういう人たちがいて、決して主流とはいえないにしても、力強い流れがあって、その最先端に小野さんがいる。

小野 最先端ではありません。一番後ろのほうにいて、教えてもらった。そうやって出会った作品のおかげで、もっと読んでみたい、研究してみたいと思うようになった。シャモワゾーの作品もクレオール語とフランス語という、二つの言語があって書かれている。フランス語で書いていても、そこにはクレオール語的な何かが息づいています。シャモワゾー自身がよく言うのは、彼の文学言語は、この二つの言語だけではないということです。世界中のあらゆる言語と共に自分は書いているんだと。今日は世界文学の話にもなると思いますが、要するに世界文学と共に書いているというわけですよね。自分に影響を与えているのは、言語や文化や時代を問わず、自分と同じような問いを抱え、自分と同じような世界との向き合い方をしている人たちで、そういう文学作品を読んでいると、たとえ翻訳を通してであれ、自分は文学における兄弟に出会うことができる。そのいろんな兄弟たちと共に自分は書いていると言っている。

沼野 それは、シャモワゾー自身がそう言っているんですか。

小野 シャモワゾーがそう言っています。

小さな島の小さな通りに住んでいる人たち

小野 ここで少し宣伝しておきたいのですが、この四月（二〇一六年）から、放送大学で、ラブレーやモンテーニュの翻訳で有名な宮下志朗先生と僕とが主任講師になって、タイトルもそのものズバリ「世界文学への招待」というテレビ講座が放送されます。興味のある方にはぜひ見ていただきたいと思います。テキスト（『世界文学への招待』放送大学教材、放送大学教育振興会、宮下志朗・小野正嗣著、二〇一六年）も売り出されています。

沼野 私も拝見しました。すごく良い本です。

小野 テレビに出る講師の方々が執筆してくださっているのですが、とても豪華なメンバーです。今、現代英米文学の翻訳でものすごく活躍されている藤井光さん、チェコを中心とする中欧文学の翻訳や紹介で活躍されている阿部賢一さん、アラブ文学で素晴らしい仕事をたくさんされている岡真理さん、韓国・朝鮮の近現代文学研究の第一人者の渡辺直紀さん。それからこの方もすごいと思うんですが、アメリカのＵＣＬＡで日本文学を教えていて、源氏物語の専門であり、日本の現代文学の紹介と翻訳もしているマイケル・エメリックさん。

沼野　エメリックさんとは私もこのシリーズでトークを一度しました。講師陣が、小野さんの世代を中心に全般に若返りましたね。

小野　宮下先生が講師陣の構成を考える際に若い人がいいと言ったので。面白かったのは、宮下先生って僕よりもだいぶ年上で、七十歳前の方なんです。

沼野　そうですね。

小野　で、一緒にやったら、先生はずっと「な、小野君。我々の世代は、もういいからな」って。「先生、僕と先生とはだいぶ歳が違いますけど」と言いましたが（笑）。

沼野　一緒にされちゃったわけだ。でも、その「我々」は話しかける相手が入っていない「我々」だったのではないですか。言語学ではこういう一人称複数形を「除外的」（exclusive）というんです。

小野　そうかもしれません。でも、ともかくとてもいい番組ができたと思います。

沼野　テレビで実際の講義を聞くのはもちろんですが、テキストだけでもすばらしい価値があるものになったと思います。

シャモワゾーに戻りますが、クレオール語とかクレオールの世界は、小さな狭い世界ですけれど、世界文学と共にあるという感覚がすごい。もう一つ、ぜひうかがいたいのは、シャモワゾーなどの少し先輩格になるんでしょうか、やはりクレオール文学の旗手である、先ほど名前の出たエドゥアール・グリッサンという人がいますよね。この人は『〈関係〉の詩学』という名著のほかに、『全-世界論』（恒川邦夫訳、みすず書房、二〇〇〇年）という、これは「全世界」のことを、日本語でいえば「全」の後にハイフンが入る"Tout-Monde"という特別な言い方をしている本ですが、グリッサンが考えるこの「全-世界」と、今言ったシャモワゾーの世界文学と一緒にあるという言葉とは、同じようなものと考えていいのですか。

小野　シャモワゾーの考え方は、完全にグリッサンから来たものなんです。

沼野　やはり繋がっていますね。

小野　放送大学のテレビの授業のために、僕はカリブ海のマルティニークまで行かせてもらってですね。

沼野　ああ、そうだったんですか。いいですね。

小野　いいでしょう！　で、インタビューをしました。

沼野　誰にですか。

小野　シャモワゾーにです。

沼野　それはすごい！

小野　とても美しい風景を背景に、シャモワゾーさんが喋って。

沼野　そのインタビューは、テレビでも放送されるのですか。

小野　そうです。

沼野　それは、見ないといけませんね。

小野　彼が答えてくれたことが、本当に素晴らしくて。僕は彼と沼野先生がお話しすると、きっとものすごく楽しいだろうなと思います。

沼野　いやいや、そうですか。

小野　シャモワゾーの話の中には、「グリッサンが言っているように」、「グリッサンが示したように」と、グリッサンの話がよく出てきます。シャモワゾーは、「世界のあらゆる言語と共に自分は書いている」とも言っていましたが、それはグリッサンがつねに言っていたことなんです。アイデンティティというものは、固定化されたものではなく、世界とのあらゆる関係に開かれていて、その関係とは、他の文化、他の言語や他者との関係だと思うんですけど、そういうふうに世界の多様性と共にあって、自己を変化させつつ他者に開かれていくべきものであると。そしてそれが自分を貶《おとし》めたりすることにはならない。そうした考え方がグリッサンのアイデンティティ論の根幹にはあります。シャモワゾーはそれをそのまま自分のものとして作品を書き続けている。彼はずっとマルティニークについて書いてきた人です。彼の小説の舞台はほとんどつねに、その小さな、面積的には沖縄本島くらいのマルティニークなんです。そして、これからも小説の舞台はマルティニークであり続けるだろうとシャモワゾー自身が言っていました。なぜなら、彼によれば、そして彼にとって、マルティニークとは歴史的に世界とのあらゆる関係に開かれた場所だからです。書いても書いても汲み尽くせないということですね。

沼野　関係の話ですが、これは私なりの解釈で間違っているかもしれないんですが、日本の近代文学の病には、「私」「私が」とそこにばかり囚われて、「私」の病気からどうも抜けられないところがあるんですけども、関係を大事にするということは、「私」や「私が」だけの問題としてではなく、私といろんなほかの人たちがいてその関係の中でどう世界をとらえるかということですよね。おそらくグリッサンの『〈関係〉の詩学』にはそういったことが基本的にあるのだなと思いますし、それは、ある意味では「私病」に対するすごい特効薬になるような感じがします。現代思想では「リゾーム」なんてことを言う人がいて、体系的な樹があって価値体系が一元的に構築されるのではなく、目に見えないたくさんの根っこでいろんなものが繋がっているという。それも広がりのある関係ですね。そういうふうに世界をとらえていくことができるんじゃないかと。

小野　水平的にね。

沼野　クレオール的なものには、そういう考え方、つまり垂直的な上下関係ではなく、横の関係を重視するということがあるんじゃないですか。

小野　あると思います。あの島の歴史を考えていくとわかりますが、あそこは、世界の多様な文化や言語が混じり合い、さまざまな関係を取り結んでいる場所なんです。もともとカリブ族やアラワク族がいたところに、ヨーロッパから植民者がやってきて、その人たちから土地を奪い、殲《せん》滅《めつ》した。次いで、労働力が必要なので、今度はアフリカから奴隷を連れてくる。十九世紀の半ばに奴隷制が廃止されると奴隷の人たちがみんな街に逃げちゃって、労働力がなくなったからと、今度は騙されるようにして、インド系や中華系の人たちが移民としてやってくる。さらには、中東からはシリア系の人たちもやってくる。たとえば、恐ろしいことで有名なV・S・ナイポール[*3]はトリニダード・トバゴの出身ですけれども、インドから年季契約でトリニダードに働きに来た移民の子孫ですよね。

沼野　今の「恐ろしいことで有名な」というのは、説明しないとわからないかもしれません。ナイポールは、その特異な個性のために、会議や講演会に呼ばれたときに、主催者や司会者をいろいろと当惑させている人なんです。でも人柄と作品は別ですからね、作品はなかなか面白い。

小野　面白いです。

沼野　小野さんも、ナイポールの作品を小沢自然さんと共訳していますよね。

小野　初期の作品です。

沼野　とても良い作品です。『ミゲル・ストリート』(小沢自然共訳、岩波書店、二〇〇五年)。

小野　小さな島の小さな通りに住んでいる人たちの話です。

沼野　だけど、小野さんもすごいですね。あれは英語でしょう。仏文学者が、英語の小説まで訳している。

小野　小沢自然君という素晴らしい友人がいたからできたことです。彼と一緒に訳していったんです。実に楽しい仕事でした。

沼野　それで、クレオールの話が出たので、蘊蓄《うんちく》を傾けるつもりはないのですが、この機会に一つ言っておきたいことがあります。それはですね、日本の作家では、たぶん安部公房という人がわりに早くからクレオールということに興味を持って、一九八〇年代の後半、確か八七年だったと思うのですが、「クレオールの魂」という論文を岩波の『世界』に載せているんです。長いこと単行本には入らないままでしたが、これを読むとクレオールが安部公房の文学観と深くつながっていたことがわかりますし、安部公房のクレオール理解は非常に先駆的だった。彼は反伝統の人で、みんなが群れ合って「これが伝統です」みたいに言うことが大嫌いでした。クレオール的なものは、古い伝統に根ざして伝統を継承しながら形成されるのではなく、そういう伝統とは無縁のところで生成してしまう。そこに安部公房は強く惹かれたんです。

小野 彼自身がデラシネの人じゃないですか。幼年期に満州にいて戦争を体験し、戦後、ある種自分が生きて暮らしてきたところから引っこ抜かれるようにして引き揚げてくる。そういう自分の故郷を奪われる経験をしていますよね。

沼野 ええ、そういう自分にクレオールとの共通性を感じていたんじゃないかと思います。

小野 さっきの「リゾーム」と「ツリー」の対比でいうと、もともと根っこを引き抜かれてきた人だから、ツリー的なものに対しては疑いを持っていて、いろんな関係が地下茎のように自在に繋がっていくというクレオール的な広がりに惹かれるところがあったのでしょうね。今思い出したんですけれど、大江健三郎さんの親友というか、大江さんの大学時代からの友達で山内《やまのうち》先生という人がいるじゃないですか。

沼野 英米文学者の山内久明先生*4。

小野 その山内先生が日本の現代文学について書いた本があります。オックスフォードかケンブリッジか忘れましたけど。

沼野 英語で出ている著書ですね。

小野 あの本を読んだときに、安部公房がデラシネの作家として紹介されていたことを思い出しました。

沼野 そうですか。ちなみに山内先生はまだご健在です。大江さんのノーベル賞講演の英語訳なども手伝っておられる。

小野　大江さんの小説の中で「Y君」と出てくるのは、山内先生ですよね。

沼野　多分、東大駒場の同学年の友人ではないでしょうか。専門が違って、山内先生は英文学のほうに進まれましたけども。

よその土地で自分の土地を発見する

沼野　ところで、小野さんの場合、そのような形で、いわゆる正統的なフランス文学ではなく、けっこう変わった異文化の世界に踏み入っていったわけですね。小野さんは大学の先生でもあるので、教師として若い人たちと付き合っていると思いますけれども、最近よく、日本の若者は外国に行きたがらないとか、留学したいという人が減っているとか、そういう話を聞きますが、どう思われますか。いまアメリカにいる留学生は圧倒的に中国人や韓国人が多くて、日本人は減っているそうです。日本の若者たちは、なんだか内閉的になって、異文化の世界に出ていって他者にぶつかりたいと思わなくなってきているのでしょうか。

先ほどの話にもあったように、小野さんはアルメニアとか、ロシア、ベトナムにも積極的に行って講演をされています。現代の日本の若い世代の作家の中でも、アルメニアまで行ってみようなんて思う人は珍しい。あとで関係者に話を聞いたら、小野さんは、アルメニアでもロシアでも大人気だったそうです。日本からこんな素晴らしい作家が来てくれたって、みんなが喜んでいた。小野さんにとって、そういう未知の外国文化の中に入っていくのはやっぱり面白いんでしょうね。

小野　今日は副題に「マグノリアの庭」「マグノリアの庭」とありますけれども、僕がアルメニアに興味を持ったきっかけは、「マグノリアの庭」にあります。それと、僕が「関係」というものを信じているのは、やはり人との出会いが大きい。僕はフランスに留学したときに、クロード・ムシャールさんという、詩人で批評家でもあり、僕が学んだパリ第八大学の教授で、フローベールなどの十九世紀の仏文学の専門家と見なされてはいるけれど、実は世界のあらゆる文学を愛する素晴らしい人に出会いました。だから、フランスでクロードに初めて会ったときに、沼野先生みたいな人がいるなあと本当に思ったんです。クロードはあらゆる文学に興味があるから、パリ第八大学は留学生が多いところなんですが、留学生たちに声をかけて、君たちの国に面白い詩人はいるか、面白い小説家はいるか、といろいろ話を聞き出すんです。聞き出したら、今度は学生たちにその詩人や作家を一緒にフランス語に訳してみようと誘う。そうやって韓国人の留学生と韓国現代詩人、たとえば高銀《コウン》などを訳したり、僕とは日本を代表する詩人の吉増剛造さんを訳したりする。クロードが奥さんのエレーヌと暮らすオルレアンの家には、春になると美しい花を咲かせるマグノリアの植えられた大きな中庭があるんですが、その家に留学生たちを招いて、一緒に翻訳をする。

自分のまったく知らない言語の文学でも、その国から来た留学生と話しあいながら時間をかけてていねいに訳していく。僕も彼のうちに招かれて、吉増さんの作品をはじめとする日本の現代詩を訳しているうちに、そこに五年ほど居候することになりました。彼はロシアとも繫がりがあって、ペテルブルグに定期的にフランス文学を教えに行っていたし、沼野先生とも親しかったアイギという人と……。

沼野 詩人のゲンナジー・アイギですね。残念ながら数年前に亡くなりましたが、素晴らしい詩人でした。日本に来ていただいたこともあります。

小野 そのアイギさんもクロードの知り合いで、クロードのうちに何度か来たそうです。

沼野 なるほど。アイギはロシアの中の少数民族のチュヴァシ人で、チュルク系の言語であるチュヴァシ語とロシア語のバイリンガルです。かなり実験的な作風ですけれど、ロシアが生んだ現代詩の最高峰の一人ですね。日本でも翻訳が出ていて、評価する人はいるんですが、ヨーロッパではもっと評価が高かったみたいですね。ノーベル文学賞の候補といわれたこともあります。

小野 そのアイギも来ていたんです。「マグノリアの庭」は、本当に世界のさまざまな文学に開かれている、そんな場所だった。クロードは証言の文学という観点からヨーロッパにおけるユダヤ人大量虐殺についていくつも論考を書いているのですが、彼のおかげで、アルメニア人虐殺の問題に関心を持った文学研究者にも出会いました。結局、フランスという余所《よそ》の土地に行って、クロードのような人に出会えたことが大きい。クロード自身がフランス文学よりも世界文学に興味を持って熱心に読んでいる人だったから、クロードに教えてもらって、フランス文学はもちろんですが、それ以外の世界文学のさまざまな作品に触れることになりました。そこでクロードと親しい研究者や芸術家に出会うだけではなく、クロードとエレーヌが手助けしていた移民や難民の人たちとも出会い、そのおかげでまたいろんな扉が開いていった。

アルメニアについても、アルメニアってどういうところなのかなと、フランスにはアルメニア人のけっこう大きなコミュニティがありますから、どんな歴史があって、どんな文学があるんだろうかなどと、もちろんクロードのおかげですが、興味を持つようになっていた。ロシアもそういう感じで、実は僕、フランスでけっこうロシア文学を発見したんです。ハルムス、シャラーモフ、プラトーノフ[*5]を僕に読めと勧めてくれたのはクロードでした。だからそういうふうにして、フランスにいたときに、フランスから、というか、マグノリアの庭から広大な世界文学への窓、扉が開けてきたというのが僕の実感です。文学に興味のある者にとっては理想的な環境にいたことになる。

沼野　まさにリゾーム的というか、横にどんどん根が伸びていって、次のところに繋がっていくみたいな、そういう感じですよね。

小野　やっぱり外に出なかったら、それはなかったと思います。

沼野　そうですね。

小野　それでアルメニアに行ったじゃないですか。面白かったのは、日本から直行便はないので、モスクワからアルメニアのエレバン行きの飛行機に乗ったのですが、飛行機には出稼ぎ帰りみたいな人がたくさんいるんです。それはもう外見でわかるわけです。その人たちの姿を見ていたら、なんだか懐かしかった。僕の故郷では、僕が小さなころ、出稼ぎに出ている人が多かったからです。いまは少子高齢化が進み、僕の実家のある集落はほとんど限界集落です。アルメニアで、自分の郷里について話したら、「あなたが話しているようなことが、アルメニアにはたくさんある」と言われた。アルメニアの国内人口は約三百万人で、世界中にディアスポラのアルメニア人が九百万人もいるそうです。それで国内に大きな産業がないために、今も外国に、とりわけロシアの各地に仕事を求めて出稼ぎに行っている人が多く、「農村部などに行くと、男性はいなくて、老人と女性、子どもばっかりなんだ」みたいな話を聞かされました。僕の田舎も、さっき言ったように出稼ぎが多い小さな漁村で、ある意味で似たような状況があった。そうやって余所の土地で自分の故郷を発見するというか、当時の事情をあらためて理解するということがありました。

沼野　それは面白いですね。私もモスクワでは乗ったタクシーの運転手がアルメニア人だということがよくあります。つい最近も家族を置いて一人でモスクワで稼いでいるっていう、ちょっと切ない中年男のアルメニア人運転手とよもやま話をしました。

でも余所で自分を発見するって、面白いことですね。小野さんの場合は、行く先々で自分の作品が現地語に訳されてたわけですが、むこうの人たちは小野さんの作品をどんなふうに受け止めたんでしょうか。ベトナムに行ったときも、講演会に間に合うように『にぎやかな湾に背負われた船』が翻訳されたのでしょう。

小野　ベトナムでは、先生がまず三都市を巡回する講演をなさったじゃないですか。その後に行った僕のときも三都市巡回でした。先生が古典文学から村上春樹まで論じちゃったから、僕はそれ以降を論じるみたいな感じで回ったら、それが好評で、あなたの作品を翻訳しましょうという話になった。

沼野　そうか、そうか。

小野　それでもう一回行くことになりました。

沼野　すごいですね。リピーターになっちゃったわけだ。

小野　そうなんです。

沼野　いずれにしても、そういう機会に自作が翻訳され、現地の人に読んでもらえたとは素晴らしい。アルメニアでは『九年前の祈り』がロシア語に翻訳されたわけですし。で、現地の人の反応はどうでしたか。日本とは違うところがあったでしょうか。

小野　土地の印象が自分たちの抱いている日本のイメージとはだいぶ違うと言われました。日本の文学にこんな田舎の話が書かれているとは思わなかったと。

沼野　村上春樹しか知らないんじゃないですか。

小野　それはわからないです。でも、ロシアの人もアルメニアの人も親切でした。たとえば、僕は知らなかったんですが、ロシアには地方を描く有名な作家がいたんですよね。そういう作家の名前を出されて、「この人のものを読むといい」などと、逆に読書案内してもらったり。だから、そこでもまた、たくさんのものをいただいたというんですかね。ありがたかったです。

沼野　そういう、いろいろなところに行ったことがまた……。

小野　ええ。それが何かと繋がっていくといいなと。僕は絶対に繋がっていくと思います、自分では意識していなくても。作品を書くという行為には、そうやって自分が経てきた場所の記憶が必ず結びついていると思っていますので。ともかくロシアとアルメニアは非常に面白かったです。

沼野　いろんな場所が繋がって、土地のコレクションというと変ですが、これからの小野さんと小野さんの作品には、世界のいろんな場所が次々に現れて、それが作家・小野正嗣の新たな場所を作っていくのかもしれません。

小野　僕は文学のおかげでたくさんの場所を訪れましたが、わりと方向感覚にも強いので、行った先がどんなところでも迷ったりしなかった。でもそれ以上に、文学において迷うということがあまりなかった。

沼野　方向音痴じゃないわけですね。

小野　ええ。方向もそうですが、文学においてはもっと迷いなく、いろんな必要な導きがあって、ずっと作品を読み、書いてきたと思うんですね。

それで、沼野先生の最近の本を読んでいて、気になって、ずっと聞きたかったことがあるんです。『チェーホフ　七分の絶望と三分の希望』という本です。素晴らしい本なので、皆さんにもぜひお薦めしたいのですが、実はこの本の「おわりに」という後書きのところにこんな文章があった。

「道に迷った私に『この世に文学研究ほど大事なことはない』と教えてくれたアレクサンドル・チュダコフももうこの世にはいない」

沼野先生は文学の化身みたいな人だと思っているので、「え、あの沼野先生が文学研究の道で迷ったことがあるの⁉」と不思議だったんです。そんなことがあったんですか。

沼野　はい。よくぞ聞いてくれました。この話、実は、さっきの楽屋の打ち合わせでも出ていたんです。

小野　そう。楽屋で僕がしつこく聞いたら、先生は「これは小野君にも教えてあげるけども、皆さんにも聞いてもらったほうが面白い」とおっしゃった。それで、さっきの楽屋の質問を再現してみたわけです（笑）。

沼野　この部分、ちょっと読むと、すごく真面目な話に聞こえるじゃないですか。

小野　それで、僕も気になった。

沼野　深刻な感じでね。まあ、深刻は深刻ですけれども、実は半分は冗談なんです。だけど冗談だということが絶対わからない書き方をして、わからなければそれでいいなと思っていた。どういうことかといいますと、アレクサンドル・チュダコフという人はロシアのチェーホフ研究の第一人者で、ものすごく頭が切れる最高レベルの学者なんですが、彼が日本に来たときに、私が案内したり、個人的にもけっこう付き合ったりしたんです。それで、彼が日本での仕事を終えてこれからロシアに帰るというときに、私は成田までお送りする時間がなかったので、品川で成田エクスプレスに乗せてしまえば、あとは空港で飛行機にチェックインすることくらいはお一人でできるだろうと考えて——まあ、けっこう年配の方なので、ちょっと心配もしたんですが——品川駅まで一緒に行って、空港行きの電車に乗せようとしたわけです。それで品川駅の中をいっしょに歩いていたら、あれっ、何番ホームだっけ、という感じで、よくわからなくなっちゃったわけ。

でもそんなときもチュダコフ教授はですね、駅の構内をいっしょに歩きながら、文学研究について真面目な難しい話をずうーっとしていて、話が途切れることがなかった。ところが私は、電車に乗り遅れては大変だと、焦ってホームを探していたので、そんな話をずっとされていても、聞く余裕なんてありません。だから「ちょっと待ってください。いまホームを探しているところですから」と言って、彼の話をさえぎろうとした。そうしたらチュダコフ先生は怒りましてね、「何だ、君は。私がこんな大事な話をしているのに」と言うんですよ。さすがにその時は私もむっとして、「あなたがロシアに帰れなくなったら困るんじゃないですか」と言い返した。まあ、おおよそそんなやり取りがあったんです。言葉は悪いけど、学者馬鹿みたいなところがある人でしたね。やっぱりすごいですよ、こういう人は。

小野 僕は先生が文学研究に迷っちゃったのかなと。

沼野 いや、文学研究に迷ったとは書いていません。「道に迷った」と書いてあるでしょう。文字通り道に迷ったんです。

（会場 笑）

小野 こういう書き方って、よく読まないと意味が……。

沼野 よく読んでもわからないかもしれないですね、これでは（笑）。

小野 でも、先生のチェーホフ論がまさにそんな感じですね。チェーホフのある作品が喜劇か悲劇かってときに、チェーホフは喜劇と書いているけれど、多くの人がこれを悲劇として読んできた。それはどうしてなのかを解きほぐしている。書かれたものの受け取られ方、受容の不思議さについて先生はこの本の中で書いているから、「おわりに」でもそれを実践したっていうことですよね。

沼野　ええ、ちょっと面白い仕掛けでしょう。誰にもわからないままで終わっていたかもしれませんけど。

小野　ここで言えて良かったですね（笑）。

五つの顔を持つ小説家

沼野　今日は小野さんという魅力的な講師をお迎えして、皆さんも質問したいことがいっぱいあると思うので、質疑応答の時間を多めに残したいと思っています。それで、そろそろまとめの方向に行こうと思うのですが、今、文学研究の話が出ましたので、最後に、小野さんの文学者としての生き方、活動の仕方についてお聞きしようと思います。

ここまでの話からもわかるように、小野さんは非常に多面的な顔をお持ちです。文学研究者でもあり、翻訳家でもある。今日は、ナイポールの『ミゲル・ストリート』以外は、翻訳の話はあまり出ませんでしたが、フランスのポール・ニザンから、クレオール関係、フーコーなど、いろんなものを訳してこられた。今もずいぶん、仕事が溜まっているんじゃないかと思います。つまり、教師・小説家・翻訳家・文芸研究者と、ざっと勘定しても少なくとも四つの顔をお持ちですね。これは一人の人間の中に共存しうるものなのか。時間的にも相当厳しいでしょう。だから、いつも、ものすごく忙しそうな感じがする。それからもう一つ、これまたとても大事な、家庭のパパという顔があって、テレビを見た人はおわかりだと思いますが、お子さんがまた増えたという。今時珍しい、非常に生産性の高い家庭ですね。

小野　「日本生産性本部」と言われています（笑）。

沼野　五つの顔ですね。

小野　よく忙しいだろうって言われますけれど、僕は昔から日本で一番忙しい文学研究者は沼野先生だと思っていますけど。でも、先生は得です。

沼野　どうしてですか。

小野　この風貌と喋り方ですから、焦っているようにはぜんぜん見えない。

沼野　ああ、暇人のように見えるという。

小野　だけど、ものすごい仕事をしている。だって、「徹夜の塊」です。

沼野　会いに来た人に、「お忙しいでしょう」という社交辞令を言われたときは、「いえ、暇ですよ」って言うことにしています。すると、皆さん、だいたい本気にして帰っていくみたいです。それでいいんだと思っているんですが、うちの奥さんには、何て馬鹿なことを言っているのって、いつも怒られちゃう。

小野　先生の翻訳書や研究書の「あとがき」を見ると、機中で書いていたり列車の中で書いていたりしていますよね。だから、沼野先生こそ寸暇を惜しんで仕事をされていると思うんです。

沼野　計画を立てて何を何時にどうやってというやり方を、私はあんまり信じていないところがあります。ただ、やりたいことを好きなようにやりたいというだけで。小野さんはどうなんですか。

小野　そうですね。僕も計画を立ててやっていたら、子どもがこんなにたくさんはいません。あ、あんまり面白くなかったかな。

（会場、笑）

沼野　子どもの話はちょっと置いときましょう（笑）。で、どうなんでしょう。一人の文学者の中に作家がいて、翻訳者がいて、教師、研究者もいて。研究者ということには批評家であるという面もありますね。なかなか共存しにくい面があるんじゃないですか。

小野　でもね、研究者と小説を書くことは、そんなに遠くないと思うんです。柴田元幸先生から「小野君は小説を書くようになってからのほうが、良い読者になったんじゃないかな」と言われたことがあります。確かに、小説を自分で書くようになると、対象となる作品を読むときに、ここは気合いが入っているんじゃないかとか、ここで苦労しているんじゃないかって体験的に感じられることがあると思うんですね。だから小説を書くことと作品を研究することは、それほど遠いことではないかもしれない。そして書くということは自分の中を掘ることかもしれないけど、書かれたものを客観的に見る視点が絶対に必要だと思うんですね。そのときに研究や批評というものが、対象に対して適切な距離を取ることを教えてくれる。その意味で、僕が研究や批評で体験していることは、書くことにとってもとても意義のあることだと思うんです。翻訳についても、文学の歴史を見ると、多くの小説家や書き手が、翻訳家じゃないですか。フランス文学でも、ボードレールやマラルメにしたって翻訳者でもあったし、翻訳している書き手は世界中にたくさんいます。だから、翻訳と創作は相性の良いことなのかなと。

沼野　村上春樹さんの場合もそうですね。だけど今は、忙しい世の中ですから、人気作家になったら、自分の小説を書くことに集中したいと考えるのが普通でしょう。本業に精を出さないと、時間も足りなくなってしまうし、競争にも勝ち残れない。だから人の書いたものを訳すなんて仕事は、どちらかというと、二次的な仕事になってしまう。そもそも、そんなことやっている暇がないっていうのが、普通でしょう。世界的に有名なベストセラー作家だったら、翻訳をやっている暇があったら自分の小説を書けよって、エージェントから圧力をかけられるんじゃないでしょうか。その点、村上春樹はものすごく例外的な人だと思うんです。

小野 すごいですよね。僕は売れていませんから、翻訳をやることに差し障りはまったくないけれども（笑）。ただ単に、能力がないからあらゆる仕事が遅いというだけで。

沼野 やっぱり翻訳もやりたいですか。

小野 それはやりたいです。面白いもの。

沼野 堀江敏幸*6さんもかなりやっていますね、翻訳も。

小野 優れた作品を日本語に訳するときに、翻訳という作業によって、どのようにその作品の言葉が成り立っているかを非常に注意深く読むことになりますよね。それが自分が書くことに、良い効果を及ぼしていると感じます。

沼野 では、教師はどうですか。大学教師の仕事は。

小野 先生はどうですか。

沼野 私の話は……（笑）。

小野 学生と付き合うのは楽しいでしょう。

沼野 でも、最近はついていけない話題が多くなってきていて。若い人たちに人気のあるものが、映画監督にしてもマンガ家にしても、名前を聞いてもわからない。

小野 わからないですかね。

沼野　最近では、『ユリイカ』の特集のテーマになっている人名やテーマがそもそもわからなくなってきました。二十五年前だったら、むしろ特集を作る側だったんですが。普通の意味での文学的な特集が成り立ちがたくなっている。小野さんはどうですか。

小野　そういうことは僕もあります。でも、新しいものが生まれてきて、それを楽しんでいる人たちを間近で見るのは、面白い体験だと思います。

沼野　卒論などでも、私が聞いたこともない現代作家のことを取り上げたがる学生がいますね。今、私がいる「現代文芸論研究室」は、世界文学なら事実上何をやってもよいというところなので、十人が卒論を書くと八人くらいまでは私が読んだことのない作家だったりするわけです。それで読んでみると、くだらないとしか思えないものもあるのですが、へえ、面白いじゃないとか、今はこういうものに人気があるのかとか、こっちが勉強することも多い。

小野　先生、教師をやっていて面白いのは、そこが大きいのではないですか。自分の知らないものに出会う可能性が高いですよね。

沼野　こちらはどんどん歳を取っていきますけれども、学生は年々変わるので、向こうは永遠に若い。

小野　そうなんですよね。それは面白いですよね。だから、話が通じないのも面白いかなという気がします。

沼野　小野さん、教え方は熱血教師みたいなんでしょう。

小野　いや、そんなことはないです。僕は語学教師としてはまあまあ良い先生だったと思いますが、今はフランス語は教えていないですし。

沼野　今は文学だけですか。

小野　そう。文学では最悪な教師じゃないかなと思いますけどね。

沼野　どんなタイプの授業をやっているのですか。いろんな世界の小説を読むという、そんな感じですか。

小野　丁寧に作品を読むというのが多いかな。講義だと文学とは何かみたいな話になりますが、少人数の授業ではやっぱり作品を読んで。

沼野　それは翻訳で読むのですか。

小野　みんなが必ずしも外国語ができるというわけでもないので、翻訳を通してになります。雑談みたいな授業だと言われていますが、だいたい感じはわかりますでしょう。でも、なんか雑談のほうが記憶に残るじゃないですか。

沼野　そうなんですよね。教師を長年やっていて面白いのは、二十年前の教え子とかにたまに会うと、「先生、昔こういうことを言っていたでしょう」とか、向こうが覚えていることです、焼き付いて忘れられないとか言って。でも、こっちは覚えていない。そんなこと言ったかなぁなどと思う。だから、気をつけたほうがいいですよ、言葉には。こっちは何気なく言ったことでも、心にグサッと刺さっていたりするから。

小野　もし雑談的なもののほうが人の記憶に残るのだったら、そっちのほうがいいし、そういう話をたくさんしたいと思いますけど。だってめちゃくちゃ真面目に気合いを入れて喋っても、学生のほうはだいたいキョトンという感じじゃないですか。

沼野　ええ。真面目な話は聞くほうも疲れるしね。敢えて名前は言いませんが、ある人が書いた立派な分厚い文学研究書があって、私の元教え子ですが、私が授業中に言ったことをそのまま自分の考えみたいに書いているんです。我ながらいいことを言った、という感じの言葉でね。だから無断でぱくられた、みたいな感じがまったくないわけでもないけれども、教師ってのはそんなふうに「与える」ものでしょう。そもそも、自分の言ったことから自分の著者名が消えて、人の著作の血肉になっているとしたら、喜ぶべきことですね。だから教師の言葉ってけっこう重い。種をあちこちでまくようなものでしょう。小野さんの言ったことも、いろんな人の頭の中でリゾーム状にどんどん広がっているかもしれない。

小野　僕は、大切なことなんて言っていませんから、大丈夫ですね（笑）。

お薦めの本

沼野　まだ聞きたいことがいっぱいありますが、最後にそろそろ、お薦めの本の話に移りましょう。
　このシリーズは読書の勧めを兼ねた連続トークなので、それぞれの講師の方々に、ぜひこれを読んでほしいという本を五冊程度お薦めいただいて、その理由を話していただくということをその都度やっています。世界の文学についてたった五冊で、これで決まりなどということはあり得ないわけで、そのときの気分でもちろんいいわけですけれども、みんなに薦めたいというものを、ご自分の作品も含めてお願いします。

小野　はい。今日は会場に中学生や高校生がたくさんいると聞いていたものですから、中学校に入って読んだらいいなということで考えてみました。まず漱石の『坊っちゃん』です。単純に面白いですし、あの小説は都会から来た人が地方の文化に出会うという、異文化体験の物語としても読めます。そういえば、あの小説の中で唯一文学部を出ている学士様が赤シャツっていう一番感じの悪い奴ですよね。だから、文学部を出たやつは碌なものにならないっていうことで。

沼野　ああ、赤シャツが唯一の学士でしたかね。確かに感じが悪い。

小野　それで、もう一つはせっかくこうやって先生とお話をさせていただいたんですから、沼野充義訳の『新訳　チェーホフ短篇集』（集英社、二〇一〇年）を挙げさせてください。「ワーニカ」などは、心を打つ素晴らしい作品だと思います。短いし、ぜひ中学生の方々にも読んでほしい。他にも「ねむい」とか、本当に良い作品が揃っています。中学生でいきなりチェーホフという人はあまりいないと思いますから、この機会にぜひ。三冊目は、与えるという話と重なりますが、最近、新潮文庫で新訳された『小公女』（バーネット著、畔柳和代訳、新潮文庫、二〇一四年）。これは、基本的に与える物語です。自分が貧しい境遇に置かれていても、主人公のセーラという少女は他者のことを気づかい、与え続けます。しかも、あの話には植民地の問題が含まれているでしょう。セーラのお父さんはインドで鉱山の事業に携わっている。インドはその頃はまだ大英帝国の植民地で、本国と植民地の間の距離が作品の中でも感じられるし、それが全体に大きな影を投げかけている。これで三冊目ですね。五冊のうちの一冊は、僕の本ということですよね。

沼野　別に数にはそんなにこだわりません。ピッタリ五じゃなくて、六でも七でも。

小野　では、もう一つ。柴田元幸先生が新訳した『トム・ソーヤーの冒険』（マーク・トウェイン著、新潮文庫、二〇一二年）。本当は、先生が新訳した『ハックルベリー・フィンの冒険』を読みたいんですけれど、『ハック』のほうは、まだ抄訳しかありませんので（『ポケットマスターピース06　マーク・トウェイン』、集英社文庫ヘリテージシリーズ、二〇一六年）。

沼野　全訳はまだでしたっけ。

小野　まだです。出たらそっちのほうがいいですけども。僕の長女はいま小学校六年なんですが、彼女はこの『トム・ソーヤーの冒険』を読んでとても面白かったと言ってました。「テレビと違うんだねー」と(笑)。実際に読んだら、そういう発見がいろいろとあると思います。アニメーションで見るのも悪くはないですけれど、柴田先生の訳は素晴らしいので、やはり本で読んでほしいということで。

僕の本だと、子どもが主人公の小説で、あまり楽しい話ではないですけれど『獅子渡り鼻』(講談社、二〇一三年、のち講談社文庫)という作品があります。中高生ぐらいの皆さんに読んでいただけたらよいかなと思います。

沼野　はい、ありがとうございます。『獅子渡り鼻』については私も言っておきたいことがあります。あの作品が出たときに、私は、ちょっと難しいけれど、すごくいい作品だと思った。小野さんのあの時点でのベストというか、一番いいところが出ているなと感心して、「次の芥川賞はこれに決まりだ。それほど優れた作品だ」と言って回っていたんです。ところが、そのとき、秘密兵器みたいな作品が飛んできて、芥川賞をかっさらった。

小野　見事にやられたみたいなね(笑)。いや、やられてはいないけど、別に。

沼野　それは黒田夏子さんの『abさんご』でした。その作品の悪口を言うつもりはまったくないです。あれはあれですごい作品だとは思いましたし。

小野　素晴らしい作品です。

沼野　でも、まさか七十五歳の方がいきなり出てきて、新人の登竜門である賞を取るとは予期していませんでしたね。まあ、そんなことがあって、小野さんはちょっと運が悪かった。その一年後でしたっけ、すぐあとに取られたんですよね。

小野　二年後ですね。

沼野　そんなに間が空いたんだ。じゃ、その間にいろいろと鬱屈《うっくつ》するものがあったかもしれませんね。

小野　いや、ぜんぜん。賞のために書いているわけじゃないですから。

沼野　そりゃ、もちろんそうですけれど。ここで結びに、小野さんについて私の書いたものを一つ紹介させてください。私は『東京新聞』など、新聞三社連合が配信する新聞の紙面で文芸時評を十年以上書いていたんですが、もう十分長くやったから——それに、もうこれ以上続けられないという気分になって——やめることにした。そこで、その文芸時評の最終回の結びとして、丁度、小野さんが芥川賞を受賞した直後だったので、こういう文章を書いたんです（『東京新聞』夕刊、二〇一五年三月三十一日）。

　小野正嗣の感動的な芥川賞受賞スピーチ（『群像』に掲載）によれば、作品とは「与えるもの」だという。確かに私も優れた作品の数々から多くを与えられ、それが時評という苦行の、何よりの喜びとなった。他方、批評家として自分が作家や読者に何を与えられたかと考えると、忸怩《じくじ》たるものがある。ただし、文学の価値の自律性を大前提としながらも、社会の中の文学、そして世界の中の日本文学について常に意識的であった点だけは、自分の姿勢が貫けたのではないかと思う。

小野　でも先生、批評もまた、与える場所ですよね。

沼野　どうでしょうね。

小野　作品を受け入れるだけでなく、そのことで書き手にさらなる作品のための場所を作るっていう意味でも、与えるものだと思います。優れた批評は書き手を激励するものですから。

沼野　そうであるといいんですけど。

　さて、あまり時間がなくなってきましたから、私のお薦めの本は説明抜きで行きます。今、小野さんの話を聞きながら思ったんですが、小野さんの小説は本当にどれも素晴らしいので、どれか一つ選ぶのがとても難しい。とはいうものの、個人的な好みを言うと――これは作家に言うといやがられてしまうのですが――最初期の作品が特に良かったと思うんです。

小野　大丈夫です。僕、先生のことが好きですから（笑）。

沼野　『水に埋もれる墓』と『にぎやかな湾に背負われた船』。いずれも初期の作品です。強烈に新鮮でした。それから、今日は詳しく触れることができなかった作品ですが、小野さんの本の中でもとても大事な『文学 ヒューマニティーズ』。最前線にいる作家として、文学とは一体何なのかということを正面から論じています。こういう本って、普通の人にはちょっと書けないので、ぜひ。

小野さんのもの以外では、これも今日の話の中では触れることができませんでしたけれども、カリブ海地域から出てきた、ジャメイカ・キンケイドという作家がいます。この人は、アンティグアっていう島の出身で、フレンチ・クレオールではなく、英語で書いているのですが、そのものズバリの『小さな場所』(旦敬介訳、平凡社「新しい『世界文学』シリーズ」、一九九七年)という本がありますほかに『川底に』(管啓次郎訳、平凡社「新しい『世界文学』シリーズ」、一九九七年)とか、何冊か翻訳が出ていますが、キンケイドの翻訳は、何故か全部絶版になっていて入手することが難しい。

小野 そうですね。

沼野 非常に不思議ですね。

小野 僕は大学院生のときに柴田先生の授業でキンケイドの別の小説を読んで、この作家は面白いなあと思いました。

沼野 あ、そうですか。

小野 その後、『小さな場所』を、翻訳が出ていると知らずに原書で読みました。

沼野　素晴らしい本ですよね。それから何度か名前が出てきた大江健三郎さんですが、大きな長編が山のように、藪《やぶ》のように絡み合っている感じで、どこから手をつけていいかわからないという人のために、岩波文庫の『大江健三郎自選短篇』（二〇一四年）を挙げておきましょう。この短編集再録にあたって、大江さん自身が過去の作品に相当手を入れたそうです。これは大江健三郎入門としてはとてもいい本です。初期から最近のものまで並んでいて、短編集の決定版といってもいい。

それから詩も一つ。わかりやすい、いい詩人ということになると、日本では、たとえば茨木のり子とか吉野弘などという人たちが思い浮かびますが、最近亡くなった人に長田弘《おさだひろし》さんという詩人がいまして、長田さんは、私も存命中にいろいろとお話を聞きたかったけれども、一度もお会いする機会がなかった人です。本のやりとりはずっとしていましたが。彼の詩にはどれもやさしい言葉で深いことが書いてあって、私の好きなポーランドのシンボルスカという詩人に通じるところがあります。最近の詩集では例えば『奇跡―ミラクル―』（みすず書房、二〇一三年）という詩集がありますけども、いい詩というものはそれ自体が一種の奇跡なんだということを思わされますね。

あと、ミルチャ・エリアーデという宗教学者がいます。この人もルーマニアという、ある意味で「小さな土地」の出身者で、小さな国が生んだ巨大な学者なのですが、宗教学に関する学術的著作だけでなく、幻想小説もたくさん書いています。作品社から『エリアーデ幻想小説全集』（住谷春也・直野敦訳、二〇〇三〜二〇〇五年）というシリーズが全三巻で出ています。読み通すのは大変ですが、秘密にみちたこの世界の隠された想像を開示してくれるような独特の幻想小説が詰まっています。世界的に見ても、こういうふうにエリアーデの幻想小説を全部集めた企画は日本だけのもので、日本の出版文化の高さを示すものです。

小野　すごいですよね。

沼野　あのエリアーデが幻想小説を書いていたというだけでも、わくわくします。

質疑応答

沼野　ということで、長い間お付き合いいただいてありがとうございました。終了予定時刻まで、あと十分ほど残しておりますので、この後は皆さんの質問をお受けして、小野さんに答えていただきたいと思います。質問したい方、挙手をお願いします。

質問者1　今日は、お話をありがとうございました。小野さんの、ここから先の小説の刊行予定と、書かれる予定などをうかがいたいのですが。

小野　まず長いものを書こうかと思っています。実をいうと、受賞後すぐに大分のローカル新聞のために短編を一つ書きました。でもそれを除くと、長い小説はおろか、小説そのものをまだ書いていませんので。

　僕は自分の出身地である大分の南にある小さな土地を舞台にした小説を書いてきましたが、その一方で、フランスに留学中、クロード・ムシャールさんのマグノリアの庭のある家で暮らしていたときに、難民や移民の人たちと出会う体験をしてきたので、そういうことにも関わる作品を今度は書こうと思っています。『森のはずれで』（文藝春秋、二〇〇六年）という作品集があるのですが、それにちょっと近い舞台というか、主題で書いてみようと考えています。

質問者1　『浦からマグノリアの庭へ』（白水社、二〇一〇年）は、あまり本屋さんで見かけないですけれど、本当に素晴らしい内容だと思います。あの世界に通じるものが読めるのであれば、とても嬉しいです。

小野　そういうふうに大切に読んでくださっている方がいると聞くと嬉しいです。僕自身はエッセイを書くことにあまり興味がなかったんですね。さっきの話じゃないですが、自分のことなど書いてもしょうがないと思って、エッセイは書くまいと思っていました。なのに書いてしまったのは、やっぱり人間関係があってのことです。西日本新聞の仲の良い記者の方に「小野さん、郷里のことやフランスにいたときのことを書いて」と言われて、それまでエッセイは書かないと思っていたのに、断れずに書くことになってしまった。書いたら、それ以降も、やはり仲の良い新聞記者の方から同じような依頼を受けて、やはり断れなくて、さらにエッセイを書くことになってしまいました。自分では良いものが書けているとは思わないのですけれど、そういうふうに読んでくださっていると嬉しいです。

質問者2　小野さんは自分の故郷の土地を舞台に小説を書かれていますが、今日、お話しされていたいろいろな土地や、自分の故郷などを書く作家は、たとえば中上健次であるとかアメリカのウィリアム・フォークナーであるとか、必ずしも土地への愛着だけでは書いていないですね。わりと闇の部分というか、愛憎相半ばみたいな作家もたくさんいると思うのです。今日のお話を聞いていると、小野さんはわりとストレートに自分の故郷への愛情がうかがえるかなと思ったのですが、小説なので常に明るいことばかりでは当然駄目なわけで、土地への距離感というか、そこはどういう側面をとらえようとされているのか、これからの創作活動で、どういった面をとらえていこうと思っていらっしゃるのか、教えていただければ。

小野　大変ありがたい質問です。僕自身は故郷に住んでいたときは、土地から外に出たいなと思っていました。リアス式海岸の小さな土地で、山と海に閉じこめられている感じがして、遠いところに出ていってみたいという気持ちがつねにありました。人間関係でもずっとそこにいると息苦しいことがあったと思うんです。まさに距離の問題だと思うんですよ。ある事象をそのただ中に身を置いて書くことは非常に難しい。たとえばバナナの皮で滑って転んだ話があるとしますよね。沼野先生がチェーホフ論の中で悲劇や喜劇の関係について書かれていますが、バナナの皮で滑って転んで大分県、みたいな（笑）ことが起きたとき、転んで頭を打った人の立場からすると、これ、全然おかしくはないじゃないですか。

沼野　大変な悲劇です。

小野　そうです。でも当事者ではなくて、距離を置いて見る人からしたら、それは喜劇になってしまう。やっぱりバナナの皮で滑って転ぶ人の姿はどこか滑稽で、ウヒャヒャと笑ってしまう。それと同じで、距離の問題だと思うのですね。僕自身はたしかに自分の土地に対して息苦しさを覚えたこともあるけれど、ちょっと離れてみれば、それが微笑ましく思えるってことがありますし、そこにいたら言語化できていなかったことが、離れることで書けるようになったこともたくさんあると思います。たぶんあらゆる事柄について似たことがいえるんでしょうね。僕の小説が、田舎の土地を美しく礼賛するような形で書かれているとはまったく思っていません。あるときには近すぎたり、また別のときには離れすぎたりしているかもしれません。書くということはその都度、対象との距離が変化していくことでもあるのかなと思っています。

質問者3　楽しいお話をありがとうございました。最初のほうで方言と標準語についてのお話がありましたけど、小説の中でのその二つの関係は、小野さんご自身が感じられているものとは違うのですか。情動を語るものとそれ以外のものを語るものという差が、小説の中ではどうなるのかと思うのですが。

小野　小説で書くときに、方言で書かないと自分にとってのリアリティがないときがあるんです。ただもちろん、自分の場合はその方言を母語にしているから、それを書くことにリアリティを感じるけれども、その同じ方言を使わない人に果たして通じるのかという問題はあります。だけど、読者のことは脇に置いておいて、登場人物がもし僕自身の故郷を舞台にした土地で生きている人であるならば、どうしても方言の響きがないといけないと感じるのです。

それに関して、非常に嬉しかったことがあります。柴田元幸先生が責任編集をしておられる『MONKEY』（スイッチ・パブリッシング）という雑誌がありまして、柴田先生が小川洋子さんと海外文学について対談されている号があります。その中で、小川さんが僕の作品における方言の使用について触れてくださっていました。方言には、それほど意味のあることを言っているわけでもないのに、その響きが重要なものを伝えるところがあると。小説の中で、おばちゃんたちが飛行機で激しく泣いている赤ちゃんの声を聞いて、「かわいや、かわいや」と方言で言うところがあります。それが方言だからこそ伝わってくる何かがあるということを、直接お目にかかったときにも言っていただいた。小川さんはもちろん僕とは方言を共有していない方ですが、でも読んでくれた人にそういう形で心に届くということが起こるのであれば、書き手はまずは読者のことは括弧に入れ、自分にとっての真実だと思われることを書けばよいのではないか。そして、それが奇跡的に他者に繋がることがある。だから、方言を書くということは、僕にとっては意図的な操作というより、ここは方言を使わないと自分にとって真実じゃないと思えるところでは自然と方言になっているのだと思います。

質問者3　ちなみに、今は東京にお住まいだと思いますが、そのことで方言との距離感は変わっていっていますか。

小野　喋る機会が減りますよね。だけど、親と電話で喋るときは方言で喋りますし、最初に申し上げたように、しょっちゅう大分に帰るようになったので、今は大分の様々な地域の方言を発見しているようなところもあって、方言との関係でも、自分は新しい段階に入っているのかなと思います。

質問者4　岩波から『文学　ヒューマニティーズ』というご本を出されて、文学とは何かということに正面から切り込んでいらっしゃると思います。テリー・イーグルトン*7さんの跡を継ぐのは小野先生なのかなと勝手に妄想していました。小野さんは、生まれ故郷の大分のリアス式海岸が、ある意味世界中に点在するということをおっしゃいましたが、中上健次も生まれ故郷の路地は世界に点在すると言いました。僕はたまたま仕事で中上健次の生まれ故郷の新宮の隣の三重県側の町に住んだことがあって。

小野　熊野市ですか。

質問者4　ええ熊野市です。健次さんは熊野市にもいっとき住まわれて、家も建てようとしたということで、生前の健次さんのことを知っている人からいろいろ聞いたことがあるんですけれども、小野さんと健次さんは対照的だと思いました。というのは、小野さんは故郷のことを書いて、お父さん以外はよくぞ故郷のことを書いてくれたと喜んでくれたとおっしゃいましたが、中上健次は逆で、よくもまあこの新宮のごちゃごちゃをここまで書いてくれたな、もう書いてくれるな、みたいなことがとっても多かったので、世界に点在する故郷とはいうものの、ポジティブな描き方が先生のほうで、健次はネガティブな描き方のほうで、とても対照的だなと思ってお話を聞いていました。そこで質問なんですが、今後、中上健次のことを、小説あるいは評論でお書きになる予定はありますか。

小野　中上さんの作品については、実は既に論じたことがあります。『浦からマグノリアの庭へ』の中で。まさに熊野大学に呼んでいただいたときです。

そのときは坂口安吾というテーマだったので、安吾のことについて語りながら中上健次についても触れるという形で書きました。中上健次はとても面白い作家なのに、亡くなったあとに若い人があまり読まなくなって、すごくもったいないと、残念に思っています。盟友であった柄谷行人さんが、中上さんがずっと読まれるよう、熊野大学も含めてさまざまに力を尽くされていたと思うんですが、僕も今読み返されるべき作品が中上健次にはたくさんあると思っています。『奇蹟』（朝日新聞社、一九八九年、のち河出文庫）なんて、本当に奇蹟みたいな文体でつづられた小説ですからね。どうやったらこんなものが書けるんだと驚かされる、小説言語としても素晴らしい作品だと思います。海外で、日本の現代文学で読むべき作家は誰かと聞かれると、僕はよく中上さんの名前を出します。

質問者4　ちょうど没後二十年を迎えて、確か『kotoba』（集英社）という雑誌で中上さんの特集を組みましたけれども、おっしゃる通り若い人がなかなか読まなくなってしまって、たとえば『軽蔑』（朝日新聞社、一九九二年、のち集英社文庫）などという作品は人間の差別の本質をついたものだと思うのですが。

小野　『軽蔑』は出た時に話題になって、僕も単行本で買ってすぐに読みました。懐かしい思い出です。

沼野　話は尽きないですが、時間がだいぶ過ぎてしまいましたのでこれをもって今日のトークは終わりにしたいと思います。皆さんどうもありがとうございました。

小野　ありがとうございました。

＊1　エピステーメー　元は「知」または「科学」を意味するギリシャ語で、ミシェル・フーコーが「知の枠組み」といった意味で用い、一般に知られるようになった。

＊2　マリーズ・コンデ　一九三七年、カリブ海の西インド諸島グアドループ島生まれの作家。十六歳でパリ

に留学し、パリ大学に進学。アフリカ各地でフランス語教師を務めたのちパリに戻り、七六年に小説『エレマコノン』で作家としてデビュー。他の作品に歴史小説『セグ』（一九八七年）、『わたしはティチューバ』（一九八六年）、『生命の樹—あるカリブの家系の物語』（一九八七年）など。

＊3　V・S・ナイポール　一九三二年、西インド諸島の旧イギリス領トリニダード島生まれ。一九五〇年に渡英してオックスフォード大学を卒業。BBCの仕事を経て、創作活動を始める。トリニダードのインド人社会を舞台にした小説を多数執筆。一九七一年に『自由の国で』でブッカー賞を受賞。二〇〇一年にノーベル文学賞を受賞した。イギリスに在住。

＊4　山内久明（やまのうち　ひさあき、一九三四年〜）英文学者。著書に、日本の近現代文学史を英語で紹介した *The Search for Authenticity in Modern Japanese Literature*（一九七八年）がある。大江健三郎とは東大駒場時代からの友人。

＊5　プラトーノフ　アンドレイ・プラトノヴィチ・プラトーノフ（一八九九〜一九五一年）ロシアの小説家。社会主義国家建設の不条理を描いた『土台穴』が広く知られる。

＊6　堀江敏幸（ほりえ　としゆき、一九六四年〜）小説家、フランス文学者、早稲田大学教授。主な作品に『おぱらばん』（三島由紀夫賞、一九九九年）、『熊の敷石』（芥川賞、二〇〇一年）、『雪沼とその周辺』（谷崎潤一郎賞、二〇〇四年）、『河岸忘日抄』（読売文学賞、二〇〇六年）など。翻訳作品にフィリップ・ソレルス『神秘のモーツァルト』、ロベール・ドアノー『不完全なレンズで—回想と肖像』、マルグリット・ユルスナール『なにが？　永遠が　世界の迷路Ⅲ』など。

＊7　テリー・イーグルトン　Terry Eagleton（一九四三年〜）イギリスの文芸批評家、哲学者。主な著作に『文学とは何か』『シェイクスピア』『イデオロギーとは何か』など。自伝に『ゲートキーパー』がある。

対談
張競×沼野充義

世界文学としての東アジア文学

日中文学交流の現在

3

張競

ちょう・きょう

1953年中国・上海生まれ。比較文学・文化史学者。明治大学教授。専門は日中比較文化論。華東師範大学を卒業後、同大の助手を経て来日。1986年に東京大学大学院に入学し、1991年総合文化研究科比較文学比較文化専攻博士課程修了。博士（学術）。國學院大学助教授などを経て、2008年から明治大学国際日本学部教授。1993年『恋の中国文明史』で読売文学賞、1995年博士論文をもとにした『近代中国と「恋愛」の発見—西洋の衝撃と日中文学交流』でサントリー学芸賞を受賞。主な著書に『美女とは何か—日中美人の文化史』『「情」の文化史—中国人のメンタリティー』『海を越える日本文学』『異文化理解の落とし穴—中国・アメリカ・日本』『夢想と身体の人間博物誌—綺想と現実の東洋』『詩文往還—戦後作家の中国体験』などがある。

明治までの日本文学は、中国語と日本語のバイリンガル社会だった

沼野 張競先生は中国・上海のご出身で、日本に長く滞在されています。東京大学の大学院で比較文学を専攻し博士論文を書かれましたが、ご専門の比較文学に限らず、現代の日本文学、日本文化についても広く旺盛な執筆活動を展開なされています。サントリー学芸賞を受賞されていて、学術的な評価も高い。著書も数えきれないほど多く、いろいろな引き出しがあるのですが、今日はまず、中国と日本には文化的な共通点が多いのに、誤解を招くような相違点もあるというところから話を始め、現在の中国では日本の文学が広く読まれているという状況を踏まえて、中国から見た場合、日本文学がどう見えるのかということについてもお聞きしたいと思います。

われわれは同じ漢字文化圏のなかにいます。同じといっては実は烏滸《おこ》がましいのでして、中国のほうが兄貴分といいますか、われわれ日本人は中国から漢字を借りてきたわけですね。それで張競さんの目で見てどうでしょう。日本語を読んでいて同じ漢字文化圏にいるよさというものがあるんでしょうか。

張競 ありますね。まず、漢詩漢文はまったく同じです。現代日本語でも漢字の多い文章ほど中

国人にとって読みやすいし、漢文的な表現の多いほうが理解しやすいのです。ただ、日本語と中国語はまったく違う言語なので、正確に理解しようとした時、漢字がかえって誤解を招くこともあります。また、漢字があるからといって、翻訳しやすいということもありません。

沼野 日本文学の翻訳紹介は近年、多くなったのでしょうか。

張競 そうですね。日本文学が、近代文学も含めて現代中国で大がかりに紹介されるようになったのは、一九七〇年代に入ってからです。七〇年代の半ば頃から増えていって八〇年代、とくに九〇年代になると、まったく規模の違うスケールで翻訳され、読まれるようになりました。近年なら、代表的な作家として村上春樹が挙げられますが、中国と日本との比較という観点で考える場合は、時代ごとに分けて考えないといけません。たとえば日本の近代文学は、七〇年代まではどのように受け止められてきたのかといったように。当時の読者にとって、日本の近代文学には理解しやすいものと理解しにくいものとがありました。

沼野 一口に同じ漢字文化圏とはいっても、時代によって違いますね。

張競 まったくおっしゃる通りです。日本文学と中国文学には、江戸時代より以前は、共通した基盤がありました。中国には漢詩と漢文、日本にはそれに加えて漢詩、漢文を踏まえた和文、俳句、和歌などがあります。皆さんは、俳句、和歌と漢詩、漢文とは何の関係もないと思うかもしれません。実は芭蕉にしろ、小林一茶にしろ、漢詩や漢文を普通に読んでいて、彼らの句にはそれを踏まえたものがたくさんあります。その共通の基盤が失われ始めたのは、近代に入ってからです。近代というのは日本にとっては明治時代、十九世紀の一八六〇年代頃からです。中国でそれが始まったのは、ずいぶん遅れて二十世紀の初頭、一九一〇年頃からなんですね。その後、「日中」の近代文学は、それぞれ異なった道を歩んできました。

七〇年代になってもう一度本格的に出会う頃には、共通点より、むしろ違う点のほうが目立つようになっていたのです。

沼野　近代化が一つの分かれ目になったのですね。

張競　ええ、たとえば、日本では評価の高い谷崎潤一郎の『痴人の愛』『春琴抄』といった作品は、当時の中国の読者にとっては大変理解しにくいものでした。ストーリーはわかるけれども、なんでこのようなものが名作なのかという感じでした。その後の経過を見ますと、近代に入ってから一度失われた共通基盤が、またじょじょに形成されるという過程を辿《たど》っていると思います。

日本の近代文学は大変ユニークなものです。何がユニークかというと、たとえば現代日本では、西洋から翻訳された小説がそのままで何の抵抗もなく読めます。そのことは、実はおかしな現象です。本来ならそのまま訳されたものは、文化背景や文学的なコンテキストの違いなどからわかりにくくて当然なのですから。

沼野先生も携わっている日本文学を海外に紹介するＪ－Ｌｉｔ（日本文学出版交流センター）という

NPO団体があります。日本の小説を翻訳して海外に紹介しているのですが、その際、まず翻訳者を探して依頼し、訳文が仕上がってきたらネイティブスピーカーのエディターに渡します。そのエディターは日本語がわかっているわけではなく、ただひたすら、英語なら英語、ロシア語ならロシア語の文学らしくなるように直す。ということは、翻訳される作品は忠実な訳よりも大きく改竄《かいざん》されたもののほうが、意味が伝わりやすいのです。そのまま訳してしても理解されず、あるいは文学性が失われてしまわれがちです。

たとえば村上春樹の翻訳者には二人いて、一人はジェイ・ルービンさん。彼は日本では大変有名でよく紹介されますが、実はあまり知られてはいないけれど、もう一人アルフレッド・バーンバウムという翻訳者がいます。あるアメリカの作家などは、みんなジェイ・ルービン訳が正確だと言うけれど、僕が読んだ限りでは、バーンバウムが訳したほうがはるかに文学らしく読めると言ったことがあります。つまり、日本の小説は、そのまま訳しても理解されにくいということです。

沼野　これに比べて、確かに日本は外国文学を柔軟に受け入れ、直訳に対しても、あまり抵抗は強くないですね。

張競　日本ではそのまま訳したものでも、なぜ受け入れることができたのかというと、日本の近現代の文化が大変恵まれた状況にあったからです。日本の大学では人文系の学部、学科が非常に多く、いろんな言語を教える先生がいます。その中のかなりの人は自分が担当している国の文学、古典的名作から今流行しているものまでいち早く日本に紹介し、翻訳しています。日本人はそれにたくさん接触してきたから、作品中に書かれていること、衣食住を含めてさまざまな文化情報や、挨拶などの社会的な表現に慣れてしまい、翻訳されたものでもあまり違和感を覚えない。

これは、考えてみれば大変特殊なことでして、中国の一般読者にこのような文化環境ができたのは九〇年代以降になってからのことです。ですから、海外の文学に当然のこととして接することができるようになるのも、そんなに早くはなかったし、同じ東アジア文化圏といっても、近代文学に関してはかなりの期間、共通性がないままだったといえると思います。

沼野　近代日本の作家たちもその違いに気付きましたか。

張競　気付きましたね。たとえば、日本に武田泰淳という小説家がいます。もう亡くなった方ですが、彼は中国文学を研究する学者だった人で、北海道大学の助教授をしたこともあります。その後、小説を書き始め、大学の先生を辞めてしまうのですが、彼は近代中国文学について、「政治的な思想だけが堆積して、哲学的な思想は思想あつかいされない。文学のなかに非文学があり、非文学のなかに文学がありそうに見える」と批評しているのです。彼のような中国の近代文学に慣れ親しんだ人にとっても、中国文学は面白いと思えなかったわけです。

同様の違和感は中国側にもありました。ただ、すんなりと入ってくるものもあって、たとえば漱石などは抵抗なく受け入れられていた。なぜかというと、漱石は、純文学とされてはいますが、『三四郎』などには、かなり大衆小説の要素が入っています。大衆小説というものには世界的な共通性があって、わりと受け入れられやすいのです。その点、私小説は基本的に難しくて、川端康成の『雪国』などは理屈で理解するしかないところがあるし、谷崎潤一郎の『春琴抄』などになると、少し変に見えるところがあります。

沼野　いや、見えるだけではなくて、実際猟奇的ですよね。

あの、今日は聴衆の中には若い中学生の方が多いですから、私のほうから少し説明や質問を加えながら進めさせていただきます。まず、日本と中国のあいだには漢文や漢詩という共通性があったというお話でしたが、今の中学生は、国語の授業で漢詩や漢文はやるのですか。

中学生　「矛盾」とかは、やります。

沼野　なるほど、言葉の由来かな。それは中国の漢文のままで読むのですか。それとも日本語になったものを読むのですか。

中学生　日本語になったものです。

沼野　うん、今は漢文の時間が減っているんですよね。高校で少しある程度で。

いずれにしても、漢文といわれても、若い人にはわからなくなってきている。少なくとも明治までの日本では、教養のある人たちなら漢文が読めた。読めただけではなく、漢詩を書いた。漢文というのは、あれは読み方を日本語風に読み下すと日本語みたいになるのですが、言語としては中国語です。漢文の素養は、明治時代までの特に男性の文化人にとっては必須のもので、極端なことをいうと、日本は文学に関しては日本語と中国語のバイリンガル社会だったといっていい。こういうと「えっ」と、吃驚《びっくり》する人がたくさんいると思うのですが、実はそうだったんです。日本の文学史の半分とはいいませんが、三分の一か四分の一くらいは中国語で書かれた日本文学として見ないといけない。

というようなことは、批評家の加藤周一が、『日本文学史序説』（上・下、ちくま学芸文庫、一九九九年）などでちゃんと言っています。明治になっても漢文ができる日本人が多かったわけで、森鷗外などはその典型です。彼の史伝三部作は、中学生の方にはちょっと早いかもしれないけれど、ものすごく難しい漢字が並ぶ、漢学の素養のない今の日本人には歯が立たないような日本語で書かれていて、漢文、中国語の素養が桁違《けたちが》いに深かった。

夏目漱石も、実は漢詩を書いています。中国語による詩です。かつてはあったそういう文化が、明治の後は急速に失われていったということでしょう。

似ていることの「落とし穴」

張競　漢文は中国語という部分もあるのですが、では漢詩、漢文を現代の中国人が読めるのかというと、実は専門家でないと読めません。漢詩、漢文は、中国人にとってラテン語のようなものになっている。

沼野　西欧におけるラテン語のようなものという意味ですね。

張競　ええ。それは、現代中国人にとってだけではなくて、日本人にとってもそうです。皆さんは、中学生も含めて、漢詩漢文を西欧にとってのラテン語のように、古代日本語としてこなせないといけません。そうでないと、多くの日本の文化遺産を知らないと同じことになる。たとえば『文華秀麗集』という詩集があります。これは日本人が書いたれっきとした日本の詩集ですが、全部漢詩です。だから、漢詩が読めないと日本文化の一部が読めないという悲惨な状況になります。漢詩漢文には、そういうヨーロッパにおけるラテン語的なところがあります。

沼野　ただ、ヨーロッパでもギリシャ語、ラテン語の素養の必要性がなくなりつつあるように、一方では、現代の日本ではカタカナの外来語が圧倒的に増えて、コンピュータ関係などは英語起源のカタカナ語がわからないと生きていけない世界になっている。言い換えれば、ＩＴの最新の分野では、技術用語に漢字が出てこなくなっているわけで、その意味では、日本語そのものが変わりつつあります。これは世界的な現象ですけども。

文学の話の前に、基本的な話をもう少ししておきますと、日本と中国は同じ東アジア漢字文化圏の中で、非常に多くの共通した土台を持っているわけで、中学生の皆さんは普段は考えてないと思うのですが、われわれが日本語だと思って使っている日本語の語彙は、実は半ば以上が中国語から来ているのです。ただ中国から来て日本で意味が変わってしまったものが少なからずあって、そこが異文化理解の落とし穴になる。

たとえば、張競先生の本にもたくさん出てきますけど、よく知られているのが「手紙」。これは、中国語では「トイレットペーパー」のことです。それから「愛人」。日本語で書くとなんとなくいやらしい感じがしますけれども、これは「配偶者」という意味で、妻とか夫のこと。

これはほんの一例ですが、こういったことを、中国語を勉強する人は最初にいろいろ教わりますが、中国語をやったことがない人は、全然知らないままです。同じ漢字を使っているのにこんなに違いが出ることに、ちょっと驚いてしまいますね。ですから、日本と中国の場合は、同じ漢字を使っているからこそ誤解が生じやすいのだともいえる。

実はヨーロッパでも、英語、ドイツ語、フランス語、そしてロシア語などは、同じヨーロッパで使われている言語ですから、ギリシャ・ラテン起源の、共通の語源や語彙があります。ところが、各語の中で使っているうちにだんだん意味が変わってくる。同じ語源だから、たとえばドイツ、フランス、アメリカなどでは同じ意味で使っていると思ったら大間違いで、実は意味が微妙にずれている。これは翻訳の上でもかなり難しい問題です。専門家、翻訳者の間には「偽の友達」という言い方があって、フォルス・フレンズ（false friends）というのですが、友達のような顔をしているが裏切ってしまう言葉のことをいいます。日中間にも同じ漢字で用法が違うことはたくさんあって、これが翻訳上、問題になりませんか。

張競　なります。たとえば「先輩」という言葉は中国語で「先人」という意味です。生きている人には使えません。「快楽」という言葉には官能的なニュアンスはありません。いずれも翻訳でそのまま使うと、誤解を招きやすいです。そのほかにも、漢語の中には中国でも使われ、日本でも使われている言葉はたくさんあります。たとえば「哲学」とか「社会」とか「思想」といった言葉は面白いルートをたどっていて、実は日本から中国に輸出して、中国でも同じような意味で使われるようになったものです。そういった言葉が日本ではいつごろできたのかというと、これは明治時代に西洋の思想、政治、文学、経済などを翻訳する際に、和語の中にはない新しい概念をどう表現するかということで頭を悩ませた時のことでした。そこで辿り着いたのが、漢語の中にある言葉を、新しい意味で使うことだったわけです。

たとえば「民主」という言葉、いまは「民主主義」などのように使いますが、漢文ではもともと「君主」のことです。つまり「民主」は、「民」が「主」なのではなく、「民」の「主」、つまり「王」のことだった。

それから「主権」という言葉があります。これももともとの中国語では「王の力」、「統治者の力」という意味でした。そうやって西洋の言葉を日本語に翻訳したわけで、それをさらに中国語に翻訳し直した時にも、そのままの漢字を使った結果、中国でも定着して使われるようになった。そういう言葉は、たとえば「フィロソフィー」が「哲学」になったように、日本と中国とでほぼ同じ意味で使われています。

なぜ、このような言葉が訳語に使われたのかといいますと、当時の日本の翻訳者たちは「英華辞典」というものを使っていたからです。「華」は中華の「華」です。英語と中国語の辞典ということですが、これは十八世紀から十九世紀にかけて中国に渡った宣教師たちが作った辞典でした。彼らは中国語をよく勉強しましたが、困ったことに辞書がない。そこで作ったのがこの辞典なのです。そんな辞典ですから中国ではあまり使われないまま、日本人が明治維新の頃に輸入しました。西洋的な概念を表す言葉は、それを基にアレンジしながら漢語で訳語を作っていったわけです。そして、それが逆輸入され中国でも使われるようになりました。

一方に、別のタイプもあります。同じ漢字なのに意味がまったく違っていたり、意味は近いけれども、微妙にニュアンスの異なるものです。翻訳ではそれが一番困ります。似ているので、つい使ってしまうけれども、読者が連想するものがまるで違います。そうしたことに配慮せず、日本語の漢字をそのままうつすと、翻訳された文書は不自然で、いかにも日本語から翻訳された、という印象を与えます。そのような文体の特徴は「和臭」と中国ではよくいわれています。

沼野　翻訳の場合に限らず、明らかに違って意味がわからないときは、調べますよね。一生懸命調べて、ああこういう意味だったのかと納得する。それはそれでいいのですが、似ていると思い込んでしまうと調べもしないで、実は微妙に違うということが長いことわからないままで使い続けることがあります。それが危険なんです。異文化を学ぶ者の一人として、このことはいつも肝に銘じているのですが。

張競　典型的な例になると思いますが、さきほど沼野先生がお使いになった「猟奇」という言葉も、日本語と中国語とではニュアンスが違います。日本では「猟奇殺人」というように、この語には何だか変な連想がつきまといますが、中国ではただ単に「奇を衒《てら》う」ということでして、それ以上のマイナスのニュアンスはない。時々、中国人留学生が「猟奇」と言っているのを耳にしますが、こういうのが一番困ります（笑）。

沼野　「鬼」とか「狼」なども違いますね。

張競　「鬼」は連想するものが全然違います。

沼野　「小鬼」は、中国語では可愛いもののことですものね。

漢字のことをもう一つ、つけ加えておきます。漢字文化圏という言い方をしますが、何といっても漢字は中国が起源で、その意味で中国がお兄さん、あるいはお父さんだといっていい。それで、朝鮮半島でも元来漢字を使ってきたわけですが、今は、韓国では漢字を使わない方向になっています。皆さんもご存じのように、中国でも戦後はかなり簡略化した新しい漢字を使っている。

台湾では今でも繁体字という古い字を使っていますが。

漢字圏ということで起こる面白い問題の一つに、読みの問題があります。僕は先日、北京に行ってきました。すると、人の名前を呼ぶときに漢字を使うのですが、僕の名前は「沼野」ですから、中国の人は中国の音で「チャウイエー」と呼ぶ。誰のことだろうと思うと、自分のことなんですね。反対に、私が報告で「村上春樹という作家は大変人気があります」と、日本語の音で「ムラカミハルキ」と言うと中国の人にはわからない。「チュンシャン・チュンシュウ」と言わないといけません。このことについてはどう思われますか。たとえば、張競さんについては、日本式の読み方で「ちょうきょう先生」とお呼びしていますが、これは中国語の発音と違うわけです。

張競 発音は違うけれども、普段から漢字を使っている以上は、日本の漢字風に読んだほうがいいと思います。もともと東アジアの漢字文化圏では、みんなが自分たちなりに漢字を使ってきたわけですから、どう読むのかということは、それぞれの国なりの読み方でいいのだと思います。日本の「田中」さんを、中国で「タナカ」さんとは呼びません。だから日本でも中国人が来たら、習近平は日本語式に「しゅうきんぺい」でいいと思うのです。相互主義でいいということです。

これを逆に現地の発音通りに表記すると、不便なことになって大変まずいと思います。なぜかというと、日本語には音素が非常に少ないからです。音素というのは、言葉を音で分けていって辿り着く最小の単位です。「か」という音を、アルファベットで表記すると、たとえば「ｋａ」

になります。「か」は「k」という音と「a」という音の組み合わせでできているというわけです。「k」はさらに有気音の「k」と無気音の「'k」に分けられます。この、これ以上分けられない「k」や「a」などを音素と呼ぶのですが、日本語は音素が非常に少ない世界でも珍しい言語で、中国語の発音を日本語で表記するのは難しい。無理に表記しても正確ではありません。

沼野　区別ができないのですね。

張競　できません。ですから、むしろ日本語風に読むべきだと思います。

沼野　日本語にすると「チャン」になってしまう漢字がたくさんありますね。それが全部一緒になってしまう。だから、中国と日本の場合は相互主義で互いに自分たちの読み方で呼べばいいということですが、韓国では漢字を使うこと自体をやめる方向なので、漢字を使ってのコミュニケーション自体が難しくなりつつあります。われわれからすると漢字の名前があると覚えやすいですけどね。ハングルを知らない人間には全部同じようなものに見えてしまい、ちょっと不便な感じもします。ともあれ、中国の人は、日本の人の名前が出てくると中国風に読んでいるわけですね。

張競　中国語で読んでいるし、漢字で覚えています。僕は日本に来て三十年になりますが、いまだに難しいのは、たとえば電話などで名前を聞いても、その場で漢字に置き換えておかないと誰なのかわからないことです。これは大変困ることでして、漢字があるとすぐにわかります。たとえば「ぬまの」であれば、わかっているから変換が早いのですが、しばらく会っていない、普段はあまり目にしない名字の人などの場合、誰だったかなと思いながら話しているうちに、三分くらい経ってからやっと「あの人だ」と気がついたりします。

いまだに発音で理解するのが難しいのですが、これは多分、日本語と中国語が全然違う、同じ漢字ではあるんだけども、音韻学的にも文法的にもまったく違う言語だからですね。

八〇年代という曲がり角

沼野 文学、特に詩の場合は、音の響きが重要なので、文法や発音といった言語特性の違いが文学的表現とどう関係しているかが問題になりますが、これはあとで翻訳の話をする時にお聞きするとして、ここは話を先に進めます。

最初に、昔は、日本と中国とに共通する文学的な土台があったけれども明治以来は変わってきたというお話がありました。張競さんは日本に来られて、最初のアカデミックなお仕事として博士論文を書いた時に、近代中国における恋愛の問題を取り上げられています。日本と比較しながら、中国文学には西洋で考えられるような意味での恋愛というものはなかったことを指摘する、目から鱗《うろこ》というか、非常に画期的なお仕事でした。この論考は、全部ではありませんが、一部が『近代中国と「恋愛」の発見―西洋の衝撃と日中文学交流』（岩波書店、一九九五年）という本にまとめられていまして、読みますと最初にいきなり、文学においては日本と中国の間には類似性がほとんどないと宣言し、日本人からはよく中国の近代文学は面白くないと言われ、逆に中国の読者には日本の近代文学は魅力がないようだ、と書いておられる。お互いに面白くないと思っているという状況認識から始まっているわけですが、これは今では事情が多少違ってきたような気がしますが、どう見るべきなのでしょう。特に村上春樹以降はどうですか。

張競　九〇年代以降は、かなり変わりました。もちろん表現習慣はちがうし、関心のあるテーマ、題材の選び方、そういった違いはあるけれども、互いに面白くないあるいは理解できないということはなくなりました。八〇年代までは、概して日本人の文学者にしろ読者にしろ、中国文学は面白くないと言っていたし、研究する人でも革命を理解するために中国文学を勉強しているのだと言っていました。その代表的な人が竹内好《よしみ》で、彼は「方法としての中国」ということを言っています。

一方、中国人のほうもそう思っていて、たとえば私小説というものを理解する背景はありませんでした。なぜそうなったのかというと、先ほども言いましたが、近代文学の辿った道に違いがあったからです。日本は西欧文学を取り入れた時には、文学が手段ではなく目的になっていて、いかに西欧小説のような小説を描けるのかということに作家たちが腐心しました。たとえば夏目漱石もそうだったと思うのだけど、彼は半ば諦めながら、半ば努力したと思います。漱石の文学論や小説を読みますと、非常に中間的なもの、我々は西洋とは違うと言いながら、けっこう西欧小説の手法を取り入れていたことがわかります。当時の文学者の中で一番悩んだのはおそらく夏目漱石だと思う。

彼はすごくいい漢詩も書いていて、漢詩の作詩法にのっとって韻を踏み、平仄《ひょうそく》を合わせることができました。平仄というのは発音を二種類に分けたものです。平の発音、仄の発音というものがあって、一文字目がどちらか、二文字目がどちらか、ひょうひょうそくそく……、というふうに決まっていて、それに全部あてはめていく。それを一つの間違いもなく書けるくらいの見事な漢詩の力は夏目漱石にはありました。

さらに、漱石は英語もすごくよくできました。両方できたわけなんだけれども、心には大きな葛藤があると思います。深い漢詩漢文の素養を持ちながら、近代の西欧文学を読み、日本の新時代の文学をどう書くかについて、つねに考えていると思います。日本の近代文学はそういうところから発展してきたわけです。その中で西欧にもないものが、私小説だったんです。

一方、中国では魯迅《ろじん》が最初の小説を発表したのが一九一八年。日本に比べて四十年くらい遅れていました。ほぼ半世紀近く遅れていて、それ以降はどうなったのかというと、大雑把にいえば、近代文学は革命と並行して発展してきました。並行していないものもあったけれども、一九四九年の中華人民共和国の成立以降、その部分は大陸中国では認められなかったし、作品として表現することもできなくなりました。ある意味でいえば大陸中国では、偏った狭い文学観しか許されなかったわけです。そのため、日本人の読者にとっても中国人の読者にとっても、互いの文学がわかりにくいものになりました。

ところが、八〇年代以降になって大きな変化が起きました。八〇年代の中頃には、中国の若手の作家たちが単に近代西洋文学を勉強しただけでなくて、同時代のラテンアメリカ文学などを読むようになりました。マルケスの『百年の孤独』だとか、ボルヘスの短編集だとか。そういったものが入ってきたし、フォークナーの作品なども見て、彼らは多分救われたように感じたと思うんです。つまり、近代西洋文学の大きな山、日本が明治維新以降数十年をかけて乗り越えたその山を、短期間で同じように乗り越えるのは、辛くて無理でした。そういう時に同時代のラテンアメリカ文学に出会うことによって、「ああ、そうなんだ、我々も自分たちの道を探ればいいんだ」という思いが芽生え、そこで頭角を現した何人かの作家がいて、彼らが書いた作品は日本でも評価されました。

たとえば、残雪《ざんせつ》の作品だとか、蘇童《そどう》だとか、余華《よか》だとか、莫言《ばくげん》だとか、あるいはそれ以降になって登場してきた閻連科《えんれんか》などもそうです。それらの作家たちは欧米文学だけでなく、日本の同時代小説もたくさん読みました。余華は「川端康成は三年あまり、私の初期創作に影響を与えた」と日本文学から養分を得たことを認めたし、さらに「私は川端康成を理解したあと、日本文学を理解しようとした。それによって共通の基準が見つかり、川端康成の登場が偶然ではないことがわかる」と言って、日本文学の読書経験を明らかにしました。一方、余華や莫言や残雪などの作品を通して、日本の読者も中国文学の最新の動きを知るようになったし、中国でも日本のいろんな作品が大量に翻訳されるようになりました。

後でもお話が出てくると思うのですが、僕は何年か前に、野間文芸翻訳賞の選考委員をしたことがあります。あの賞には面白い仕組みがありまして、今年は英語に翻訳されたものを選考対象にすると、次の年はフランス語、その次は中国語というふうに順番になっていて、僕は中国語訳を担当したのですが、そのために最近数年の間に中国語に翻訳されたものにどういうものがあるか調べました。

ざっと調べてみて驚いたのですが、日本の現代文学の中で、中国語に翻訳されていないものは見つからないくらいで、ほとんどが訳されているんです。日本では全然知られていないような作品も訳されています。二〇〇〇年以降になると、世界各国の作品が、それくらいの猛スピードで翻訳されているんですね。これは、大正以降、日本の近代文学のおかれた文化状況と非常に似ています。その意味では共通する基盤を持つようになったし、互いにわかりやすくなっています。

沼野 僕も莫言、残雪、最近では閻連科とか、翻訳されているものにすごいなと思う作家がいて、その話は後ほど、またしたいと思います。その前に、今の話についてコメントしておきますと、夏目漱石については、この対話シリーズの一冊目で、リービ英雄さんをゲストにお迎えした時にいろんな話をしたんです。一つは、漱石は漢詩ができたということ。日本の作家に古井由吉という素晴らしい、現代の文壇の最長老級の人がいますが、その古井さんも、『漱石の漢詩を読む』（岩波書店、二〇〇八年）という評論を書いているくらいで、今はすべての日本人が、漱石が書いた漢詩を一生懸命勉強しないと味わえない、そういう時代になったのかなと思います。

もう一つ、リービさんが取り上げた話題に、漱石の英語がありました。漱石は英文学が専門ですが、実は英語で書いた小説はありません。しかし、日記とか小説以外の一部は英語で書いていて、東京帝国大学に在学中には、イギリス人の先生と一緒に『枕草子』の一部を英訳しようとしたりしていた。明治の知識人には、世界に向かって発信していくために、日本語のようなローカルな言語で表現していてもダメだ、英語で書かないといけないという気持ちがあったのですね。小説ではないですが、たとえば内村鑑三の『ぼくはいかにしてキリスト教徒になったか』（光文社古典新訳文庫）とか、岡倉天心の『茶の本』とか、それから『武士道』の新渡戸稲造などは、英語で書いて世界に発信しています。その意味では、漱石も潜在的に英語で書く力があった人ですから、日本語、英語、中国語のトライリンガル作家であったともいえると思います。それが明治の知識人が一般的におかれた文化状況でした。それから見ると、今の日本はずいぶん変わりました。日本語ができればそれだけで何とかなるという時代なので、まあ幸せな時代になったのかもしれません。

中国文学の変化ということでは、いわゆる魔術的リアリズム、ガルシア＝マルケスなどのラテンアメリカ文学が入ってきたというお話がありました。莫言などはガルシア＝マルケスに比較されることが多いですが、中国人の伝統的な文学的感性と日本や欧米の文学的な感性とでは違うところがあるのかもしれないとも思います。

そこでお聞きしたいのは、張競さんもどこかで書いていましたが、たとえばカフカの『変身』という小説がありますね。日本でも有名な作品で、二十世紀の新しい文学の起源の一つといっていい重要な作品、つまり二十世紀世界文学のカノン（正典）だと普通は見られている。あのようなものは、中国では未《いま》だに面白いとは思わないのでしょうか。

「文体」という問題

張競　このあいだ、上海に行ったとき、本屋を見てまわりました。カフカの小説は少なく、あってもまったく目立たないところに置かれていました。いまもまだそれほど面白いと思われていないのではないでしょうか。翻訳されたのは早かったです。一九八五年『カフカ短篇小説選』（孫坤栄ほか訳、外国文学出版社）が出ていました。ところが、中国人が感心して読んだかというと、個人的な感想になってしまいますが、多分あまり感心しませんでした。なぜかというとストーリーだけを読むと、ああこういう話か、この手の話なら昔から中国にもいっぱいあるじゃないかということになります。それが現代版になっただけだという印象が強いです。実際、僕が読んだときも、あまり感心はしませんでした。カフカ的な発想のオリジナリティは、西洋文学の文脈の中でこそ際立つということがあると思うんです。もう一つの理由に、カフカの文体の魅力が、翻訳を通して反映されなかったということもあったと思いますが。

実は、僕はその文体にこだわっていまして、日本で行われたあるシンポジウムで、あるチェコの研究者に出会って話をしたんです。ご存じのように、昔、プラハではドイツ語とチェコ語の両方が使える人が普通にいて、たとえば僕が知っている人のおばあさんなどは、普通の市民ですがドイツ語ができ、文章も読めました。僕がチェコ人の学者にカフカのどこがいいかと聞くと、カフカの文章は読んでげらげら笑えるし、面白いと言っていました。僕は、翻訳された現代中国語で読んでも全然ユーモアを感じませんでした。しかし、原文のドイツ語で読めば、カフカの文章には、我々が翻訳では感じられないような、ある種の美しさや感動があるのではないかと思います。

優れた文学作品というものは、ルーティンの言語ではできていません。ルーティンの言語とは、扱う問題、あるいは表現したい意志というものをわかりやすくはっきり表現しようとする文章のことです。ところが文学は、ルーティンの文章だけではだめです。人間の情緒というものを表さないといけないし、読者の感動とか関心とかを引き出す、そういう文体の力がないといけません。そういう文体の魅力や妙味が、翻訳では往々にして見失われてしまうのではないか。それが多分、翻訳されたカフカに感心しなかった本当の理由なのではないかと、僕はそう考えています。

沼野　翻訳というのは、通訳もそうですが、普通に考えられている以上に大きな役割を果たしていますね。僕が親しかった人に、残念ながら早くに亡くなってしまいましたが、米原万里さんという人がいました。エッセイストとしても大活躍して、いまだに多くの愛読者がいますから、ご存じの方も多いと思いますが、もともと彼女は通訳として仕事を始めた人です。彼女はいつも歯に衣《きぬ》着せずに、面白いことをズバズバ言うんですが、翻訳者、通訳者の大事さについてよくこんな例を挙げていました——パーティなどでどんなに偉い社長さんや学長さんが日本語でどんなに立派なスピーチをしても、通訳の仕方によってはただの馬鹿みたいに見えてしまう、極端にいうとそういうことです。もとがどうかではなく、翻訳して出てきたものが何かということで評価されてしまうわけですね。

普通に話しているルーティンの部分、たとえば「僕は二十歳である」、I am twenty years old. のような単純明快な情報なら、おそらく誰でも間違いなく翻訳することができるでしょう。でも文学の場合は、どんな感じで訳すかという文体の問題がある。そこに冗談はあるのか、皮肉はあるのか、あるいは甘えがあるのか、「オレ、二十歳なんだよね」とか「僕、二十歳になっちゃった

〜」というように同じ日本語でも違った言い方があるのに、全部をI am twenty years old. にしてしまったら原文の表現の工夫やニュアンスの違いなどは吹き飛んでしまいます。これに類したことが、翻訳の場合にはいくらでもあって、今、カフカを笑う学者の話がありましたけれど、基本的な情報ではない情緒、たとえば笑いとか皮肉とかユーモアとか、そういう部分はなかなか伝わりにくいですね。

張競　そうですね。文体の中に隠されたものには、翻訳を通して表現しやすいものと表現しにくいものとがありますね。表現しやすいものは、翻訳されても評価されるけれども、作家によっては大変訳しにくいものがあります。

日本の作家でいうと志賀直哉や幸田文《あや》、そういう作家の文章にあるいわゆる言葉の綾、つまり我々が日本語で読んで「うまい文章だな」と感じる部分には、なんとなくすーっと入り込んでくるものがありますよね。実はこれがいい文章ということにつながるのだけれど、そういうものが外国語に訳されると失われてしまうということがあります。

一方では、外国語に翻訳されてもそのまま伝わる文章もある。比較的伝わりやすいものとしては、たとえば梶井基次郎の凝った文章や三島由紀夫の一部の作品など。三島には人工的な美しさを詩的な文体で創り出した作品がありますが、こういった作品は外国語に翻訳されても、比較的よく伝わります。

詩は、手垢のついた言葉ではだめというけれども、これは小説でも同じことです。そのことに特に気を配るのがフランスの小説家たちで、彼らは文体ということに非常に気を使って、なるべく普通の人に書けない文章で作品を作ろうとします。我々はそれを読んで感動するわけです。たとえば、「青い空、なんと綺麗なんだろう」と言ってても大したことはない、誰もが言えることです。これでは作家にはなれません。ところが、仮に「青い空を見ると僕は悲しくなる」とか「憂鬱になる」と言えば、何となく文学的な一歩を踏み出した感じがする。なぜかというと、そう思う人はなかなかいないので、なぜそうなるのかとみんなが考えることになるからです。

これが文体の力というもので、文学作品は、そういう意味で単にストーリーを読むだけではすまない。今、本離れといわれているのは、小説からストーリーだけを読むようになったことが一因だと思うんですね。ストーリーだけを読もうとすると、どうしてもドラマに負けちゃう、テレビ・ドラマに負けてしまう。

沼野　私も大学の文学の授業でよく言っています。粗筋、プロットに還元して小説を読んだらダメだよと。世の中には粗筋辞典みたいなものがあって、そういうものを読んでレポートを書き、本は読まずにすませる不届き者がいて、困ったものなんですが。粗筋に還元して読んだことにしてしまったら、小説なんて書く必要も読む必要もない。言葉で表現する時にどう工夫するか、その工夫が文学の血にも肉にもなるのですから。

翻訳が教えること——ハルキの英訳を中心に

沼野　翻訳に話題が移ってきましたので、この分野についても張競先生のご意見を聞きたいと思います。日本の作家で翻訳しても比較的通じるとおっしゃった梶井基次郎の文章は、今の日本人が読んでもけっこう難しいものだと思いますが、あれは難しいなりに、そのまま訳せばほぼそのまま伝わるという文体なのですか。

張競　非常にレトリックを意識した書き方をしているので、意識した分、伝わりやすくなっている部分がかなりあると思います。

沼野　レトリックを意識したという点では三島もそうですね。人工的に工夫をしているものは、他の言語に翻訳しても equivalence（等価なもの）というか、同じような効果を期待できるというわけでしょうか。

張競　僕の知人に、『金閣寺』を翻訳で読んで、ものすごく興奮した人がいます。

沼野　中国語訳を読んでですか。

張競　ええ、彼は日本語ができませんでしたから。では、彼が興奮したのはストーリーに対してだったのかというと、ストーリーではないと僕は思います。そうではなく、翻訳でも三島の文章というものが、ある程度は伝わったのだと思います。

伝わるということでいえば、一つには、今言ったようなレトリックを駆使した文章のほかに、もう一つ、たとえば村上春樹風の文章の伝わりやすさがあります。村上春樹にはレトリックがないわけではなくて、彼らしいユニークで面白いものがあります。ところが、彼の作品が東アジアで読まれているのは、彼の文章が日本語離れしているからです。

それが何かというと、ほとんど意識されることがありませんが、近代日本語というのは人工的に作り出されたものなのです。われわれがタイムマシーンにのって江戸時代に戻るとしたら、江戸時代には読み物や草紙がありますそういったものの中には現代語とほぼ同じように読めるものもありますが、会話の展開に必ずしもついていくことはできないかもしれません。また、たとえば、皆さんが外国のお友達と喋《しゃべ》るとして、会話は通じたけれども、その会話が翻訳されると、話が飛んでいてどうもわかりにくいということがあります。これは発話の習慣の違いによるものです。発話の習慣の違いは異なる言語の間だけでなく、同じ言語の、違う時代のあいだにもあります。

近代日本語であれば、だいたい次に出てくる言葉の予想がつきます。つまり、我々は一つの言葉を聞く時に、次の言葉を予想しながら聞いているんですね。だから、実際はどのように言っているかがよくわからなくても、話が進みます。たとえば歳をとって発語に障害がある人の話を聞いたときにも、我々はわかります。これはいちいち音を判断するのではなくて、次を予想しているからです。

古代、あるいは中世の日本語は、現代人にとって本来、先が読みにくいものでした。読みやすくなったのは明治に入って、西洋の文体をとりいれた近代日本語ができてからです。それを極端に身につけた作家が誰かというと、村上春樹なんですね。彼の文章を読むと、たとえば人称代名詞を省略しません。元来の日本語では「僕」を入れないようになっています。しかし、村上春樹はそれを省略しない。彼の文章を日本人の中でもわかりやすい、いい文章だと推薦する人もいるけれど。

一言で言うと、欧米文学に慣れた人たちにとっては、村上春樹の文章が理路整然としていると感じます。理路整然とした部分は翻訳されても非常に受け入れやすい。これが村上春樹が東アジアにおいては大変人気が高く、ヨーロッパではそれほどでもない、これは言い過ぎかもしれませんが、理由の一つになっていると思うのです。

沼野 いえ、村上春樹は東アジアだけではなく、世界的に人気が高いといえると思いますよ。欧米でもロシアでも人気があります。ですから、欧米やロシアで人気が高い理由と、東アジア、それも韓国の場合、中国の場合と、同じ理由なのか違うのか、ちょっと考えないといけないような気がします。

村上春樹の文章の特徴ですけれど、村上春樹はアメリカ文学が好きでよく読んでいるし、英語もよく知っていて、自分でアメリカ文学の翻訳をするくらいです。だから英語の表現をそのままとってきたような、たとえば「胡瓜《きゅうり》みたいにクールだ」というような言い方が、彼の小説には出てくる。これは cool as a cucumber という英語の慣用句をそのまま採ってきたものですね。そもそも彼は作家デビューをする前に、英語で小説を書こうとしたのだそうです。その原稿はなくなってしまったらしいですが。

だから、もともと文体的に日本人離れしたところはあるのかもしれません。村上春樹が『風の歌を聴け』でデビューしたのは一九七九年のことですが、その時から彼の文体はきわだって新鮮でした。年配の人はこういう日本語の小説は見たことがない、「これはバタ臭い日本語だ」などと言ったものです。ところがいまでは「バタ臭い」なんて言葉自体が死語になってしまっている。皆さんは聞いたことはあるかな。

中学生 ないです。

沼野 意味がわからないですよね。

昔の日本人は、バターなんてあまり食べなかったんです。だから、何か日本風ではない、ちょっと気取った外国風のものを「バタ臭い」と言った。日本食があっさりしているのに、アメリカ人はバターを使った脂っこいものを食べるじゃないですか。だからそういう感じで「村上春樹の文章はバタ臭い」と言っていたわけです。今やその批評用語が通じなくなってしまったけれど。

だから、村上春樹の文章は、日本語としては新鮮でも、英訳すると普通の英語になってしまうところもあるでしょう。中国語に訳した場合は、どうなんでしょう。

張競 いい文章になります。村上風の文章という言い方があるくらいです。彼の翻訳者に林少華さんという人がいて、『1Q84』は訳していませんが、たくさんの作品を手掛けました。それがヒットして村上春樹現象が起きたのです。いまや村上の本は初刷りで数万部です。

沼野 林少華さんは、僕は噂でしか聞いていないのですが、ちょっと年配の方で、若い中国人の方に聞くと文体が少し古めかしいと言うことがある。それについてはどうですか。

張競 世代によって受け取り方が違うでしょうね。年配といっても、僕らより一、二歳上という程度です。

沼野 そうですか。では、大丈夫かな。我々だってまだ若いですからね（笑）。

英訳の場合でいうと、話に出たジェイ・ルービンさんは、元ハーバード大学の教授で、もともとポップな現代文学に関わってはいなくて、アカデミックな近代文学の研究者です。村上春樹を訳す際にも、真面目でじつに丁寧な訳をされています。丁寧なゆえに原文からは大きくはずれないところがあって、私は実は二年ほど前にＮＨＫラジオで「英語で読む村上春樹」という番組の講師を一年間したことがありまして、その時にジェイ・ルービンの英語訳と村上春樹の原文を詳しく比較しましたが、間違いなどほとんど一つもない、じつにきちんとした訳なので驚きました。もちろん、そのまま訳せない日本語の表現は春樹の文章にもいくらでもあって、たとえば日本語の原文に「NHKの7時のニュースで」という箇所があったのを、英訳を見たら単に「7時のテレビニュースで」になっていて、NHKが抜けていた。しかし、「英語で読む村上春樹」というのは他ならぬNHKの番組ですからね、ディレクターは「ここ、なぜNHKが出てこないんでしょうね」と渋い顔をしていた。でも、NHKという固有名詞が抜けていたのは、うっかりミスではもちろんなく、おそらく日本の外ではNHKといっても何のことかわからない人が多いから、わざと抜かしたんでしょう。日本の真面目な翻訳家だったら、わかりにくい言葉はそのまま残して、訳注をつけるところでしょうけれども。

ところで、もう一人、アルフレッド・バーンバウムさんの訳がありますね。この人の訳は、おっしゃったように自由な訳だという評判がありますが、訳者によって相当変わってくるということはあるにせよ、村上春樹の文章が英語っぽい日本語であることに違いはないわけで、日本語で読む時には英語っぽい日本語の新鮮さみたいなものがあるけれど、それを外国語、特に英語に訳すと、その味が少し消えてしまうということはないでしょうか。大江健三郎の場合も似たことがあるかもしれません。

張競 それはありますね。作家が工夫して出そうとしている日本語の新鮮さが失われる。ただ、一方で翻訳されたもののほうがわかりやすくなります。僕は、大江健三郎の作品は、むしろ中国語や英語で読んだほうが、いい小説だなと思う。日本語で読むとごちゃごちゃしていて、何なのだろうと思うときがあります。

沼野　日本語で読むと、文体がかなり特異で個性的ですね。

張競　わかりやすく訳すと、確かにその国の読者が受け入れやすいという面があるけれど、あえてその国の読者にわかりやすくなく訳すやり方も、役に立たないわけではないですね。たとえば近代の日本文学を考えると、もしそのまま訳したおびただしい数の西洋小説がなかったならば、今日《こんにち》の日本語はないと思うのです。北杜夫が書いた『幽霊』という小説があります。欧文脈を内在化した、いい小説ですから、機会があったらぜひ読んでほしいのですが、この小説の文章は漱石の時代の人には書けないと思います。

ヨーロッパ言語を習得し、ヨーロッパ文学をよく読んだという点では同じですが、北杜夫の文体にはもう一つの特徴があります。日本には、明治、大正、昭和を通じて、西欧文学にある西洋の文脈を、まがりなりにもそのままに持ち込んだ痕跡があります。その持ち込んだ人たちが翻訳した作品を、日本の文学が時間をかけて消化し、自分たちの日本語に変えたということが次の段階で起こったと思うのです。『幽霊』の文体には、そのことが反映されていると思います。

現在、中国語に訳されている日本の文学はたくさんありますし、訳者のレベルもピンからキリまでであって、いろんな人が訳しているわけですから、非常に生硬な訳もありますけれども、その生硬な訳のおかげで、日本の言語がその原型をとどめたままの形で中国語に入っていく。たとえば「融資」という言葉などは、昔の中国にはなかったけれども、そのまま入ってきて使われています。何年か前に、中国の東北地方にいって驚いたのですが、地下鉄に「通勤口」という表示があった。あれは日本語じゃないかと思うのですが、こんなことは、昔は考えられませんでした。もともと自分の国にはなかった言葉を輸入することで、逆にそれが中国語のなかに定着したということがあります。

「人気」という言葉も中国語ではまったく違う意味でした。本来は「人熱れ《ひといきれ》」という意味だったのに、今は日本語と同じような「人気がある」「人気がない」という意味で使われています。こういった言葉がけっこう多くなっています。この変化は翻訳のおかげだと思います。

沼野　翻訳のおかげであると同時に、日本、中国が同じ漢字を使っているからこそ起こる現象ですね。そういう相互浸透はこれからもありそうですね。

張競　英語でもｓｋｏｓｈなどといいます。「少し」のことです。そのまま通じます。

沼野　確かに日本語は英語にも入っていますね。ｂｅｎｔｏ（弁当）とかｋｏｂａｎ（交番）とか、日本独特のいいものがだんだん世界に認められるようになっている。

最新日中・中日文学交流事情

沼野　翻訳の問題を、角度を変えてもう少し続けましょう。村上春樹の人気はダントツですが、それ以外に中国でよく読まれている日本作家について教えてください。たとえば大江健三郎の名前が出ましたが、安部公房などは意外に読まれていないのではないでしょうか。

張競　翻訳はされています。安部公房は、プロの中で、つまり作家たちの間では評判が高いけれども、一般の読者の中では、村上春樹に比べて遥かに読者が少ない。

沼野　安部公房はだいぶ前に亡くなってしまいましたからね。年齢を見ると三島由紀夫と同じ世代で、現代的な不条理で幻想的な作品が多いです。中国の読者にあまり受けないのは、カフカと同じでしょうか。

張競　安部公房が紹介された時点での、中国の読者の西洋文学に対する理解は、カフカのときと比べると、多分ずいぶん深まったと思います。もう昔のように中国文学の文脈の中でだけとらえるのではなく、世界文学の中でとらえ、また違う鑑賞の仕方、作品の読み方ができるようになったと思うんです。その意味では、安部公房はカフカよりは恵まれていると思います。

沼野　時代は遡《さかのぼ》りますけれども、これは張競さんの本にも書いてあることですが、一九三〇年頃、日中間でいろいろ緊張が高まった時期に、お互いの文学を批判し合うということがあって、その頃には作家の巴金《ぱきん》とか、もっと厳しいことを言う批評家も出てきた。たとえば日本的な私小説などは彼らにとっては評価できるものではなかったし、芥川龍之介でさえも評価されなかった。なぜかというと、芥川は皆さんも教科書で読んで知っているかもしれませんが、いろいろな題材を今昔物語などの古典からとってきていて、見方によっては、オリジナリティがない。高度に知的な作家ではあるけれども、自分で独創的な物語を作る能力はないのではないか、と。つまり、中国人から見ると私小説もダメだし、芥川みたいに借りものばかりする作家もダメだった。これには、その頃の中国人が西欧の正統的な小説に憧れていて、そちらの方向を目指していたというような事情が関係しているのでしょうか。

張競　そうですね。たとえば、日本の作家の中では有島武郎、特に『或る女』という作品は、日中関係が悪くなったときにでも、批判をしたり、よくないと言う人はほとんどいませんでした。なぜかというと、長編というスタイルで、ストーリーの展開が西欧のリアリズム小説とよく似ているし、わかりやすい。で、評価されていたわけです。

沼野　有島の『或る女』という作品は、今の若い人たちは読まなくなりましたが、日本の近代の長編小説の中では特に優れたものの一つだと思います。有島自身がトルストイの『アンナ・カレーニナ』を読んでいて、『或る女』にはその影響があるといわれていますね。最近私のところに来ていたブルガリアのとても優秀な若手研究者も、その人は日本語もロシア語も完璧にできる人でしたが、『アンナ・カレーニナ』と『或る女』の比較に取り組んでいました。そういう比較に堪える作品です。

これは、中国には関係がないかもしれないですが、たとえば日本よりも海外でより高く評価される人というと、たとえば遠藤周作のようなキリスト教（カトリック）の作家とか、ちょっと昔ですけど賀川豊彦みたいな人たちがいて、賀川は作家というよりキリスト教思想に基づいた社会活動家と呼んだほうがいい人ですけれど、こういった現象についてはどうでしょう。つまり海外で、日本国内以上に広く読まれ、高く評価されている作家についてですが。

張競　賀川豊彦のものは、一九二〇年代に大量に中国語に翻訳されていました。

沼野　ほぉ、中国でも読まれていたんですね。今の日本ではほとんど誰も知らない存在になってしまいましたが。

張競　読まれていました。ただ、彼は小説も書いてはいますが、評論のほうがたくさん翻訳されていて、当時の日本近代の書き手の中では、最も知られていた人の一人ではないかと思います。当時は、中国でも近代思想に飢えていましたから、賀川豊彦が書いたものは伝わりやすいということはありましたね。

もう一人挙げるとすれば厨川白村《くりやがわはくそん》でしょうね。今ではほとんど知られていない京都大学の学者で、関東大震災で亡くなった人です。魯迅が翻訳していますが、複数の翻訳者が訳した作品もあります。研究者なのになぜ読まれたのかというと、厨川白村は英文学者で、ヨーロッパ文学の新しい思潮をいち早く正確に紹介したからです。しかも、わかりやすかったので、中国人にとっては、直接ヨーロッパのものを翻訳するよりも、厨川のものを訳したほうが手っ取り早かった。ヨーロッパのものを紹介する時は、たくさんある中からいいものを選んで紹介しないといけないので、かなりの知識と体力が必要だけれども、厨川白村は初めから一番いいものを紹介しているわけですから、これを訳すのがいいということになるわけです。一九二〇年代、彼は中国で大変人気のある書き手でした。

沼野　確かに厨川白村の知見の広さは当時の日本では抜群でしたね。いま私たちが考える「世界文学」に近いところにいた。

ところで日本と中国の文学交流は、あまり一般の人には認識されていない部分だと思いますが、西洋文学、外国文学の翻訳紹介は、中国よりも日本のほうが一歩先んじていたわけですね。

先週、私はロシア文学に関するある国際学会に呼ばれて北京に行ってきたばかりですが、そこで教えてもらった面白いことがあります。日本でロシア文学の翻訳研究が盛んになった明治の後期には、中国ではロシア語が読める人がまだあまりいなかったし、翻訳紹介も遅れていた。日本でのロシア文学受容の初期の段階から大活躍した昇《のぼり》曙夢《しょむ》というロシア文学者がいますが、彼の書いたロシア文学の概説書やロシア文学史が早い時期から、全部で五冊ほど中国語に訳されていまして、今回、私もそのことを初めて知った次第です。中国人の専門家がわざわざその翻訳書を学会会場に持ってきて見せてくれたんです。昇曙夢という人は奄美出身で、のちに東京のニコライ堂のロシア正教の学校でロシア語を学んだ人ですが、この名前もいまの日本では専門家にしか知られていないでしょうが、かなり長い間、彼は日本におけるロシア文学の圧倒的な第一人者でした。その昇曙夢が中国人の翻訳者にあてた肉筆の手紙まで見せてもらって驚きましたし、一九三〇年代にそういう形で東アジアの文学交流があったことは、記憶しておくべきだと今さらながらに思いました。

新しい時代のほうへ話題を戻しますが、村上春樹は、ある意味で決定的に大きな役割を果たしたといえるでしょうか。村上後の日本文学も盛んに翻訳されるようになったわけですから。具体的にはどんな作家に人気があるのでしょうか。

張競　村上春樹の後のヒット作というと、一つは山岡荘八の『徳川家康』が挙げられますね。

沼野　あれはとても長い大河小説ですよね。全部訳されたのですか。

張競　全部訳されています。二十六巻を十三巻にまとめてあるので、一冊がとても厚いです(笑)。

沼野　冗談みたいな話ですが、日本語を中国語に翻訳するとコンパクトになりませんか。カナがなくて漢字だけだから、ページ数が三割くらいは減ると聞きましたが。

張競 八割になるともいわれています。百頁なら八十頁くらいになっちゃいますね。普通に一冊の本を訳しただけではちょっとページが足りないといわれています。だから『徳川家康』は日本語版の二巻で一巻にしています。この九月に上海に行った時にも、まだベストセラーに入っていました。

書店に行くとベストセラー・ランキングがあって、国内もの、海外ものに分かれていますが、今、海外ものの中で定番になっているのは東野圭吾です。

東野圭吾は何年も前から読まれていて、どれくらいの人気があるかというと、中国の出版社はこぞって翻訳権を手に入れようと必死になっています。日本の大手出版社のある編集者が北京に駐在した時に、現地の出版社の会合に呼ばれた。飲み会だったのですが、中国の酒は強いですから少し呑んだだけで酔っぱらってしまいました。そして、家に帰ってポケットを探っていたら吃驚してしまった。お札がぱんぱんに入っていて、メモには「東野圭吾よろしく」と。それくらい人気があるのです。

なぜかといいますと、中国では推理小説というものがまだないからです。書く人はいますが、まだ下手なんです。日本には長い伝統があって、推理小説に限らず、いろいろなジャンルのものがあります。SFだったり、推理モノだったり、歴史モノだったり、時代小説だったり、あと中学生の前では言いにくいですが、官能小説もある。多数の分野があって、それぞれが非常に発達していて、いい書き手も多い。羨《うらや》ましいと思います。文学にとっては、いろんなジャンルがあって自由に書けるというのがとても重要なことですから。その蓄積があって初めて、いいものが出てくると思うんですね。

一方で、日本では読まれている小説家が、なかなか紹介されない、紹介されても人気がないということもあります。たとえば中勘助。僕はいいなあと思います。翻訳されているのかもしれませんが、少なくとも人気はない。彼のように、良質でありながら必ずしも読者受けをしないということもありますね。

沼野　翻訳しにくいということでいえば、中上健次の文体なども訳しにくそうですね。

張競　中上健次はとてもいい小説家ですが、やはり訳しにくいと思います。文体ばかりではなくて、書かれていることの背景に、その地方の複雑な人間関係がありますから、その背景を知らないと読んでもわからないところがあります。

沼野　ああいうものは、いわば「泥臭い」感じがして敬遠されちゃうようなところがあるのでしょうか。

張競　それもあるでしょう。そもそもその作品世界は入りにくいと思います。

沼野　中上健次はヨーロッパの言語でも翻訳が出始めていますが、やっぱり訳しにくいところ、理解しにくいところがあるようですね。

張競　中上健次の衝撃度というのは、日本と海外とでは全然違うと思います。そういう意味では、翻訳というのはつくづく魔物で、どう受け止められるのかまったく予想ができないところがあります。

沼野　村上龍はどうでしょうか。

張競　村上龍の作品も翻訳されていますが、春樹に比べるとそんなに多くはありません。

沼野　最近の中国では、芥川賞を取ったばかりの新しい作家でもすぐに翻訳が出ますね。先日も中国から日本へ留学を希望する人から問い合わせがあって、川上未映子の研究がしたいと言う。『乳《ちち》と卵《らん》』について修士論文を書きたいと言うのですが、あまりにも新しすぎてまだきちんとした研究対象にはなりにくい。私の「現代文芸論研究室」では伝統的な国文とは違って新しいものも積極的に受け入れてはいるのですが、二〇〇八年に芥川賞を取ったばかりの作家ですから本当に評価が定まっているわけでもなく、少なくとも大学という研究の場ではまだちょっと難しいと思ったのですけど、逆にいうと、中国人の現代日本文学への関心はそこまでいっているわけです。東野圭吾の研究をしたいと言う人もいました。その人も中国人です。そこまで翻訳が進んでいるということですね。そういうことからも、日本文学への関心のあり方がずいぶん変わってきたなと思います。

食の蘊蓄

沼野　もう一つ、ここで食文化の話題にも少し触れておきたいと思います。というのも、張競さんは食べ物にも詳しくて、食文化の日中比較にも蘊蓄《うんちく》を傾けていらっしゃるからです。これは私の持説でもあるのですが、外国文化の受容という面から考えると、文学と食文化には深い並行関係があります。現代ロシアでも、村上春樹の人気が出てきた時に日本全般に対する興味も高まって、並行的に寿司ブーム、日本食ブームが起きました――この二つの関係については、私以外にはあまりきちんと指摘している人がいないのですけれども。で、いまのロシアで日本食がどのくらい人気があるかというと、モスクワの都心を歩き回ってみれば、東京を歩いているときよりもたくさんの日本食レストランや寿司屋に出くわすんですね。石を投げれば寿司屋にぶつかる(笑)、というくらいに寿司を食べられる店が多い。つまり寿司の専門店というのではないのですが、ピザ屋やコーヒーショップのメニューにまで寿司が入っているんですよ。三、四十年前、社会主義時代のソ連が食生活が貧しくて単調だったのに比べると、隔世の感があります。

ロシア人に限らず中国でも日本でもそうだと思うのですが、人間にはある程度の歳になると食に対して保守的になるところがあって、新しいものはあまり食べようと思わない。子どもの頃に生の魚を食べたことがない人が、五十歳になって急に寿司を食べなさいと言われても、そんなものは気持ちが悪くて食えない、というのが普通でしょう。昔の西洋人だってそうだったでしょう。ロシア人もそうでした。ところが、いまのロシアでは猫も杓子《しゃくし》も寿司が美味《おい》しいというようになった。変わったわけですね。それは、彼らが現代日本文学を受け入れるようになったことと、パラレルなのではないか、何か本質的な関係があるのじゃないか、というのが私の仮説です。それは中国でも同じですよね。生の魚なんて、昔の中国人は食べなかったでしょう。

張競　食べなかったですね。今は、日本料理店があって非常に高いものになっている。日本円にして二千円の食事は、日本で食べたほうがはるかにいいものを食べられますが、それでも食べる人が多いし、しかも最近の中華料理店の宴席では、これはロシアとも似ていますが、最初に龍船《ロンチャン》という料理が出ます。龍船というのは船の形をした器に刺身をのせたものです。まあ、船盛ですね。こういう新しいものも日本料理の影響だと思う。これが流行り出したのは、確かに日本文学が読まれるようになったのとほぼ同じくらいの時期だったと思います。でも、日本文学を読んだからだとか、そこらへんの因果関係になると、さあどうだろうという感じもしますね。たとえば村上春樹の小説を読んでも、出てくるのはコーヒーとかパンとかスパゲティですよね。お寿司や刺身は出てこない。彼はそもそも食べ物に執着する人ではないし、食べ物が出てきても、どうもインスタント料理のような印象がある。

沼野　ええ、それはおっしゃる通りですが、私が言いたいのは、春樹の小説を読んで日本食を食べたくなったというような直接の因果関係ではなくて、村上春樹のような新しいタイプの日本文学が、面白いと思うようになったことの裏には、何か中国人の感性が変わったというか、新しくなったという事態があるのではないかということです。

張競　そういうことはあるでしょうね。村上春樹だけでなく、ほかの日本人作家の小説もたくさん翻訳されているから、それらの作品には当然日本食は出てきます。小説を通して、日本に親しみを感じ、日本料理を食べるのが「かっこいい」とか、高級だというイメージを持つようになったといったことはあります。実際フランス料理やロシア料理がブームになったり、レストランがたくさん出来たりするような話はほとんど聞いていません。その意味では日本料理が突出しています。一方、村上春樹の小説を読んで、コーヒーに凝り出したという話を聞いたこともあります。影響を受けるものには音楽もありますね。『村上春樹の音楽』という本が出ているくらいで、主人公がどんなものを聞いているのか、それを集めて紹介したりしています。出てくる音楽は現在の日本人にとっては古いものです。初期の村上春樹の小説が描いているのは、いま六十代の人たちが紅衛兵になった時代です。紅衛兵というのは、皆さんは知らないでしょうが、中学生くらいの年齢になると勉強を放り出して革命だけをやった人たちです。彼らは西欧の文化と出会うことがなかったから、西洋の音楽、とくに同時代のビートルズやロックンロールなどは聞いたことがないし、ジャズだってほとんど知らなかった。彼らにとってはそういう音楽が、今になって人生の「補講」みたいなものになっています。「補講」の入り口が村上春樹なんです。だから、食べ物も西欧風。そういう偶然が重なっている。

沼野 村上春樹の小説には、初期からほとんどカタカナの食べ物しか出てきませんね。最初の『風の歌を聴け』では、どこかのバーに入って飲み物はビール、食べ物はスパゲッティで、後はピーナッツ、ドーナッツと全部がカタカナです。彼が子どもの頃にはドーナッツはお洒落なものだった。今はダンキンドーナッツなどで日常的になっていますけど。

ただ、村上春樹のスパゲッティに対するこだわりは相当なもので、村上春樹が食べ物に興味がないわけではありません。それどころか、彼はたぶん自分で料理をするのも好きで、たとえば『ねじまき鳥クロニクル』の冒頭には、スパゲッティを作る印象的な場面がありますね。ただ和食はあまり出てこないし、それから彼のラーメン嫌いは有名で、ラーメンは今まで小説に一度も出てきてないんじゃないでしょうか（笑）。これまでほとんど出てこなかった日本風のものでは、『海辺のカフカ』で主人公が四国に行ったときに、初めてうどんが出てきましたね。

このように、村上春樹には食べ物に対するこだわりはありますが、そのこだわりは今までのいわゆる文士の食通趣味とはまったく違う方向を向いていると思います。彼以前の作家には、丸谷才一さんなどをはじめ、食文化に蘊蓄を傾けた作家がたくさんいますが、吉田健一のように日本酒や日本料理に詳しかった人が多い。今の後続世代的には、そういう人がいなくなってきました。

日本は食文化が発達していて、作家が食べ物について書くのは、いわば芸のうちというところが伝統的にありましたが、中国にもそういうことがありますか。

張競 あります。ある小説でラーメンのことばかり書いた作家がいます。ラーメンの食べ方、太さ、味と、それればかり書いている。

沼野 ここで、「食」のまとめ代わりに、かなり乱暴な仮説を提出してみます。中国では日本食の人気が出てきましたが、日本人の中には逆に中華料理のほうが本当は美味しいと思っている人がけっこう多い。私もです。で、一口で両者の違いをいうと、中国料理のほうは油で炒めたり、素材に熱を加えて加工し、濃いめの調味料で味をつけるものが多い。それに対して、日本料理は比較的淡泊で、新鮮な素材はなるべくそのまま時には生で食べ、あまり加工しないことが多い。そこでですが、文学でも、中国文学のほうが濃厚で、日本文学のほうがさっぱりしているといえるでしょうか（笑）。

張競 難しい問題ですね。日本にはいろんなタイプの作家がいて、文章も全然違う。一言で日本の作家の特性をまとめることは難しいし、同じことは中国の作家についてもいえるでしょう。日本文学があっさりしていると言い切ることは、個人的にはちょっと難しい。ただ何となくわかるような気がします。中国の作家たちには、日本の読者にとってはくどいくらいの描写をして、あるいは原文を見ればもっとわかりやすいのかもしれませんが、非常に凝った書き方をする、ということはあるかもしれません。

現代中国文学の豊かさ――日本の随筆の素晴らしさと詩の中国語訳

沼野　確かに作家によって違いますね。日本の作家にしても古井由吉もいれば、中上健次もいれば、村上春樹だっているわけですものね。僕も少し読んでいる現代中国文学についていうと、残雪のように常人の感覚を超える常軌を逸したすごさ、普通の人がついていけないような文学がある一方で、莫言のようにスケールの大きな、中国版マジック・リアリズムなどといいますけれども、物量的に圧倒的に読者に迫ってくる、奔放な骨太の想像力を駆使して書く人もいる。最近翻訳された閻連科の『愉楽』（谷川毅訳、河出書房新社、二〇一四年）という作品もすごい。

張競　閻連科はおっしゃる通り大変いい作家で、将来性があると思います。皆さんも機会があったらぜひ読んでみてください。話題となった彼の初期の作品は『人民に奉仕する』（谷川毅訳、文藝春秋、二〇〇六年）でした。これはストーリーが話題になって、それは中国でも同じだったのですが、僕はストーリーよりも彼の文体に感心しました。中国の現代作家が、文学というのはストーリーだけでなくて、文体とストーリーの両方からできるものだと漸《ようや》く気づいたなと思ったのです。文章表現に気を使い、ストーリーにふさわしい文体を意識して書いています。

ストーリーは不倫を書いたものです。主人公は師団長とその奥さん。師団長は戦争中に怪我をして普通の夫婦生活ができないのだけれども、社会的な体面のために結婚した。残酷なことだけれども、奥さんは若くて綺麗な人で、師団長だから当然身辺の世話をする若い兵隊がいる。この兵隊たちの中に、奥さんが好きになった人がいて、彼女はアプローチするんだけれども、兵隊にとっては畏れ多くて最初はとても近づけない。すると、奥さんは自分と一緒になるのは人民に奉仕することだというようなことを言い、二人は関係を持つようになったという話なんです。大変現代的で微妙なストーリーということもあって発禁処分になったのですが。

ところが、僕はこのストーリー自体に感心したというよりも、ストーリーを成り立たせるような表現、情景描写、場面設定が非常にうまいなあと思った。残雪の世代、莫言の世代を超える人がついに出てきたなと思っています。

僕は、莫言の初期の小説も大変評価します。『透明な人参』（藤井省三訳、朝日出版社、二〇一三年）は大変優れているし、『赤い高粱《こうりゃん》』（井口晃訳、岩波現代文庫、二〇〇三年）はそれに比べてやや見劣りがするけれども良い作品です。しかし、ここだけの話ですが、その後はろくな作品を書いていないし、なんで彼がノーベル賞を受賞したのか不思議なくらいです。これは僕だけの感想ではなくて、多くの中国人に話を聞いたところ、僕より上の世代でも同世代でも、だいたいの人が「彼の作品は長くて残酷過ぎ、とても読んでいられない」というようなことを言う。魯迅に「文学は何を描いてもいいが、二つ描いてはいけないものがある」というような言葉があって、その譬《たと》えに二つの例をあげていいます。毛虫はだめ、排泄物はだめだと――。まさにそうでして、文学作品には描いてはいけないものがあると思うのです。しかし、莫言はそういうことは関係なしに書く。個人的にはこれはよくないと思います。

残雪も初期は素晴らしい。世界的に通用する大作家だと思うし、僕は本能的には好きじゃないけれど、こんな作家は滅多にいないとも思う。八〇年代半ばに登場して九〇年代にかけていい作品を書いたのだけど、その後は書くものがなくなったのだと思います。『突囲表演』（近藤直子訳、文藝春秋、一九九七年）は失敗作でした。

沼野 僕は『突囲表演』を最後まで読んで、すごいなあと感心しましたが、おっしゃることはわかります。これはあまりにも訳のわからない作品で、なかなかついていけないという人は多いでしょう。莫言の場合も『赤い高粱』などは戦争時代の日本軍の残虐行為を、それから『白檀の刑』（上・下、吉田富夫訳、中央公論新社、二〇〇三年、のち中公文庫）では義和団事件の頃の中国を舞台に、おそろしく残虐な処刑のやり方について延々と書いていて、あまりに残酷なのでファンタスティックなくらいです。私もこういう残酷な話は好きではありませんから、読みたいとも思いません。とはいえ、文学にタブーはあってはいけないとも思いますね。莫言はバイオレンスがいっぱいでグロテスクで、その上並外れて豊潤なエロスもある。そういう並外れた過剰性に支えられた物語は、中国の大地でないと成り立たなかったような世界だと思います。

閻連科の『愉楽』もすごい小説です。身体障碍者ばかりが住んでいる村があって、鳥のように速く走ったり、刺繍の天才だったりといった具合に皆並はずれた能力を持っている。その人たちが作った雑技団が活躍して、レーニンの遺体を買いとる資金を稼ぎ出そうという、一切のタブーを無視したとんでもない奔放で骨太な話で、日本の作家では社会的常識や創作上の目に見えない規則に縛られて、なかなかこうは書けない。中国文学にもこういうものが出てきて、ある意味で世界に通用するようになった、世界文学の同じ土俵の上に乗ったのではという気がします。

張競　中国における日本文学紹介の中で、専門家に読んでもらいたいものがあります。たとえば『江分利満氏の優雅な生活』。山口瞳の作品ですが、非常にいいというか、僕は西洋の小説家は書けない作品だと思っています。具体的にどこがいいのかというと、随筆風の筆致といったらいいのでしょうか。これにはオリジナリティがありますね。この作品が直木賞の選考会議にかけられたときには、大変評価が厳しくて、これは小説ではない、随筆じゃないかとこき下ろす選考委員もいましたが、一般読者には支持されました。どこが支持されたのかというと、サラリーマンの生活が書いてあるんですけど、非常に機智にとんでいて、西洋のエッセイともまた違う味があります。これは、むしろ吉田兼好とか鴨長明の流れを汲んだものだと思う。大変オリジナリティのある小説なので、これは中国語にも翻訳されて読んでほしいと思います。

沼野　日本らしい、エッセイというよりは随筆ですね。随筆は日本では文学の傍流では決してなくて、じつはいつも主流の中にあった。『枕草子』『徒然草』『方丈記』などが、日本文学の重要な古典であることを否定する人はいないでしょう。エッセイや随筆というと、現代の日本では、有名人が雑誌などにつまらない身辺雑記を書き流して原稿料を稼いでいる、まあ、その程度の雑文というイメージがありますが、本来は、日本文学の伝統的特徴といってもいいものではないでしょうか。

張競 そうですね。鴨長明、吉田兼好の作品は、文章が非常にいいです。抑揚があって音楽性のある文章ですが、西欧のエッセイとどこが違うのかというと、西洋のエッセイにはある目的があって、モンテーニュのエッセイなどを読むとわかりますが、ある明確なメッセージを伝えようとします。ところが東洋の随筆というのは、おおまかに書いていくところがあるにもかかわらず、全部書いてみると、不思議にまとまった一編になっている。そこに芸がある人でないと書けない難しさがあります。

沼野 随筆というのは、文字通り「筆のおもむくままに」ということですね。だから最初はどこに行くかはわからない。それに対してエッセイというのは、フランス語でもともと「試み」を意味するものです。ある議論や思考を試みて、論理的に何らかの結論に到達しようとする。だから、目的地を想定しているわけですね。そこが本質的に違う。日本の随筆にあたるものは、中国にはあるのでしょうか。

張競　あります。「随筆」という言葉自体もありますし。

沼野　どっちが先ですかね。中国でしょうか。

張競　詳しいことはわかりませんが、「随筆」という言葉は早くからあって、南宋には『容斎随筆』という作品がありました。また、「筆記」というものがあって、筆記小説というものもありました。

沼野　日本文学では随筆、それから旅行記、あるいは『土佐日記』のような日記とか、いわゆるフィクションのようにお話を作るのではない、ノンフィクション的な散文が昔から多彩で豊富で、文学史の重要な部分を占めています。私小説もそこに連なってくる面があって、そこが中国の人には評価しにくいところなのかもしれない。

張競　小説として了解しにくいところがあるのは確かです。中国の日本近代文学受容には、ちょっと欠落している部分があって、私小説や随筆などがちょっと低く見られ過ぎたのではないか、もっと評価されてもいいのではと思います。小説は翻訳されるけれども、随筆はあまり熱心に紹介されることはありません。

沼野　張競さんから見て、日本近代と現代の随筆の名手は誰になりますか。

張競　團《だん》伊《い》玖《く》磨《ま》は人気がありました。彼が代表的かどうかは別として。丸谷才一さんもいい随筆を書いている。少し古いと、柳田國男、幸田文あたりですかね。

沼野　丸谷さんのエッセイは教養が高過ぎませんか。盛り込まれている話題を全部理解して味わえるという人は限られるかもしれない。

張競　はまる人もいるし、毛嫌いする人もいますね。

　僕が言いたいのは、小説の賞がたくさんあるのに随筆の賞が少ないということです。随筆はジャンルとして成り立ちにくく、小説家の片手間仕事として扱われています。これはちょっともったいないと思います。中国の小説家で、フランスに滞在している高行健《こうこうけん》に『霊山』（飯塚容訳、集英社、二〇〇三年）という小説があって、ノーベル賞受賞の大きな理由になった作品ですけど、あれは東洋風の随筆の手法を取り入れた作品だと思います。この手法が使われているからこそ西洋人にとっては、オリジナリティと創造性があると見えたのかもしれません。

沼野　もう一つ話題として少しでも取り上げておきたかったことに、日本文学のお家芸である短歌と俳句のことがあります。こういった様々な規則にしばられた短い定型詩というものは、そもそも中国語にうまく翻訳できるものなのでしょうか。中国人は、短歌や俳句を翻訳で読んで面白いと思いますか。

張競　翻訳されているかどうかをいえば、たくさん翻訳されています。ただ、俳句、短歌をどのような形で表現するかについては、翻訳者によって扱い方が違います。これには翻訳者個人の美学ももちろんあるけども、大きく分けると二つあって、一つは自由詩、現代語自由詩という形で翻訳するやり方。もう一つは漢詩、漢詩の中でも五言絶句と七言絶句という形で訳すものです。どっちがいいのかという判断は、読者も二種類に分かれていて、現代語訳を好む人と、古典、つまり漢詩風のものを好む人がいます。

その一方で、日本の俳句の影響を受けた「漢俳」というものが書かれるようになっていて、これは漢字の数を五字七字五字にして詩にするというものです。『漢俳詩人』という雑誌もありますが、日本の俳句の形だけを真似している感じがして、個人的にはあまり好きではありません。

沼野　「漢俳」の場合は、古典的な漢詩のような平仄などの規則はないのですか。

張競　古典風「漢俳」と現代風「漢俳」があって、古典風の「格律漢俳」には平仄がありますが、現代風の「漢俳」はなくていいです。

沼野　季語は使うのですか。

張競　どうやら使っている人もいるらしいですが、厳密な決まりはありません。

沼野　季節感は日本人と違いますか。それとも東アジアどうし、かなり重なっているのでしょうか。

張競　重なるところが多いですね。二十四節気はあるし、四季もあるし。

沼野　その辺は、むしろ日本が中国から取り入れたわけですものね。

もっと小説を！

沼野　では最後に聴衆の皆さんからの質問を受けようと思いますが、その前にまとめとして一言。今日は中国と日本のことを中心に話しましたが、張競さんはアメリカにも行って、ハーバード大学に研究員として滞在したことがあって、日本と中国だけではなく、アメリカも含めて広く世界をご覧になっています。そこで最後に唐突ですが、今日は若い人も来てくれていますので、今後グローバル化時代に生きていく国際人としての心がけについて何か一言いただけますか。ともかく英語ができなければダメだという世の中ではありますが、英語だけではちょっとまずいのではないか、ということもある。東アジアの教養人として国際的に生きていくにはどういうところが大事かということです。話が急に飛ぶようで、恐縮ですが。

張競　今日は中学校の生徒さんたちも来ていることですし、ぜひ、もう少し小説を読んでほしい、日本の文学を大切にしてほしいと言っておきたいと思います。僕は大学で教えていて、大学生がほとんど本を読んでいないことに大きな衝撃を受けています。日本文学は日本文化の中で主たる柱の一つになっていて、もし日本文学が読み継がれずに素晴らしい書き手も出てこないとなると、大変心配な事態になります。これは世界と比べても、心配すべき事態だなと思います。

僕はアメリカに二年いたのですが、自分の子どもは日本の中学の一年を終えてから連れて行って、現地の中学校に入れました。日本は四月入学でアメリカは九月入学ですから、編入する時には、アメリカは地域によって違いますが、家族がいた東部のボストンでは七年生と八年生が日本の中学校に当たっていて、その七年生にいったん編入されてから三カ月の夏休みの後に八年生になるわけです。アメリカでは、高校に当たる九年生から十二年生までの四年間、それと七年生と八年生の「国語」にあたる授業では、教科書が使われていませんでした。代わりに何が使われているかというと小説です。一学期で二冊か三冊の小説を読むのです。それもデタラメに選ぶわけではなくて、同時期の社会科でとりあげられている話題に合った本を選ぶ。たとえば社会科で奴隷貿易についての授業をやっている時には、日本でも翻訳された『とどろく雷よ、私の叫びをきけ』（ミルドレッド・D・テーラー著、小野和子訳、評論社、一九八一年）、『ルーツ』（上・下、アレックス・ヘイリー著、安岡章太郎・松田銑訳、社会思想社、一九七七年）などを読むわけで、要するに国語の授業は、小説を読む授業なのです。

また授業とは別に、学生たちは大変熱心に小説を読んでいます。七年生と八年生では読む作家が固定化されていて、その作家は、だいたい二年に一冊は本を出すことになっています。日本の作家は書き過ぎでして、向こうの作家はちゃんと休みをとった上で、いいものを出している。最初はハードカバーで二十四ドル、半年後にペーパーバックになって半分の十二ドルほどになりますから、家庭の事情がよくない子はペーパーバックが出るのを待って読む。そして半年経つと、来年はどんな本が出るかという予告が出ます。すると、みんながわくわくし、今度はどういうものかと心待ちにしている。そういうふうに本を読むということが、ごく当たり前のことになっています。

そして、九年生になるとがらりと変わって別の本を読むようになります。作家も変わりますし、小説も違います。皆さんは『トワイライト』（上・下、ステファニー・メイヤー著、小原亜美訳、ヴィレッジブックス、二〇〇八年）という作品について聞いたことがありますか。日本ではあまり売れていませんが、アメリカでは映画にもなって爆発的に売れました。ただし、これは高校生向きで、中学生はあまり読みません。

このようにアメリカの中高校生は、国語の授業で読むのは小説だけで教科書がありません。小説を選んで読めばいい。高校になると古典も入ってきます。たとえばシェイクスピア、ディケンズ、ブロンテ、トーマス・ハーディなどが入ってきます。そういう有名な作家の代表作を読む。だから、日常の会話の中でも、生徒が普通に小説の話をします。

ところが日本に帰ってみたら、若い人がほとんど小説を読まない。これは大変危機的な状態で、そのことを考えたら受験なんかはどうでもいいと思いました。これから受験も制度が変わるけれども、ともあれ小説を読まないといけません。小説は人間の成長にとって大変重要な感性を養うもので、単に日本の文学を守るという意味合いだけではなくて、人格形成のうえでも大変重要です。とくに思春期は人生の中においても大切な時期で、精神的なクライシスに直面したりする。自分とは何か、親との関係はどうか、自分は親とは独立した人間だという意識が芽生える時期なんだけれども、そういう時に小説を読んで何の足しになるのかというと、人間が体験できる人生は一回しかないのに対して、小説の中にはさまざまな異なる人生がある。小説を読むことによって異なる人生を体験することができる。だから、ぜひ小説を読んでください。日本の小説だけでなく、外国の小説も読む。読書を通して教養を身につける。そうすれば、沼野先生がおっしゃったように、東アジアの教養人としてグローバル化した時代を生きていく力が身につくのではないかと思います。

沼野　今の日本の学校教育の枠の中で、小説を読む時間がとれるのかというと、教科の中にあるのは「国語」だけで、そもそも「文学」という科目がありません。今日は、学校の先生も来ていらっしゃいますが、先生としてはそこが辛いところかもしれません。

中国人は日本人が嫌いか。日本人は中国人が嫌いか

沼野　さて、それでは質問とコメントを受けたいと思います。

東京大学で私が所属している現代文芸論研究室というところには、日本のことを研究したいという外国の若い研究者がかなりいまして、今日はポーランドから日本文学、特に俳句の研究のた

めに留学している大学院生のエルジビエタ・コロナさんに来てもらいました。今日の話について感想とかコメント、たとえば中国の先生が見る日本と、ポーランド人の目で見た日本との違いとか、何か気がついたことがあったら、お願いします。

コロナ　私は外国人ですから、日本の文学を読んでいても、母語の文学ではなく外国の文学として読んでいます。そこで日本の文学をポーランドの文学と比較してみると、やはり、さっぱりしていると思います。でも、世界文学の視点から見ると、日本の文学には世界に新しい刺激を与えているところがあって、張競先生がお話しくださったように、東野圭吾さんの推理小説などが、中国に入って新しいジャンルを成り立たせたりしている。

それに、日本の俳句は、英語にもポーランド語にも訳されているし、さらに日本語以外の外国語で俳句がヨーロッパだけではなく、世界中で書かれています。同じシラブル数の中に盛り込める情報量の違いや文法的な違いなどがありますので、同じ俳句とはいっても、英語やポーランド語など、様々な言語への翻訳で互いに異なった様々なバージョンができています。松尾芭蕉の「古池や〜」の一句だけで一冊の本ができるほどです。俳句の中に入っているイメージが、世界に新しい刺激を与えて新しい文学が生まれるということがあるんです。それで、小説でも随筆でもいいですが、ほかに世界に影響を与えている日本文学があるかどうか、うかがいたいです。先生方はどう考えているでしょうか。

張競　手短かにいうと、小説は影響を与えていると思うんですね。足りないと思うのは現代詩の紹介と随筆で、これは影響がないというか、小さいなと思います。古典は、分量がそう多くないということもあって中国でいえば、ほぼ全部が翻訳されています。日本は中国の古典をほとんど訳していますから、もっとすごいですね。中国の古典を英語で訳そうとすると多分、大変なことになります。日本の古典というのは日本古典文学全集に入るような名作ということですね。

沼野　日本の古典はほとんど現代英語に訳されていますが。

張競　そうです。さすがに『詞花和歌集』などは訳されていません。

沼野　『万葉集』は出ているのですか。

張競　何種類もあります。

質問者1（中学生）　中国の人は日本人のことが嫌いで、日本人は中国の人が嫌いだというイメージがあるのですが、そこはどうなんでしょうか。

張競　いい質問です。多分テレビを見ての印象だと思うのですが、一つ事実として挙げておきたいのは、日本にはたくさんの中国人観光客が来ていますが、これはたぶん日本に来たい人の何十分の一でしかないと思うのです。なぜかというと、日本に来る中国人観光客の数はタイに行く人のまだ十分の一。しかし、タイも面白いけれども、どっちに興味があるかというと多分、断然日本のほうに興味があるのではないかと思うのですね。だから、これからも日本に来る人はどんどん増えていくと思うのですが、中国人が日本を嫌いだと思うと誰も来なくなる、これは逆のことも同じで、日本人が中国を嫌いだと思うと中国に行く日本の観光客はほとんどいなくなる。でも、中国では日本で言われているほど、新聞やテレビで日本の悪口を言う現象はないと思います。

というのは、この間、新聞社の方にこういう質問をされたのです。「日本の本屋には中国の悪口を言う本がいっぱいありますが、これは中国も同じでしょうか」と。僕は答える自信がなかったから、その後に中国に行く予定があったので「現地で見てきます」と答えました。それで中国で本屋を回って見てみると、そういう本は一冊もありませんでした。それで帰ってきてから「中国には日本の悪口を言う本は一冊もなかった。むしろ日本がどれだけいいのかということを紹介する本でいっぱいだった」と言うと、彼は信じませんでした。それで自分で実際に行ってみて、確かに日本の悪口を言う本は見つからないことがわかりました。

これと似たことに、ある学生が書いたレポートを読んで気づきました。その学生は大学に入るまで中国はずっと悪い国だと思っていました。なぜかというと、テレビを見ていると中国の悪い話ばかりで、いい話を聞いたことが一度もなかった。でも、大学に入ったら留学生がいっぱいいて、つきあってみると中国人も普通じゃないか、普通に話が通じて、マスコミの話とは全然違うことに気づきました。そのことをレポートに書いてきたので、ああ、なるほどと思いました。

そういうことがあるので、皆さんもテレビだけで満足せずに、日本語以外の言語を覚えて、インターネットで外国語のニュースも見てください。そうすると、報道と実態とずいぶん違うことがわかります。日本で映されているニュースは、ディレクターが選んだものしか流していません。しかも、日本のテレビは地上波の数が少なくて、キー局は六局しかありませんが、アメリカには百以上あります。どれを見ていいかわからないくらいで情報量が全然違います。英語帝国主義になってはいけませんが、英語を覚えて、情報はいろんな角度から取り入れてほしいと思います。

沼野　国際的な問題について、正確で偏っていない情報を得て理解するためには、今、張競先生が言われたように複数の言語ソースを見ることが不可欠ですね。たとえば、日本と中国の間で対立している問題があるとします。基本的な情報をまず得たければ、インターネット上にはWikipediaがあるでしょう。図書館に行って分厚い百科事典を見なくても、最新の情報がずっと簡単に見られます。Wikipediaがどれだけ正確か、書かれていることにすべて信憑性《しんぴょうせい》があるか、という問題はありますけれども、何かを調べるにはとっかかりとしてまず一番簡単ですね。それで日本人だったらまず日本語版のウィキペディアを見るでしょう。ここまでは誰でもやること。でもそこで止まってはいけない。中国語が読めたら、今度は中国語のWikipediaにはどう書いてあるのかを見てみる。そうしたら、中国の立場からは正反対のことが書いてあるかもしれない。

つまりWikipediaの内容は、複数の対立した国が関わっている事柄については、国によって書き方が全然違うことがあるということです。ウクライナ問題について、ロシア語で書いてあること英語で書いてあることとは、同じではありません。だから日本発の情報を見て満足していると、非常に偏る危険がある。大学でも学生にそういうことをいつも言っています。だから本当の国際人になるためには、複数の外国語を読めなければならないんです。

張競　アメリカの高校には、メディアリテラシーという教育があって、何をするのかというと、学生にテレビ番組を作らせるんですね。そうすると、ニュース番組はこんなに勝手にできるんだということが実感できるわけです。場合によっては一人のディレクターだけで、今日のニュースの順番や内容をすべて決められます。もちろん「空気」という問題はあるけれど。

沼野　今の問題はけっこう大きなことでして、私は、中国が専門ではないのですが、先週ある会議があって北京に行ってきました。そういう専門家レベルのつきあいでは、日本に対する反感とか偏見とかを感じたことは一度もありません。少なくとも私がつきあいのある中国の学者たちは、能力の面を見ても、人柄を見ても、個人的にはみな素晴らしい人たちですよ。もちろん反日的な偏見とは無縁です。ただ社会制度が違うので、日本人なら簡単に言えることでも公の場で言えない人たちはいますし、そこはいろんな事情がある。日本は言論の自由がいちおう建前上保障されている国ではありますが、公の場では言いにくいことは日本にだってあるわけで、その点に関する限り日中間に実は本質的な違いはあまりないのかもしれません。

質問者２（中学生）　東野さんの推理小説の話の時に、日本では文学のジャンルが大変多いと言っていたと思うのですが、たとえば中国で普通にある文学で、日本や他の外国に伝わっていない形式には、どのようなものがあるのでしょうか。

張競　いい中学校ですね（笑）。大学では学生が質問してこないです。ディスカッションしようとしてもみんな黙っている。すると、アメリカ人の先生などは怒る。君たちは意見がないのか、なぜ自分は無視されるのかと言って。大学ではそれが普通なのに、この中学校はいいですね、どんどん質問が出て。

さて、肝心の質問ですが、特定のジャンルのなかで、日本に紹介されていない作品はあります。ただ、ジャンル自体が日本のように多くありません。なので、日本や他の外国に伝わっていない形式はないと思います。それから、中国には純文学と大衆小説を分けないという特徴があります。SF小説はなくはないけれど非常に少ない。推理小説もあることはありますが、まだ水準は高くありません。もともと数が少ないし、日本に紹介されているものはあまりないんじゃないかなと思います。

質問者3　読者に対するアドバイスとして、小説を読むべきだという強い言葉をいただきましたが、作者に関しては何かありますか。

張競　作家に対するアドバイスということでいうと、今は国家意識というものを、作家としては持ち過ぎなくてもいいんじゃないかということです。人間は自分が立っている立場でしか物事は考えられないし、発信できないので、そういう意味では自分の生活に立脚することは大切なんだけれども、同時に他者や違う国に向ける想像力も大事なのではないでしょうか。現代社会では、言語は依然として越えられない壁としてありますが、みんなが同じ情報を享受するという意味では、特に自分でアクセスできるという意味では、国という壁が低くなっていると思います。そういう意味では日本の作家であることを過度に意識するより、世界の作家として書いたほうがいいのではないかと思います。

質問者4　私立の女子高校で国語を教えている者です。耳に痛いお話がありましたが、やはり小説教材が少なくて困っています。先生方のご専門のロシア文学や中国文学で、中高生が読むのにふさわしい小説があったら教えてください。

張競　沼野先生からも五冊ほど推薦してほしいと言われていました。

外国文学としてはメリメの『マテオ・ファルコーネ』（新潮文庫『カルメン』ほかに収録）という小説がよいです。これは思春期の青年に読んでほしいなと思う作品です。現代的な感性では理解しにくい部分もありますが、非常に驚きを感じると同時に、別の世界を知ったという印象を受ける作品ではないかと思います。

外国のものでもう一ついうと、ドストエフスキーの『罪と罰』（光文社古典新訳文庫ほか）。長編なので夏休みなどを使って読んでもらえればと思います。ドストエフスキーといえば、『カラマーゾフの兄弟』という名作もあります。芥川龍之介の「蜘蛛の糸」に関係する場面が出てきますが、こちらのほうは『罪と罰』よりも長いので、今回はお薦めしません。

日本の作品としては、近代文学から開高健の『輝ける闇』（新潮文庫、一九八二年）を推薦したいと思います。これは題材としては皆さんにとってはあまり親しみがないかもしれません。ベトナム戦争で戦場に出かけていって、それを踏まえて書いた小説ですけれども、素晴らしい日本語で書かれた小説だと思います。

現代文学からは、黒田夏子の『abさんご』。主人公が少女で、文章もいいし作品もよくできていて、西洋風だといわれましたが、僕が読んで感じたのは、これは『枕草子』の系譜じゃないかということでした。

詩も読んでほしいと思います。現代詩にはつまらないものが多過ぎますが、中国人の余秀華《よしゅうか》という詩人が書いた「ある脱穀場の麦」という詩。これは僕が訳したのですが、これだけ読んでも詩の言葉がいかに人に感動を与えるのかということがわかるのではないかと思います。

以上の五点を機会があったら読んでほしいと思います。先生たちも副教材として生徒たちに読ませていただけると嬉しいです。

沼野　張競さんが紹介した本は、『罪と罰』では中学生にとって長過ぎるとか、『abさんご』は難しいんじゃないのなどと言う人がいそうですが、大人が若い人たちにこれは難しいなどと言ってはいけないのかもしれません。先生がこれを読めと薦めたから読むといった殊勝な気持ちではなくて、むしろ先生がこれを読んじゃダメだというものを読むくらいのほうが面白いし、読書にはそういう禁断の歓びがあってもいいと思います。

余秀華という人の詩は、とてもよくて、張競さんの『時代の憂鬱 魂の幸福――文化批評というまなざし』(明石書店、二〇一五年)という一番新しい本の中に翻訳があります。これは朗読したかったくらいに素晴らしい詩です。

私の専門のロシアの古典では、短くて教材に使えそうなのはチェーホフの短編集です(『新訳チェーホフ短篇集』沼野充義訳、集英社、など)。一つが五頁から二十頁くらいで、比較的簡単に読めますし、ほんとうに素晴らしいものがありますからお薦めします。

それでは長時間ありがとうございました。

対談
ツベタナ・クリステワ×沼野充義

心づくしの日本語 4

短詩系文学を語る

©JPIC

ツベタナ・クリステワ

Tzvetana Kristeva

1954年、ブルガリア、ソフィア生まれ。国際基督教大学教授。モスクワ大学アジア・アフリカ研究所日本文学科卒業。1980〜81年、東京大学文学部国語・国文学科研究生。ソフィア大学東洋語教授、中京女子大学教授、東京大学大学院人文社会系研究科客員教授等を歴任。著書に『涙の詩学—王朝文化の詩的言語』『心づくしの日本語—和歌でよむ古代の思想』、『水茎の跡』(ブルガリア語)、ドナルド・キーンとの共著に『日本の俳句はなぜ世界文学なのか』、日本語からブルガリア語への翻訳に太宰治『斜陽』(ブルガリア翻訳者連合賞受賞)、『枕草子』(ブルガリア文化省文化賞—翻訳部門—受賞)、『とはずがたり』がある。

日本古典文学事始め

沼野　ツベタナ・クリステワさんは、ブルガリアのソフィアに生まれ、日本の古典文学を研究してきました。モスクワ大学で学んだ後、研究生として東京大学の国文科にも留学されました。ソフィア大学、東京大学で博士号を取得し、両校の客員教授として教えていらっしゃったこともあり、今はＩＣＵ、国際基督教大学の教授をなさっています。

主著に、『涙の詩学―王朝文化の詩的言語』（名古屋大学出版会、二〇〇一年）という堂々たる研究書があります。お手元にお配りしたコピーは、二〇〇二年の一月、この本が出て間もない頃に、岩波書店の『文学』（同年三・四月号）という雑誌に掲載された座談会です。『文学』は、日本の文学研究の権威の一つですが、そこが特集の一環としてクリステワ先生をお迎えし、この本をめぐって座談会をした。私はかなり若い頃でしたが、司会役をやっています。重要な話題がたくさん出てきた座談会で、皆さんにも参考になると思ってお配りしました。クリステワ先生はその後もたくさんの仕事をされていますが、私からの紹介はこれくらいにとどめて、ご本人にお話ししていただきましょう。

学問的な研究の話に入る前に、一つお聞きしておきたいことがあります。先生はブルガリアのご出身ですが、日本の多くの人にとっては、ブルガリア育ちの方が日本文学を研究しているということが、イメージしにくいのではと思います。先生が日本文学に興味を持ったのは、ブルガリアでの子ども時代からのことなのでしょうか。

ツベタナ　全然違います。子どもの頃は、日本の存在すらほとんど意識していなかったのです。日本文化や文学がほとんど知られていない時代だったからです。興味がわいてきたのは、高校の最後の年ですが、モスクワ大学の日本語・日本文学学科に入学してからも、まさか古典をやることになるとは思ってもいませんでした。つまり、ブルガリア人の私が日本古典文学に足を踏み入れたことは、私を含めて、誰にとっても想像しにくいことだったわけです。因果論的な成り行きというよりも、あらゆる偶然の一致の連続だったといえます。

ご存じの方もいるかと思いますが、「偶然の一致」に着目し、西洋思想の主流をなす因果論と対比させたのは、心理学者のユングです。ユングは、『易経』のドイツ語訳のために書いた前書きのなかで、『易経』の法則原理をシンクロニシティ（共時性）と呼び、東洋思想の主流として特定したのです。もちろん、そのどちらが優れているかというような問いは、無意味です。人間の思考は、出来事の通時性を重視する因果論と、共時性を焦点化するシンクロニシティという二つから成り立っているからです。

要するに、言いたいのは、私たちの人生には、チョイスもあれば、チャンスもあるということです。学生の皆さんは、これからそれぞれの道を選ぶことになるのですが、その選択過程には、あらゆる「偶然の一致」もあるに違いないでしょう。たとえば、人との出会いはその表れの一つです。日本語の「一期一会」が正しくこうした意味を持っていますね。

話を私の経験に戻すと、学校時代は文学が大好きでしたが、数学者の兄の影響が強かったので、もう一つの得意な科目は数学でした。文学か数学かと迷っていたわけですが、高校の数学の先生がとても嫌な人だったので、先生のおかげで、数学も嫌になってしまったのです。出会いには、逆効果もありうるのですね。

長い話を省略しますと、英語の専門高校だったので、通常の道は英文科を選ぶことでしたが、そもそも「通常」では落ち着かない人間だということもあって（この歳になっても、変わっていないですけど……）、違うことにチャレンジしようと思いました。スカンジナビア文学か日本文学かと迷っていましたが、結局、日本文学にしました。理由は、単純に日本文化の美意識に憧れて、もっと知りたくなったからです。当時行ける大学のうち、モスクワ大学が日本研究レベルの高い大学だったので、入学しました。もちろん現代文学からやり始めたんです。

沼野　もちろん、ということはなかったんじゃないですか。

ツベタナ　いや、もちろん、です。だって何か特別なことがなければ、こんな難しい古典をやりたいと思う若者はあまりいないでしょう。私の場合、日本古典文学をほとんど知らなかったので、興味もなかったのです。現代日本語や文学は十分に難しくて珍しいものでした。

沼野　当時のモスクワ大学には、日本の古典文学をちゃんと教えられる先生がいたと思うのですが。

ツベタナ　その通りです。イリナ・リボヴァ＝ヨッフエというとても有名な先生がいました。『平家物語』などの翻訳家で、『源氏物語』を訳したデリューシナさんなど、数多くの素晴らしい研究者を育てた先生です。その先生との出会いは、私にとっては運命的なものとなりました。まだ古典文学の授業がなかったある日、大学の旧館の暗い廊下で、突然、先生から「あなたにぴったりのテーマがありますよ」と声をかけられ、日本でさえあまり話題になっていなかった『とはずがたり』を紹介していただきました。だから、私自身が古典文学を選んだというよりも、ある意味で、選ばれたのだと、ずっと思っています。

その後、ブルガリアに戻ってからは、孤独の日々でした。古典文学どころか現代文学をやっている人さえほとんどいなかったからです。でも、世の中は、どの事情においても、マイナスもあればプラスもあります。私の大きなプラスの一つは、日本文学を知らない人たちに、日本文学の面白さ、独自性を説明しなければならなかったことです。そして、説明するために、常々日本文学のエッセンスについて考えなければならなかったことです。

ブルガリアは人口の少ない国だとはいえ、一般の読者に日本古典文学を紹介するといった絶好のチャンスに恵まれ、『とはずがたり』に続いて『枕草子』の翻訳も試みましたが、二つの作品にも読者が極めて多かったです。そして、日本古典文学と初めて対面した読者のおかげで、慣れてしまうとわからなくなる重大な特徴が見えてきたので、読者の反応やコメントは大変勉強になりました。「涙」もそのうちの一つでした。

さらに、もう一つの大きなプラスは、相談できる研究者が近くにいなかったので、テクスト自体を相手にして、その声が少しばかり聞き取れるようになったのではないかということです。それが、日本に来て「涙」を追究し始めた時、ステレオタイプに影響されずに和歌を読み、自分なりの発見ができるための力になったと思います。研究の喜びを味わうことができたのです。

皆さんに言いたいのは、好きなことをやれば、人間はかなりのことができるということです。好きでない研究対象は、やめたほうがいいとさえ思います。

沼野　今という時代、好きなものを見つけるのにも、なかなか難しいものがあります。そこが問題でしょうね。

ツベタナ　なんで先生は、今の時代は難しいと思っていらっしゃるの。私たちの時代だって同じだったんじゃないですか。人によるとは思いますけども。

沼野　私などは、これが好きだと自信を持って言えるようなものがあったわけじゃないんです。

上から何かをやれと言われると反発し、逆に禁止されたものをやろうとしたりしました。そこで、面白いものを見つけたりするわけですが、今はそういうことがなくなってしまったような気がします。

ツベタナ　ああ、そうですね……。確かにそういうことはありますね。反骨精神は研究者に欠かせないものだといえますね。

東西冷戦の時代は、たった一つの「正しいイデオロギー」を争う時代でした。あまりにも「白か黒」になっていたので、自然に疑問や反発心が芽生えていったと思います。沼野先生のおっしゃる通り、ダメだと言われると、かえって関心が湧いてくるのでした。

日本古典文学の研究は、オーソリティーの世界です。誰か偉い先生が何かを言ったら、それに反論することは許されていないような雰囲気です。私はどんなに偉い先生の意見であっても、まずは疑います。決して尊敬していないわけではありません。ただ絶対的であるとは思っていないだけです。納得できる場合もあれば、できない場合もあります。とにかく、疑うことは、考えることの始まりです。だから、学生の皆さんにアドバイスしたいです。疑いなさい。私たちの言っていることも疑いなさい。

沼野　先生を批判しなさいと。

ツベタナ　さあ、疑いなさいということです。

沼野　学生だった頃の、周囲の雰囲気について伺いたいと思います。ブルガリア、それからロシアでも、不自由はいろいろあったと思いますが、文学研究ではどうだったのでしょうか。モスクワ大学にもあれこれイデオロギー的な規制があったことと思いますが、その中で日本文学をやるということには、一種のプロテストという面もあったのでしょうか。普通ではないことをしているという意味で。

ツベタナ　確かに、反発の表れだろうと思いますが、当時は必ずしもそれをはっきり意識していたとはいえません。日本語・日本文学の先生たちの役割も大きかったです。私たちに、イデオロギーと無関係である「本物」を教えようとしたからです。一つだけ例を挙げますと、私たちはいわゆる「プロレタリア文学」をほとんど勉強しなかったのです。リボヴァ先生は、「小林多喜二には文学の才能があったが、それを発展させることはできなかった」と言って、日本や西欧などで取り上げられていた文学レベルの高い作品に焦点を合わせていたのです。また、先生から古典文学研究に抜擢《ばってき》された時、「古典には変わらぬ価値があるうえ、古典をやれば、自由になれる、イデオロギーにふりまわされることはないだろう」と教えていただきました。

ところが、私が記号論学者のタルトゥ・グループ（タルトゥは、現在のエストニアの都市）のリーダー、ユーリー・ロトマンの理論を使おうとした時、「関わらないほうがいい」という忠告を受けました。結果として、抑えきれないほどの好奇心がわいてきて、今でも、そのグループの記号論を参考にしています。

沼野　ロトマンはソ連でもいちおう出版はされていましたから、完全に禁止されていたわけではありませんね。メインストリームの体制派の学者から見れば、「なにか新奇でよくない西洋風の」という感じだったのかもしれません。

ツベタナ　どうかしら。出版されたものもあったのですが、なかなか手に入らないもののほうが多かったです。解釈の多様性や差異の重要性を強調する記号論学的な考え方自体が、高度にイデオロギー化された環境においては好ましくないものとされるのではないでしょうか。ご存じのように、ロトマンたちは、文字通り、「境界線」で活躍していた学者です。地理的にも、学問的にも。

沼野　そういう環境の中で、ソ連時代には日本の古典が好きで一生懸命に勉強する、優秀で立派な学者がたくさんいました。

ツベタナ　もちろんです。何しろ、日本研究は十九世紀末からの長い伝統を持っていたんだもの。研究者たちは、翻訳家でもあって、文学作品だけでなく、文学史関係の本も訳していたのです。たとえば、私に大変大きなインパクトを与えたのは、リボヴァ先生が弟子たちとともに訳したドナルド・キーン先生の *World within Walls*（直訳「壁に囲まれた世界」）、日本語訳では『日本文学の歴史』（中央公論社、一九九四年、のちに『日本文学史』として中公文庫）の近世篇をなしています。

沼野　キーンさんといえば、比較的最近、小さなブックレットという形で、キーンさんとクリステワさんが、『日本の俳句はなぜ世界文学なのか』（弦書房、二〇一四年）という俳句についての、とても中身の濃い本を出されました。これは、後で和歌と俳句の話をするときにも出てくるかもしれません。

ツベタナ　それは講演会の記録です。もちろん、キーン先生が主役で、私はあくまで「ワキ」役ですが、内容は、さっきご紹介した本に基づいています。ところで、沼野先生、私のことを「クリステワ」と呼んでおられますが、慣れていないので、「ツベタナ」にしてください。確かに名字はKristevaですが、ブルガリア出身でフランスの有名な記号論学者・哲学者のジュリア・クリステヴァがいますね。国際記号論学会などではいろいろとコミカルなシチュエイションもあったりして、区別するようにしています。ちなみに、彼女とほぼ同じ時にフランスに亡命し、とても有名になったツベタン・トドロフ*1とファーストネームが一致していますが、女性の場合、「ア」という語尾が付くので、まったく同じではありません。

沼野　ちなみに、ツベタナというのは「花」という意味ですね。

ツベタナ　そうですね。「花」、または「華やか」です。だから、私の名前の直訳は「十文字華子」となります。一応、正式に通称として登録されていますけど。もう一人の私です。

沼野　クリストは十字架ですからね。日本名「十文字華子」さん。ジュリア・クリステヴァとツベタン・トドロフは最も有名なブルガリア人の二人だと思いますけれど、その二人の名前を合わせたような、とても鮮やかな名前です。

ツベタナ　名前の上でも記号論をやる運命にあったのですね（笑）。

沼野　モスクワにいらした時代のエピソードですけれど、私もよく知っている、今では作家として有名なボリス・アクーニンという人がいまして、ツベタナさんは彼とは同級生だったんですね。彼はペレストロイカの時期に三島由紀夫を初めてロシア語に訳して、三島由紀夫ブームをソ連で巻き起こした立役者です。ソ連では三島由紀夫は極右の軍国主義者で、しかも変態的で退廃的な作家と見なされ、事実上禁止されていた。アクーニンが学生時代に交換留学で日本に来た時に、まっさきに何をしたかと言いますと、三島由紀夫の本を探して読んだ。やはり禁止されているものをとにかく読みたいと。彼の場合も、そこから始まったようです。

ツベタナ　そうですね。学生時代から、頭が良くて反発心の強い人でした。とにかく、三島翻訳の運命は、タブーの働きをよく表しています。ブルガリアでも、同様でした。先輩のドラ・バロワさん（当時のレニングラード大学卒業生）は、編集者という立場を使って、三島を早くから翻訳し紹介しようとしましたが、社長から、ソ連でのタブーは無視できると思うな、と注意を受けたのです。三島の翻訳ブームは、やはりソ連崩壊後でした。一方、長年のタブーの結果、読者の関心は非常に高まっていて、ブームの勢いはすごかったです。

和歌の消長と行く末

沼野　ということで、ツベタナさんも日本研究の道に入ってこられて、それで和歌に出会ったというわけですね。

ツベタナ　ええ……。そろそろ和歌の話をしましょうか。皆さん、和歌を知っているのかなあ。好きですか。

沼野　今日教室にいる大学院生の中では、たぶん、外国からの留学生のほうが日本人よりもよく知っているかもしれない。

ツベタナ　日本人の学生の皆さん、どうでしょう。和歌が好きですか。

（特に強い反応はない）

沼野　ちょっと基本的なことから確認してもいいでしょうか。和歌と短歌とはどう違いますか？　最近はそういうこともわからなくなってきていて、いまではこの二つはほとんど同義語になっている。俳諧と俳句もそうで、ほぼ同じように使われています。「芭蕉の俳句」といっても別に間違いとは見なされません。

ツベタナ　「短歌」とは、五七五七七といった形式のことなので、すべての和歌が短歌ですが、「和歌」は、文学的ジャンル・文化的現象なので、歴史的に限定されています。

そもそも「和歌」という名称は「やまと歌は、人の心を種として、よろづの言の葉とぞなれりける」という『古今集』の「仮名序」（九〇五年）の冒頭文に由来しているんです。つまり、「和歌」は、やまと言葉で詠まれ、仮名文字で書かれた歌です。「唐」や「真名」（漢文）との対比を通して意味づけられ、中国文化の真似から日本独自の表現へという転換期に当たるものです。

和歌が日本独自の表現形式として定着したことは、やまと言葉の特徴と密接に関連しています。長い話は省略しますが、皆さんご存じのように、日本語（やまと言葉）は、音節言語で、しかも、音節の数が少ない。こうした言語には、たとえば、ハワイ語のhumuhumunukunukuapua'a（笑）という魚の名前のように、音節の繰り返しによる長い言葉をたくさん持つといった発展の可能性があったに違いありません。あるいは、アクセント（強弱）やトーン（声調）などによって、音声的に洗練していく可能性も考えられます。しかし、日本語は、同音異義語の多い言語となったのです。なぜでしょう。

今さら皆さんに説明する必要もないだろうと思いますが、言語は完璧なシステムです。足りないところもなければ、要らないところもない。その言語を使っている集団や社会のニーズに完全に合うものですから。従って、古代びとが同音異義語をなくそうとしなかったことは、考え方のヒントになるのです。

同音異義語の存在を意味づけているのは、掛詞《かけことば》という和歌の主要な技法です。「松」の木と人を「待つ」などのようなケースですね。古代びとが、こうした響き合いの一致に焦点を合わせ、「松の色が変わらないのと同様に、私の気持ちも変わらず、ずっとあなたを待ち続ける」と二つを関連づけたのです。つまり、掛詞の働きは、紛れもなく、最初にご紹介したシンクロニシティ、すなわち「偶然の一致」の表れです。古代中国思想の法則原理に沿ったものだというわけです。

一方、これは歴史的事実ですが、真名（漢字）と仮名の使用範囲が区別されていて、仮名の世界は、「ハレ」の場から外され、自然と心という二つのテーマに絞られていたのです。タブーから得られた自由だといえます。「政《まつりごと》」と関わらず、存在の問題そのものに集中できる自由ですね。これが掛詞の焦点でもあります。つまり、数多くの同音異義語のうちから、自然と心を対比させるものが掛詞として定着したというわけです。言い換えれば、掛詞によって掛けられているのは、言葉だけでなく、自然と心という二つの世界です。和歌は、目に見えない心の動きを、目に見える自然に言寄《ことよ》せることによって、見えるようにするという働きをしているんです。

ここまでまとめてみたように、和歌は、やまと言葉の本質を生かした表現形式なので、教養ある人のコミュニケーションの手段になりえたんです。さらに、和歌表現のレトリックから表現された内容まで、古代中国思想を反映していて、日本特有の哲学的ディスクールのメディアとして機能していたのです。

ただ、現代人の私たちは、西洋の文化的実践を絶対化して、文学と哲学を区別しているので、和歌のこうした役割が見えなくなってきたと思います。二年ほど前に、日本思想史学会で発表させていただいた時に、こうした事実を痛感したんです。テーマは、文学と思想史だったのに、「思想史」を仏教などの宗教的思想と哲学という二つに限定し、文学には、思想を反映し表現する役割しかないという見解だったようですから。

日本にはソクラテスやアリストテレスやプラトンなどもいませんし、孔子、孟子、老子、荘子もいません。有名な哲学者の代わりに日本にいたのは、紀貫之や藤原定家、和泉式部や西行などのような優れた歌学者や歌人です。それが何を意味しているのでしょう。そもそも、形而上学的思想を発展させない文化はありえないのではないでしょうか。常識的なことです。すると、知の形態は文化によって異なると結論づけることには、無理はないはずです。歌論書が日本最古の理論書だったことには間違いはないですし、和歌が一般コミュニケーションの手段として定着したので、いわゆるメタ言語的機能（解釈的・論理的ディスクールを特徴づける機能）がメタ詩的機能として成立したことも、当然のように思われるのではないでしょうか。

和歌は、表現も美しいし、心を動かすものでもあるので、こうした読み、つまりメタ詩的レベルでの読みの可能性を無視しても、十分に楽しめます。でも、日本の大事な知的遺産を見失ってしまうことは、もったいないのではないでしょうか。

ちょっと長くなって、申し訳ありません。ただ「短歌」と「和歌」とはいかに違うかについて、どうしても説明してみたかったんです。

沼野　和歌というジャンルの素晴らしさの一つに、日本語の特質と表現力を最大限に引き出したということがあったというお話でしたが、ただ、日本文化の場合、中国語が並行的に存在していて、その役割も非常に大きかったと思うのです。昔の日本の教養人、特に男性は漢文、つまり中国語の素養がないと出世もできないし、漢詩もたくさん書いていました。和歌はまさにやまとの歌ですが、これはそもそも中国の漢詩に対してやまとの歌ということだったわけです。『古今和歌集』には有名な「仮名序」もあれば、漢文で書かれた「真名序」もあった。つまり「仮名」と「真名」は、日本語のやまと言葉と漢文の世界ですが、その二つがパラレルな存在だった。先ほど、日本には哲学者や思想家がいなかったという話がありましたけれども、中国から取り入れた漢字によって表現された思想、そういう思想的なものは漢字でもって表現して、和歌はそれよりは心だという、そういう役割の分担みたいなことがあったのではないか。その辺はどうお考えですか。

ツベタナ　先生がおっしゃったことには、その通りだと思うところもあれば、やや違うと思うところもあります。確かに古代中国文化の役割は計り知れないほど大きい。何しろ中国文化は、東アジア文化圏においてはモデル文化として働いていて、日本だけでなく、地域すべての文化に大きな影響を与えてきたんですから。また、沼野先生が指摘されたように、日本では、しばらくの間、古代中国語とやまと言葉がパラレルに使われていたことも、事実です。古代中国語の知識が教養ある男にとっては欠かせないものだったということも、あらゆる文献によって証明されています。

『心づくしの日本語――和歌でよむ古代の思想』（ちくま新書、二〇一一年）の第二章のなかでこの問題を整理してみましたが、古代日本人が中国文化から得たものは、あらゆる知識ばかりではありません。日本に大量に流れ込んだ中国文化は、日本独自の文化発展にも大きな刺激を与えたんです。東アジアにおいて日本がいちはやく独自の文化発展を成し遂げたことには、いろいろな理由があるんですが、なかでも特に重要に思われるのは、仮名文字の完成です。念のため、学生の皆さんにご説明させていただきますが、仮名文字とは平仮名（変体仮名）のことです。『万葉集』で使われた万葉仮名には、まだ漢字性が残っています、つまり、元になった漢字の意味が残っていますが、万葉仮名から平仮名への転換期は、中国文化の真似から日本独自の文化への転換期となっています。それが『古今集』です。九〇五年です。

沼野先生のご指摘通り、古今集には漢文で書かれた「真名序」と和文の「仮名序」という二つの序文があるんですね。狙いは何だったのでしょう。二つの序文の内容はとても近いですが、興味深い相違点もあります。ごく簡単にいえば、「真名序」は、和歌の起源や歴史、中国文化との関連性に重きを置いたのに対して、「仮名序」は、歌の「言の葉」と「心」を取り上げ、日本的表現の可能性を追究しています。ついでに付け加えると、万葉集には見られない「言の葉」という概念は、普通の言葉との対比、また、「木の葉」との連想を通して意味づけられていますが、これは、驚くほど二十世紀の初めに提唱された詩的言語を思い起こさせるものです。

とにかく、「真名序」は「外」へ、「仮名序」は「内」へ向けられたのですが、二つを並べることにも、深い意味があったと想像できます。その一つは、やまと言葉と仮名文字の表現力を証明することだったでしょう。歌を詠む表現力だけでなく、真名に勝るとも劣らぬほど、議論を行う表現力のことです。

真名と仮名の共存には、一つにはこうした意味があったでしょう。目指すべき目標が常に目の前にあって、仮名表現の原動力になっていたわけですね。一方、古今集以降、仮名のステータスが一変した。何しろ古今集は勅撰和歌集、すなわち天皇の勅命で編集された和歌集ですからね。勅撰書物の伝統は、中国から伝わってきて、日本最古のものは『日本書紀』（七二〇年）です。平安時代に入ると、詩歌が勅撰書物の対象となりますが、まず編集されたのは、三つの勅撰漢詩集です。漢詩はその後も作られてはいましたが、古今集以降のすべての勅撰書物は、和歌集です。古今集は転換期になっていますね。「唐」と異なる独自の文化的アイデンティティが芽生えたわけです。本来ハレの場から外されていた仮名文字の和歌は、やがて権力の象徴になったということです。ちなみに、勅撰集は二十一あって、二十一代目の『新続古今和歌集』は一四三九年、室町時代に編集されたんですが、それは和歌の社会的役割の黄昏《たそがれ》だといえます。

最後には、漢文と漢籍の知識についても一言を。確かに教養のある男性にとってはそれが欠かせないものでしたが、いろんな文献からわかるように、清少納言、紫式部、赤染衛門など、教養のある女性にもこうした知識があったんです。問題は、それが社会的なルール違反だったので、彼女たちは漢文を使ってはいけなかったのです。つまり、女性と男性がコミュニケーションできたのは、仮名文字の世界だけでした。こうした事情は一般コミュニケーションの手段としての和歌の役割をいっそう強めたに違いないでしょう。

沼野　日本の和歌の役割の大きさについてはおっしゃる通りで、一方、公式の役所の文書などには漢文で書くという伝統が残るんですよね。

和歌というものにはいろいろな役割があって、日本からはカントもヘーゲルも出ませんでしたけど、ひょっとしたら和歌を通して深い哲学的な営為が行われていた可能性があるかもしれない。男女のコミュニケーションの重要な部分は和歌が支えていたわけで、だから公的なハレの場に入りきらないようなプライベートな親密圏は和歌が担っていたということもできる。それは同時に勅撰、つまり最高の権力のお墨付きのある重要なものにもなったのですから、そのへんの私と公の関係はかなり複雑だった。西洋でも宮廷での恋愛詩が発達した時期がありましたが、ある意味では似たようなことがあったといえるのでしょうね。

「あいまいさ」の詩学

ツベタナ　面白い比較です。共通点があるからこそ、差異が見えてくるのですね。ただ極めて大きな問題なので、ここで取り上げるのには知識も時間も足りません。西洋文化と東アジアの文化を比較して、さらにインドやペルシアなどの文化も考慮しなければならないですからね。

二つばかりのポイントに着目したいです。まずは、西洋と東アジアにおける「書くこと」、「書」に関しての見解です。少なくとも、古代ギリシャと古代中国には大きな違いが見られるのではないでしょうか。プラトンのダイアログ（対話篇）などから窺《うかが》えるように、古代ギリシャ人は「声」の優越を主張し、弁論術を発展させてきた。それに対して、古代中国では『凌雲集《りょううんしゅう》』（八一四年）という日本で編集された最初の勅撰漢詩集の序文に引用された「文章は経国の大業、不朽の盛事である」という三国「魏」の初代皇帝、文帝の言葉に見るように、文章（書、書記）の力が殊《こと》に重視されていたのです。

もう一つのポイントは、勅撰書物の相違点です。確かに西洋文化においても、パネジリック（賞賛の辞）といった演説や文章のジャンルがあったんですね。古代ギリシャにさかのぼり、古代ローマでは特に盛んで、中世のフランス、スペイン、イギリスなどにおいても普及していたものですが、その内容は、皇帝などの主権者の賞賛です。古今集などの勅撰集においても、「賀歌」といった、似たような内容の歌がありますが、その数はごくわずかです。大部分を占めているのは、四季の歌と恋の歌です。

沼野　ちょっと不思議ですよね。

ツベタナ　そうですね。西洋文化では、考えられないようなことです。中国でも見られないし。「恋」の歌と「四季」の歌が勅撰集の中心をなすのは、さっき触れたように、「真名」と「仮名」の使い分けの結果ですが、両者とも、それぞれのテーマの枠組みをはるかに超えています。だから、各歌群、各巻、和歌集全体の歌を連続的に読んでみれば、当代びとの存在論、人生のフィロソフィーを読み取ることができます。

沼野　ちょっと話題をずらすようですが、ツベタナ先生は『源氏物語』にもお詳しいのでお聞きします。あのお話には歌がいっぱい出てきます。物語ですから散文というか、基本的にそういうものですが、和歌もたくさん出てきて、それで書いてあることは恋物語の世界、男女のことばかりです。そういう源氏物語的な「色好み」の世界にも、和歌の恋の歌と同じく、色を超えたそういう哲学的なものがあると思いますか。

ツベタナ　一つお断りしておきたいんですけど、私は、長い間『源氏物語』が嫌いでした。もちろん、大学で学んだり、本を読んだり、発表を聞いたりしていたので、それなりの知識を持ってはいたんですが、なかなか好きにはなれませんでした。理由は、源氏そのものではなく、源氏に与えられているステータスにあったんです。絶対的なオーソリティーというステータスですね。だから、本来の反発心が働きだしたのだと思います。初めて日本に留学した時、『とはずがたり』の話をすると、決まって「やめたほうがいい。源氏にしなさい」という反応だったので、まるで個人的に傷つけられたかのような感じでした。「源氏を知らない読者に『とはずがたり』を紹介して有名にする」と心の中で誓いました。とにかく、一生、源氏に関わらないつもりでしたが、ある歌との出会いが、私を変えてしまった。YESもNOも同時に表している歌です。たまらないほどの感動を覚えたので、長年の恨みは、あっという間に消えてしまったんです。

この歌には、政治やイデオロギーの嫌いな私がなぜ日本古典文学を選んだかということの答えがあった。人生の中で求めていた大事なものがあったんです。それは、私たち現代人にとって、なぜ日本古典文学が必要であるかという問いの答えにもなっていると思います。

たった一つの「正しいイデオロギー」のために、戦争やテロをやったりして、たった一つの「正しい考え方」のために、他者を傷つけたり殺したりする。私たちの目の前にある現実は、あまりにも醜いものです。世の中はダメになってきたんです。どうすれば良いのでしょうか。答えの一つは、『源氏物語』、日本古典文学にあると思います。

『源氏物語』の二つ目の巻は、「帚木《ははきぎ》」といいます。帚木はとても不思議な木です。遠くからはよく見えるが、近づけば近づくほど見えなくなる。これは幸福のメタファーだと思います。他人の幸福は眩《まぶ》しく見えるが、自分の幸福はわからない。失ってしまってから、初めて気づく。ああ、あの時、幸福だったんだ、と。

で、その「帚木」の巻の大部分を占めているのは、「雨夜の品定め」のエピソードです。光源氏と、頭中将《とうのちゅうじょう》と、あと二人の男君が、自分の経験を踏まえながら、女性たちの是非について判断していますが、彼らのディスカッションは、立派な人間論となっています。そのエッセンスを表しているのは、「とる方なく口惜しき際と、優なりと思《おぼ》ゆばかり優れたるとは、数等しくこそはべらめ」（何のとりえもなくつまらない人と、見事としか見えないほど優れた人は、同じぐらい数少ないでしょう）という頭中将の言葉です。言い換えれば、「世の中には、長所一つも持たない人も、短所一つも持たない人も、いない」というような意味になります。

『源氏物語』の登場人物もみんな、こうした価値観で描かれています。六条御息所《ろくじょうのみやすどころ》も完全な悪党ではないし、末摘花にも、女性としての魅力がまったくないわけではない。美しい黒髪を持っているんです。一方、光源氏でさえ、決して完璧ではありません。彼の「光」の奥には、暗い「陰」が潜んでいるんです。要するに、YESかNOかの世界ではないですね。

（沼野氏、ここで立ち上がり和歌を一首、黒板に書きつける）

沼野先生が黒板に書いてくださっているのは、私を源氏の世界に魅了した歌です。藤壺という女性が詠んだものです。長い話を省略しますので、関心があれば、ご自分でもっと詳しく調べてください。さて、藤壺は光源氏の不倫相手です。彼の継母でもありますが、年齢的にはあまり離れていない。二人には不倫の子どもが生まれるが、世間では光源氏の父君、桐壺帝の子どもとなっている。歌が詠まれた場面は、もっともドラマチックな場面の一つです。出産後、藤壺が桐壺帝に若宮を見せるんですが、その場には、何と光源氏もいます。不倫関係を秘密にしているので、光源氏は、藤壺に対しても、子どもに対しても、愛情を表してはいけない。自分のところに戻ってから、「よそへつつ　見るに心は　慰《なぐさ》まで　露けさまさる　撫子《なでしこ》の花」という歌を送る。分析は省略しますが、キーワードの一つ、「撫子」は、「撫でし（撫でた）子」を連想していたので、歌は、《撫子の花を若宮になぞらえながら見ているが、心は慰められない。私たちの愛の花だと思うと、恋しさと悲しさの涙の露はいっそう増えていく》というような意味になります。藤壺からの返事の歌は、沼野先生が黒板に書いてくださった歌です。

袖濡るる　露のゆかりと　思ふにも　なほ疎まれぬ　大和撫子

説明は、できるだけ短くしますが、「露」という歌ことばについて、一言、付け加えたい。それは、「涙」の比喩であって、儚《はかな》さの象徴でもあるが、その他には、とてもエロチックなコノテーションの濃い言葉です。とにかく、最も着目したいのは、「なほ疎まれぬ」という四つ目の句です。文法の問題になるんですが、文法ってこんなに面白い、とわかっていただければ、もっと勉強しやすくなると思います。さて、この「疎まれぬ」は、「疎まる」（現代語の「疎まれる」）という言葉から来ていますが、未然形と連用形は、どちらも「疎まれ」なので、一致しています。「ぬ」は、打ち消しの「ず」の連体形とも、完了の「ぬ」の終止形とも読めるんですね。そして、打ち消しは動詞の未然形に、完了は連用形に付くので、「疎まれぬ」の二つの読みの可能性が成立する。「疎ましく思われない」と「疎ましく思われてしまう」という二つです。どちらも、文法的には正しいです。さらに、この表現が句の終わりになっているので、連体形も、終止形も、大丈夫です。前者の場合、「疎ましく思われない大和撫子」となり、後者の場合、「疎ましく思われてしまう、大和撫子」となるんです。「露」の多用的な意味も二つの読みを可能にしています。

あらゆる出版社の活字本においては、二つの読みの可能性が指摘されていますが、そのどちらかにしなければならない、「一つだけの正しい解釈」という見解が厳守されています。つまり、YESかNOか、「二者択一」に縛られている現代人の考え方の限界が表れてきます。ちなみに、面白いことに、女性はふだん「疎ましく思われない」と解釈しているのに対して、男性は「疎ましく思われてしまう」にしていますが、ほとんどの注釈者が男性なので、一つの例を除いて、完了説が「正しい」となっています。

『心づくしの日本語』のなかで詳しく追究してみましたが、どちらか一つの意味にしたければ、例えば「疎まれず」（疎ましく思わない）、あるいは「疎まるる」（疎ましく思う）などのような選択肢があったはずです。にもかかわらず、紫式部があえて二つの正反対の読みを同時に表現できる「疎まれぬ」にしたのは、二つとも活かそうとしたからだ、と推測するのは、ごく自然のことでしょう。世間の前には後悔の気持ちを強調し、光源氏には愛情を伝える。気持ちの「表」と「裏」、「憎くて、恋しい」、乱れた心そのものです。二つの読みを生かすと、歌の意味は、次のように纏めることができます。

《この大和撫子、若宮は、罪の花なので、つらい涙の露が袖を濡らし、疎ましく思われる。それにしても、この子は、愛の花なので、袖には愛しい涙も零《こぼ》れて、疎ましくは思われない》

感動で胸が高鳴るほど、素晴らしい歌ですね。どちらかの意味を消すことは、十分な理解とはいえないのではないでしょうか。ところが、この解釈を発表したら、怒られてしまった。とても尊敬している先輩、注釈者の一人から、完了説に従わなければ、あなたの研究を支持しない、と脅しの言葉さえいただきました。ショックでした。実は、藤壺の歌を踏まえた「咲けば散る　花

の浮き世と　思ふにも　なほ疎まれぬ　山桜かな」という歌があります。この場合は、どうでしょう。どうしても完了説を通したいなら、「山桜は疎ましく思われた」になるんですが、これでは日本人をやめることにはならないでしょうか。やはりこの歌の意味も、《山桜、咲いて、すぐ散ってしまうことは、いやに思われるが、しかし、花の憂き世が人の憂き世そのものなので、かえっていっそう親しくも愛しくもなり、いやには思われない》と二つの読みから成り立っているに違いないのです。

正反対の意味を同時に表すという藤壺の歌の「真実」を受け止めてから、目の前には、まるで新しい宇宙が開いたかのようです。こうした意味作用は、決してこの歌に限ってのことではないとわかったからです。秘訣は濁点にある。皆さんにお聞きしたいですが、濁点はいつから使われていると思いますか。ほとんどの人は、考えたこともないでしょう。でも、濁点はかなり新しいもの。初めて使われたのは近世ですが、一般的に使われるようになったのは、何と明治以降です。すると、和歌が文化的・社会的活動の原動力として働いていたとき、濁点は使われていなかったということになる。しかも、『竹取物語』にある「はち（鉢《はち》、恥《はぢ》）を捨つ」などのような言い回し、あるいは和歌によく使われていた「流るる／泣かるる」などのような掛詞からわかるように、古代びとは濁点の有無によって成立する意味作用の可能性を意識し、徹底的に追究していたんです。こうした視点から、助詞・助動詞に焦点を合わせて歌を読んでみると、「見えで（見えないで）／見えて」、「忘れじ（忘れまい）／忘れし）」など、数え切れないほどの例が確認できる。和歌文法のレベルなので、間違いなく、狙われた意味合いであると判断できるでしょう。

文法は、ルールなので、はっきりしなければならない。それは現代人の常識ですが、しかし、もし狙いが「あいまいさ」の表現であれば、いわゆる「常識」も変わってしまうのではないか。「あいまいさ」をはっきりと表現するための文法になるんですね。時代によって、常識が異なる。それだけのことです。

ごめんなさい。忘れないうちに一つ、確認させていただきたい。私がここでいう「文法」とは、和歌の文法です。詩的言語と詩学の概念を発展させたロマン・ヤコブソンが“The Poetry of Grammar and the Grammar of Poetry”（「文法の詩と詩の文法」）という画期的なエッセイのなかで具体的に証明したように、詩歌は、最も高度に形式化された文学様式なので、それ特有の文法を持っているという。

さて、和歌の文法にまで及ぶ「あいまいさ」の根底にあるのは、古代中国の思想、道教です。「おぼろげで、とらえどころがない」といった、老子の「道」の教えから発生した思想ですね。文学研究においては仏教がよく取り上げられていますが、その思想を特徴づけた道教についての考察はとても少ないと思います。道教が仏教より早く日本に伝わって普及していたことは、あらゆる資料によって証明されているのに。道教といえば、学生の皆さんもよくご存じだと思いますが、荘子の「胡蝶の夢」が有名ですね。「夢かうつつか」は、古今集のメインテーマの一つですし、そもそも、言葉の潜在力を生かすという「言の葉」の概念自体も、「自《おの》ずからそうである」という老子が提唱した「自然」の概念に沿った考え方です。とにかく、言いたかったのは、和歌は、コミュニケーションの手段および議論のメディアとして機能していたので、道教思想の受容と解釈の「場」になった。その結果、古代中国の「あいまいさの哲学」は、日本では「あいまいさの詩学」として生まれ変わったということです。

沼野　受験勉強でよくないことは、正しい一つの答えを決めて、点数をつけないといけないことですね。

いま、ツベタナさんは、これが曖昧さの詩学だという、その典型的な例を話してくれたわけですが、『心づくしの日本語』の中でも、フランスの思想家のデリダ*2が言ったファルマコンという概念を使っておられる。あれは古代ギリシャの言葉で、毒でもあるし薬でもあるという両義的なものを指している。そういうことが世の中には結構あります。「疎まれぬ」をどう解釈するかはかなり複雑ですが、両義性があることについては私も賛成で、普通に受け止めたいと思います。

ツベタナ　そうですね。先生は国文学者ではないからね（笑）。

沼野　正しいものが一つだけ、というのでは困りますから。

ツベタナ でも、そういう人は多い。

沼野 いつも、どちらかに決めなければいけないというのではね。国文学には古典実証主義というものがあって、実証的に調べていけば、必ず一つの正しいことがあるはずだと考える。たぶん、そのあたりからきているのだと思いますけど。

たとえば西洋の詩については、日本でもよく知られているエンプソン*3という人の書いた『曖昧の七つの型』（岩崎宗治訳、研究社、一九七四年、のち岩波文庫）という本があります。詩的表現というものには、大江健三郎の好きな言葉でいえば両義性がありますね、曖昧さというよりは。大江さんは vague ということには否定的ですが、ambiguous ということについては、自分も両義的な存在だということでその意味を認めています。両義性というものは日本固有の詩学ではあるけれども、一般的にいっても、文学的表現というものには、両義性とか曖昧さが本質的に含まれているのだと思います。

ツベタナ それはおっしゃる通りです。古代ギリシャ語やラテン語からアラビア語まで、正反対の意味を持つ言葉が見られるし、フロイトによる夢の解釈も、対立を超える視点から行われていますね。しかし、『曖昧の七つの型』はあくまで表現のレベルに留《とど》まっているんですね。言い換えれば、「あいまいさ」は基準の逸脱として見られています。英語では、vague も ambiguous も、かなりネガティブに捉えられていることは、何よりの証拠でしょう。一方、古代中国思想の受容の「場」になった和歌の場合、「あいまいさ」は世界観なのです。だから「あいまいさ」を表現することと自体が、文法から内容まで、狙いとなっているんです。

沼野　最初に話された掛詞、あれは日本語の特徴を生かして、同音異義語を最大限に使っているわけですね。

ツベタナ　そうですね、同じ音に違う意味を重ねて。また、「鉢／恥」、「流るる／泣かるる」、「知らず／知らす」などのようなケースもあるんですね。私はそれを「同字異義語」と呼んでいますけど。何しろ和歌の場合、「音」ばかりでなく「字」も意味生成過程の原動力になりうるんですから。ついでに付け加えると、石川九楊[*4]という有名な書家で書の研究者は、和歌における「掛字」というものの存在に着目しています。それは、たとえば「は」という一つの文字を書いて、「は」と「ば」と二重によむといったようなケースです。「掛詞」と同様に、「重ね合わせ」の意味作用ですね。やはり日本古代文化は、「重ね合わせ」の文化なんですよ。十二単などもそうですし。

文学の現代性も「両義性」の中にこそある

沼野　西洋的なものと比べて、そこがどう違うのか、考えるとなかなか面白い。話を私の専門のほうに移しますが、たとえば複雑な仕掛けを持った作品を書く人がモダニズム文学の中にはたくさんいますね。ナボコフなどの書くものにも、非常に複雑な仕掛けがあって、読み解くのが難しい謎めいたところがいっぱいあるわけです。

私の尊敬するナボコフ研究の第一人者で、若島正さんという京大の英米文学の先生がいますが、彼は実はチェスの世界的なマスターで、将棋もめっぽう強いんです。詰将棋はプロの域です。その若島さんは、読解していけば必ず一つの正しい答えがあるはずだと言うんですね。チェスプロブレムでも詰将棋でも、正しい答えは一つでなければいけないと。詰将棋では、複数の解き方が出てくる場合を「余詰め」というのですが、二つも三つも答えがあるのは正しい問題ではない、ということになる。若島さんは、ある意味で詰将棋とかチェスの感覚を文学テクストの読解にも応用しているんじゃないかな。だから、ナボコフを解読するときも、作者が意図的に仕掛けたものであれば、答えは一つになるはずだと考えるんでしょう。

ただ私はそこは彼とは違っていて、答えが二つあってもいいじゃないかと思うのですが、これはツベタナさんの言葉でいえば、著者自身が意図的に重ねている場合もあるということです。

ツベタナ　はい、その通りです。チェスや将棋のようなゲームの場合、答えは一つしかないでしょう。そもそもゲームの最終目的は一つ、勝つことですね。あらゆる謎かけの答えが一つしかないということも、正しいでしょう。しかし、文学作品は、いかがでしょう。黒澤明の『羅生門』の基になっている芥川の「藪の中」という小説は、何よりの証拠でしょう。そもそも、心の思いは一つには絞られないし、ロジックだって、「嘘つきのパラドックス」*5などが証明しているように、ただ一つの結論が出ないこともありうる。

話を「なほ疎まれぬ」の歌に戻すと、「仕掛け」自体が、YESもNOも同時に表現することにあるといえます。それが文法的に可能であるのは、当代びとの考え方に合っているからです。一方、どちらか一つの意味にしたかったら可能だった、ということからすれば、紫式部が意図的にこのヴァリアントを選んだと判断できるでしょう。こんな意味においては、「仕掛け」ではなく、工夫といったほうがよいでしょう。一方、この歌の工夫は、物語言説上での「仕掛け」として働き、その後のストーリーの流れにおいては重要な役割を果たしています。藤壺が光源氏を愛しているか、愛していないか。桐壺帝が二人の秘密に気づいているか、気づいていないか。YESとNOとのせめぎ合い、中間領域の緊張感が、読者を巻き込み、関心をかき立てていく。つまり、物語のテンションを作りあげる大事な仕掛けになっているのです。

文学作品の「仕掛け」を考えるとき、もう一つ、重要なことを考慮しなければならないと思います。作者には完全に言葉がコントロールできるか。ナボコフの表現には詳しくないですが、現代文学では言葉の「仕掛人」としてとても有名なのは、ジェイムズ・ジョイスでしょう。その『フィネガンズ・ウェイク』は、読者にとっては最大のチャレンジであり、莫大な知識や努力を必要としています。それぞれの表現の解読結果は、一つであるかどうか、私には判断できない。

しかし、quashed quotatoes（smashed potatoes などを連想して）とも呼ばれているその「ひねくれた引用」の世界は、作者によって作られたものなので、意味を解読することは、作者の「仕掛け」を解読することになるといえるでしょう。

一方、「掛詞」も言葉遊びではありますが、根本的に異なる。さっきも触れたように、「言の葉」は、「木の葉」を連想して、自然に成長していくものです。その成長過程は、言葉の潜在力を徹底的に追究し生かすことです。「松」に「待つ」を、「鳴き」に「泣き」、「亡き」、「無き」などを、あるいは「浦（裏）見て」に「怨みて」などを重ね合わせるために、言葉の「声」をよく聞き取らなければならない。つまり、言葉そのものが、主役になるわけです。だから、歌を「読む」ことは、歌を「詠む」ことと同様な行為になる。「よみ人」という言葉が証明しているように、「読み人」と「詠み人」との区別ははっきりしていなかった。ついでに付け加えると、歌が教養人の一般コミュニケーションの手段になりえたことも、こうした特徴と関連しています。誰もが参加できるような行為だったからです。歌の初期時代は、「掛詞」のあらゆる可能性、いわば言葉の「重ね合わせ」の可能性を追究していく。詩的カノン（共通のルール）が定着して以来、新しい「掛詞」の例はまったくないとはいえないが、焦点は「本歌取り」にあるように、前例との「重ね合わせ」に移る。いずれの場合においても、才能があまりなくても、教養さえあればできることです。

ところで、面白いことに、必要な教養範囲が広くなればなるほど、読み取られた意味は、詠み込まれた意味を上回るといったケースも、よく生じるようになる。つまり、高度にコード化されたコンテクストのなか、ある歌ことばを使った作者は、知識不足のため、そのすべての意味と連想を把握していないので、気づいていない意味が歌によみ込まれてしまったというようなケースです。中世文学のパロディはその典型的な例ですが、平安時代の和歌においても、すでに見られる滑稽味のある効果です。とにかく、言葉自体が主役なので、和歌における読者の参加度は、西洋文化に見られる読者の「自由」をはるかに上回っているといえます。

このように、和歌とそれを基にした日本古典文学は、文字通り、開かれています。西洋文学によって求められている読者の参加の範囲をはるかに超えています。この関係で、学生の皆さんにお薦めしたい文献があります。ウンベルト・エーコの『開かれた作品』（新・新装版、篠原資明・和田忠彦訳、青土社、二〇一一年）です。現代音楽についての理論書ですが、とても参考になるいい本です。短いものですから、ぜひ読んでみてください。

先生の質問に戻りますと、「なほ疎まれぬ」のようなケースは、ナボコフやジョイスなど、現代作家たちの仕掛けと異なります。西洋の中世文学によく見られるアレゴリー*6などとも異なります。アレゴリーもやはり、一つの正しい答えにたどり着くように仕組まれているからです。決定論的なロジックに基づいたものです。そもそも、仕掛けの特徴は、仕掛け方にあるのではないでしょうか。従って、考え方の問題になると思います。古代日本文学は、どちらかといえば、確定的な答えはありえないという、現代物理学のようなものです。

沼野　和歌の問題について、ツベタナさんの意見をもう少し突っ込んでお聞きしたいのですが、今の話ですと、まず作者がいて歌を詠みますね。つまり、まず和歌のテクストがある。次に読者がいますね。いま議論になっているのは、ここに二重性が生まれる場合、つまり「疎まれぬ」の「ぬ」の場合のように二つの意味があるととれる場合に、両方を掛けているのだというお話でしたが、作者の意図は果たして本当に二つのことを掛けていたのだろうかということが、まず一つある。最初から二つの意味を掛けようと意図して書いている場合と、ほんとうは一つの意味しか考えていなかったのに、できあがったテクストが日本語という枠の中で、同音異義的に否応なく他の意味を持ってしまうという、結果として作者の意図に関わらない場合の二重性が発生する。しかし読者が作品を受け止めるときは、作者の意図は本当にはわかりませんから、テクストをどう読むかは読者の自由であって、そこで解釈が分かれることになる。作者と読者の関係をいま一度整理して考えると、和歌の場合、どういうことになるのでしょうか。

ツベタナ　そうですね。一般論からすれば、狙われた効果と、狙われていない効果のケースがありえますが、和歌集の贈答歌や『伊勢物語』などから窺えるように、後者の原因は、主として作者の知識不足にあります。一方、言葉の潜在力を生かすことで発展していく和歌の場合、歌が詠まれた時に意識されていなかった意味合いは後から定着した、というような面白いケースもありえます。たとえば、この二首の歌を比較してみましょう。

淡路の　野島が崎の　浜風に　妹《いも》が結びし　紐吹き返す

近江路の　野島が崎の　浜風に　妹《いも》が結びし　紐吹き返す

一つ目は、『万葉集』にある人麻呂の歌で、二つ目は、鎌倉時代後期の『玉葉集』に登場し、作者は同じく人麻呂となっています。違うのは、「野島が崎」が「淡路」から「近江路」に移動したということだけです。ケアレスミスとしても片付けることができますが、歌の意味がだいぶ変わったので、狙われた変更だったと推測できます。「あふみ」と綴《つづ》られていた「近江」は、古今集以降、「逢ふ身」という同字異義語を連想していた。こうした視点から「淡路」に目を向けると、「逢はじ」（逢わないだろう）という同音異義語に気づくのですが、万葉集の時代には、こうした連想はなかったと思われます。詩的言語の発展に連れて意識されていく連想ですね。いつ頃から意識されるようになったか。「淡路」を詠んだ歌を、時代を遡《さかのぼ》って探っていくんです。発掘や復元のような作業ですね。これこそ、古典文学研究の魅力の一つだと思います。

さて、「なほ疎まれぬ」に関しても、こうしたことが推測できるのではないかというご指摘だったんですが、その可能性は薄いと思います、あれだけ証拠が揃っているケースは珍しいから。繰り返しになるんですが、文法的にはあいまいさを避けることもできたし、源氏以前の歌にも前例があるし、源氏物語のなかにも似たような他の例もあるし、物語の流れにおいてもあいまいさが生きているし、本歌取りの歌などによる当時の解釈の証拠もあるんですね。

一方、そもそも「作者の意図」というものは、かなりあやしいものなのではないでしょうか。たとえ、作者を個人的によく知っていても、断定できないと思います。ジョークのような話もいろいろあるんですね。研究者や評論家が「存在の苦悩」を読み取ったところ、作者は「いや、ただ歯が痛かっただけですよ」と説明したりして……。私たちにできるのは、あらゆる「読み」の可能性を検討して、最も説得力の高いものを見分けてみることだけでしょう。

二つの正反対の意味を同時に表す「なほ疎まれぬ」をめぐる私たちの戸惑いは、やはり考え方の問題です。言い換えれば、問題は「二者択一」といった決定論的な解釈へのこだわりにあるといえるでしょう。こうしたとき、極めて強力な手がかりになりうるのは、現代の物理学です。相対性理論と量子力学以降の物理学は、自然界はその根底のところで非決定的な振る舞いをしていることを証明して、自然科学は、あらゆる「中間領域＝あいまいな領域」に焦点を合わせるようになったんですから。残念ながら、私は物理学にかなり疎《うと》いですが、誰か若い研究者に、和歌を物理学の視点から分析してほしいものです。古代中国の「あいまいさの哲学」を物理学と関連づけて、古代日本文学の「あいまいさの詩学」を徹底的に分析してほしいです。でも、私のような素人にもよく知られているのは、「シュレーディンガーの猫」の実験ですね。量子力学の基本的な考え方である「重ね合わせの原理」を示す思考実験だといわれていますが、猫が生きているか、死んでいるかは断定できない、いわば「生きていながら死んでいる」という状態は、驚くほど古代中国の「あいまいさの哲学」に根を持つ古代日本文学の「あいまいさの詩学」を思い起こさせるのではないでしょうか。

実は、こうした関連性について、すでに着目した物理学者がいます。一九三二年に「量子力学の確立」への貢献のため、ノーベル物理学賞を受賞したヴェルナー・カール・ハイゼンベルクです。「第二次世界大戦後に日本が理論物理学の発展に大いに貢献してきたことは、東洋の哲学的思想の伝統と量子力学の哲学的要素との間には何らかの関連性があることの印と見なされるだろう」というハイゼンベルクの言葉は、日本古典文学の再解釈と再評価のためにも大きな刺激になりうるのではないかと思います。

要するに、言いたいのは、正反対の意味を同時に表す「なほ疎まれぬ」のような和歌表現は、私たちの考え方に背いているでしょうが、物理学的には、決しておかしくはないということです。そして、物理学（physics）こそ形而上学的思想（metaphysics）の土台をなしているので、いずれ私たちの考え方も変わるに違いないでしょう。そんな変更が訪れた時、和歌とそれを基にした日本古典文学は、きっととても身近なものになるでしょう。

俳句は和歌の極まりである

沼野　ツベタナさんはいろいろな複雑な問題に対してはっきりした強い考えをお持ちなので、それを聴いているだけで、脳みそをごしごし洗われるような感じがして、とてもスリリングです。和歌の話も尽きないですが、ここで少しそれ以外の話もしましょうか。

日本語の短い詩の形は非常に長く続いてきましたが、その持続性は世界的に見ても稀《まれ》なものです。さきほど短歌と和歌は違うとおっしゃいましたが、少なくとも五七五七七という形だけに着目すれば、そういう詩形は万葉集以前の時代からあったわけで、多分千三、四百年くらいも同じ形を守ってきたことは、日本の文学の際立った特徴だといえると思うのです。ただ、和歌の後、それをさらに短くして、発句、俳諧、俳句と展開していきますが、これについてはいかがですか。俳句というのは、古典的な和歌から見ると、少し堕落したものなのでしょうか。

ツベタナ　いえいえ。まず、短歌が詠まれ続けてきたことは、素晴らしいことでしょう。当然だとも思っています。七五調は、日本語にとてもよく合っているんですからね。日本人が伝統にこだわりすぎているということにはならない。ヨーロッパの文化だって、たとえば、昔から伝わってきた四行詩、あるいは十四行のソネットなどがあるんですもの。

一方、俳句ですが、堕落ではないどころか、日本の詩歌の極まりだと思っています。三つの句しかないというその形式は、詩の最小限の形式ですね。二行になったら詩歌ではなくなってしまいます。だから、世界で最も短い詩として普及してきたわけです。とはいえ、世界のあらゆる言語で読まれている俳句と日本の俳句とは、無関係だといえるほど違いますね。

沼野　俳句は世界中で三行詩の形で書かれていますね。ブルガリアでも書かれている。

ツベタナ　はい、最近、とても流行っているようです。俳画に対しての関心も。どこの国でも、俳句が作られています。それぞれの文化のもの、日本の俳句とは別のものになっていますね。

先生のさっきの質問に戻りますと、発句、俳諧、俳句という三つの言葉はどう違うか、ということでしたね。現代の使い分けを簡単にまとめていえば、「発句」は、連歌から独立して、五七五（和歌の上の句）という形式を表しています。「俳句」は、近代に誕生した用語ですが、芭蕉から現代までの五七五のジャンル名となっています。そして、近世に広く使われていた「俳諧」は、滑稽的で、パロディ的な句を意味しています。

とにかく、和歌と短歌の区別とは違って、芭蕉の俳句も現代の俳句も、同じように呼ばれています。もちろん、内容的には大きく異なっていますけど。いわゆる「蕉風」、芭蕉のスタイルのエッセンスは、「不易流行」ですよね。禅宗思想と関連していて、永遠と瞬間、永遠をはかるものとしての瞬間ということになると思います。もっとも有名なのは、「古池や蛙飛びこむ水の音」ですが、私が大好きなのは、「閑《しず》かさや岩にしみ入《い》る蟬の声」です。蟬の声を聞かせてくれる句ですね。

沼野　ジィーという音がずっと聞こえてきます。アブラゼミの音ですね。

ツベタナ　そうですね。ミンミンゼミかもね。声を聞かせてくれることで、蟬の姿さえ見させてくれるんですね。「目で聞く、耳で見る」というような働きですね。一方、蟬の声は、静かさを測るための単位になっている。蟬の声がなければ、静かさにも気づかないだろう、と思います。

ついでに、和歌と俳句の関連性について、一言を付け加えたい。和歌がなかったら、俳句もなかっただろう、という話でしたが、それは決して形式的な問題だけではない。国内もそうでしょうが、海外では、さっき引用した二つの句と同じぐらい有名なのは、「枯れ枝に烏《からす》のとまりけり秋の暮」という俳句でしょう。水墨画にたとえられ、「時を超えた瞬間」などと解釈されているこの句から、孤独感が伝わってきます。「秋の暮」は、秋の終わりでありながら、色が消えていく秋の夕暮れでもありますね。そして、病に襲われた芭蕉が作った最後の句、「この道や行く人なしに秋の暮」のなかでは、「秋の暮」は人生の黄昏でもあります。「時を超えた」芭蕉自身のイメージが浮かび上がってきます。

芭蕉の「秋の暮」の静寂と孤独のインパクトは、数多くの和歌に詠まれた「秋の夕暮れ」にもよると思います。なかでも、特に有名なのは、新古今集の「三夕《さんせき》の歌」です。

寂しさは　その色としも　なかりけり　真木たつ山の　秋の夕暮れ（寂蓮）
心なき　身にもあはれは　知られけり　しぎ立つ沢の　秋の夕暮れ（西行）
見渡せば　花も紅葉も　なかりけり　浦の苫屋《とまや》の　秋の夕暮れ（藤原定家）

私自身は西行の歌がとても好きですが、定家の歌のほうが有名ですね。特に、裏千家の世界では「わび茶」の精神を表したものとして絶賛されています。とにかく、三首とも、孤独に満ちた静かさの「あはれ」を表現していて、芭蕉の「秋の暮」は、それを凝集したものです。こうした意味においては、俳句は和歌の表現力の極《きわ》まりだといえます。

俳句は一見簡単そうに見えるけれども、そこにはすごい深さ、裏がある。よく氷山にたとえられていますね。氷山のトップしか見えないけれど、その下にはずっと続いてきた伝統の土台がある。現代の俳句には、こうした土台がない。それはそれでいいのですが、俳句を川柳などと区別するためでしょうか、どうしても季語にはこだわっていますね。これが、世界の俳句との大きな違いですけど。

沼野　季語もなくして自由律にしちゃうと、もう何を書いているんだかわからなくなってしまう。

ツベタナ そうですね。確かに、日本では、心を自然に重ね合わせるといった長い伝統があるんですけど。それにしても、俳句をもう少し解放していいんじゃないかと思ったりしています。

沼野 世界中で書かれている俳句という名の三行詩。あれは日本の俳句と違うというお話でしたが、翻訳の可能性についてはどう思われますか。日本の短歌や俳句を外国語に翻訳するというのは、どんな仕事なんでしょう。ツベタナさんは和歌をブルガリア語に訳したことはありますか。

ツベタナ あります。

沼野 訳せるものでしょうか。

ツベタナ 『とはずがたり』でいっぱい訳しました。

沼野 難しかったのではないですか。

ツベタナ すごく難しかったです。やはり掛詞が難しい。方法としては、言葉遊びなどの技法を、訳す言語の詩歌の技法を使って伝えてみる、ということしかないでしょう。成功したケースもありますけど、限界があると思います。また、YES も NO も同時に表す方法は、日本語にしかないので、無理だと思うほど難しい。

そもそも、形式の問題があると思います。俳句は、海外でも作られていて、三行詩として定着しているので、翻訳も、やはり三行になっています。問題にされているのは、五七五を守るべきかどうか。一方、和歌と短歌の翻訳は、かなりめちゃくちゃです。私は、五行詩にすべきだと思いますけど。俳句も短歌も、句の数が奇数であることには大きな意味がある、と思っていますから。最後には「終止」という、一つの句か一行の長さに当たる沈黙の瞬間が含まれているという意味です。

いずれにしても、和歌の翻訳の場合、統一した基準はないのが現状です。英訳を見てみると、たとえば、ピーター・マクミランの『百人一首』の訳においては、形式は様々です。その正反対の例としてあげられるのは、ロイヤル・タイラーによる『源氏物語』の歌の訳です。すべての歌は、五句である上、何と五七五七七とさえなっています。根本的に異なるのに、二つの翻訳とも、高い評価を得たのです。この事実だけが、和歌の翻訳はいかに難しいかについて、よく示していると思います。

一方、話を私の経験に戻しますと、『枕草子』の植物、「草は〜」「木の花は〜」などのような章段の翻訳も、少なくとも和歌と同じぐらい大変でした。

沼野　いわゆる「物づくし」ですか。それはどうしてでしょう。

ツベタナ　そもそも、ほとんどの植物は、ヨーロッパにはないものです。だから、まずは、作品における その植物の登場の意味を分析しなければならない。咲く時期が大事であるか、色が特別に美しいか、歌に詠まれてきた意味が重視されているか。あるいは、たとえば「面高《おもだか》」という偉そうな名の草があるのですが、その名前が面白いので、名前を生かすべきだとか。本当に大変でした。でも、とても面白かった。編集者から、「あなたは、翻訳賞ではなく、植物学の賞をもらうべきだった」とからかわれたりしていて。

沼野　翻訳はできないことがあってもやる。そのチャレンジが面白い。

ツベタナ　そうですね。チャレンジ精神が素晴らしい。どんな研究よりも良い勉強になるし。基本的には、訳せないものはないと思っていますが、時間がかかりすぎることはありえます。

沼野　私自身のエピソードも一つ。昔、国際交流基金のお金で、現代日本詩歌アンソロジーのロシア語版を作ったことがあります。私は編者というか、コーディネーターとして関わったので、実際に訳したのはロシア人の日本文学専門家たちでした。日本の現代詩と短歌と俳句、この三つのジャンルから二十人ずつくらいの作者を選んで、一冊を編むという手間暇がかかる仕事です。いま生きている現代の詩人たちには当然著作権がありますから、六十人もの詩人に連絡して翻訳を許可してもらう。それで、お金にそんなに余裕がないものですから、翻訳しても著作権料は払えませんよと言わなければならない。大部分の人は、自分の詩がロシア語に訳されてみんなに読まれるのは嬉しい、いいですよと喜ぶんですけど、一人だけ俳句の人で「絶対ダメだ」と言った人がいました。ここではお名前は出しませんが、日本を代表する俳人の方でした。「なんでダメなんですか」と問い合わせたら、「俳句というものはそもそも翻訳できないものだから」という答えが返ってきたそうです。残念なことに、彼の考えを覆すことはできなかったので、日本を代表する俳人の一人がせっかく苦労して作ったアンソロジーから落ちてしまった。まあ、そういう立場もあるんですね、俳句の場合には。

ツベタナ そうですね。わからないわけではないけど、ちょっと「鎖国的」だと思います。翻訳がなければ、「世界文学」という概念も成立しないし、文化的ダイアログもできなくなるんじゃないですか。確かに和歌と俳句を外国語に訳すことは、不可能と思うほど難しい。しかし、たとえば、シェイクスピアを日本語に訳すことだって、同じでしょう。「世界文学」としての価値があるからこそ、不完全な翻訳を通しても、読者に伝わる。そんなものなのではないでしょうか。

質疑応答

沼野 では質疑応答に移ります。

質問者1（邵丹《しょうたん》） お話の中で、日本の和歌が土台にしているのは実は中国の道教だとおっしゃっていらしたのが、面白かったです。それともう一つ、YESとNOを同時に表すことができるのは日本語だけだとおっしゃっていました。それで思ったのですが、中国でも老子と荘子の作品には、もともとは句読点がついていないのです。そして、どこで区切るかによって意味が変わります。中国語は漢字ばかりですから日本語のように語尾変化がないのですけど、どこで区切るかによって意味が変わる。それでYESとNOとが引っ繰り返ることもあります。たとえば老子の有名な作品ですと、「道の道とすべきは、常の道にあらず」*7というのは、あれは現代の人たちが真ん中で区切ったから、そういう意味になったと思うので、もともと句読点がなかったら、YESの意味にNOが含まれているということもあります。日本語のような語尾変化はないですが、中国語も文法によってYESにもNOにもとれることがあると思います。

沼野 それは、著者そのものが意図した曖昧さなのか、それとも、句読点がないから結果として著者の意図がわからないのか、どっちでしょうか。著者自身が両者の意味を考えていたということですか。

質問者1 そうですね。ツベタナ先生がおっしゃったように、老子と荘子の思想は現代のアインシュタインの相対性理論と似ているところがある。意図としては、やはり源氏物語の和歌のように両方の意味が用意されていると思います。

ツベタナ 私もそう思っています。あいまいさを避けたいなら、方法を見つけることができる。たとえば古代日本語は、濁点がなかったことで、あいまいさの表現を増やすことができたんですけれど、濁点のような簡単なものは、必要があれば作れたはずです。だって仮名文字をつくった人たちなんですから。今の発言はとても面白い指摘であって、私も同僚の古代中国語の先生に聞いたことがあるんですけど、きっとそうだと思います。やはり、どこで区切りをとるかによって、意味が変わってくるということですね。そもそも、あいまいさの思想だから、きっと文章にも表れてくるはずでしょう。

質問者1　そうですね。中国語は現代になってから句読点が入ってきて、それが意味をはっきりさせるということがあって、もともとの古文は、今の文章と比べると老子と荘子の文章などはものすごく短い。つまり、もともとの漢字、一文字の漢字が支える意味というのがすごく大きくて、それが現代では弱くなってきている。現代中国語では二文字の単語が多いですが、それは日本から輸入された単語だし、先生がおっしゃったように現代中国語も句読点を入れることによって、現代日本語と同じように一文字にある曖昧な力が弱まっていると思います。

ツベタナ　それは仕方がないところもあると思います。昔は中国の人口も日本の人口も少なかったし、暇な時間もたくさんあったので、ゆっくりとテクストを見ていろいろと考えることができたでしょうけど。私たちは、考える暇もあまりないし、情報も多すぎますね。中国の人口は世界一ですから、曖昧さのないはっきりしたコミュニケーションができなければ、国として文化として成り立たないでしょう。だから、今は仕方がないでしょうが、問題は、私たちが現代の立場に偏って、古代の面白さを見落としていることにあると思います。

教えてくれたことには、とても感動しました。ありがとうございます。できれば、ご自分の研究の中で生かしていただきたいです。古代中国文化の研究を十分に把握しているわけではないんですが、こんな面白いことを言っている人はあまりいないのではないか、と思います。

沼野　ちなみに邵丹《しょうたん》さんは中国からの留学生で、もともとは村上春樹とスコット・フィッツジェラルドの比較をしていました。今の話は新しい研究テーマになりそうですね。実際邵丹さんは今は翻訳論をやっていますから、この問題が生かせるかもしれません。

質問者2　曖昧さの話ですが、「ぬ」が曖昧さを出している、そのことが大事だという話がありました。でも、やまと言葉は中国から来た漢字をあてはめることによって、もともとあった言葉の意味を、漢字ごとに分けていったのでは。

ツベタナ　まず和歌はね、完全に和語の文学で、仮名の文学です。漢字の文学ではなかった。

質問者2　漢字が使われていなかったと……。

ツベタナ　そう、使われていなかった。和歌は完全に仮名文字です。ここでは具体的な例をご紹介しませんでしたが、万葉仮名においては、まだ漢字の意味性が残っていて、同音異義語でも、区別できる例は少なくない。さっき名前を挙げた石川九楊先生の『万葉仮名でよむ「万葉集」』（岩波書店、二〇一一年）という本が大変参考になるかと思います。とにかく仮名文字、平仮名への発展過程は、どちらかといえば、あいまいさを生かす方向へのものでした。これだけを見ても、古代びとにとっては、あいまいさがとても大事だったと判断できるでしょう。ちなみに、漢字が日本文学に入ってきたのは、『今昔物語集』あたりだといわれています。和漢混交文が生じて、和歌と和歌を基にした文学と異なる表現の可能性が表れてきた。ついでに、面白い意見を一つご紹介しましょう。文化人類学者の川田順造先生の意見です。クロード・レヴィ＝ストロースの弟子としても有名です。「声」の研究者でもあって、漢字導入の是非について面白く論じています。つまり、もし日本語に漢字が入らなければ、日本語は、音声的に発展していって、まったく別の言語になっていたでしょうという。文字レベルで区別できないものは、音声的に追求していっただろうということです。

質問者2　もう一ついいですか。「日本文学」と「国文学」という言葉を別々に使われていたと思います。ツベタナ先生は、「昔の日本文学」と言っておられました。この二つの言葉を使い分けていますか。

ツベタナ　私にとって、日本の文学はあくまで「日本文学」です。そもそも「国文学」は、江戸時代の「国学」の伝統を受け継いだものとされています。それには、「長い歴史」といったプラス的な側面もあれば、保守的というようなマイナス的な側面もある。それに対して「日本文学」には、世界の文学の一つという意味が含まれています。最近、「国文学科」を「日本文学科」にするという傾向がありますけれど、名前だけでなく、内容も変えなければ、無意味です。私自身は、両方あってよいと思います。文献学的なところを「国文学科」にし、理論や比較文学的なアプローチを取り入れたところだけを「日本文学科」にする。一方、学校では、「国語」「国文」でよい。日本語と日本文学を日本人としてのアイデンティティと関連づけるためです。そして、高校では「日本文学」というアスペクトを紹介すればいいと思います。

ご存知かも知れませんが、「国文学研究資料館」という大きな研究所があります。数年前、名前を「日本文学」に変えようという動きがあったけれど、私はそれに反対した一人です。古い伝統や文献学的な研究もすごく必要だと思っていますから。国文学者が日本文学者を、日本文学者が国文学者を、お互いを認めることが大事です。

沼野 大学の研究室の名前にも「国文学」はまだ根強く残っていますね。東大の文学部は、日本における国文学研究の中心的な権威ですが、ここの看板は今でもやっぱり「国文学」。ところが公式の便覧を見ると、大学院の専門分野では「日本語学専門日本文学」となっている。つまり両方が並行して使われているので、いったいこれはどういうことなのか、門外漢にはよく分からない。

語学の分野では、「国語学」と「日本語学」には対立する側面があるようです。「日本語学」のほうは、現代の一般的な言語学の手法でいくということでしょうか。日本の伝統を特別視しないで。

ツベタナ そうですね。日本の伝統的な「国文学」はどちらかというと文献学です。今はデジタル化が進むにつれて、指一本で全ての文献が調べられるようになりつつあるから、研究人生をそのために使う必要はないでしょう。一方、文献学的な研究には意味があると思います。それぞれの時代における古典の受容の特徴などを調べることですね。

沼野　ツベタナさんも、和歌の研究でデジタル化された文献をお使いになりますか。

ツベタナ　ええ。『国歌大観』の CD-ROM がなかったらば、私の和歌研究もなかっただろうと思います。ただ、日本古典文学のデジタル化がすごく遅れていて、『国歌大観』を含めて、すでにできた数少ない CD-ROM は、とても検索しにくい。同じ単語でも、綴り方は歌によって違うことがよくあります。それらすべての綴り方を知らなければ、確実なデータは得られない。まあ、長い言葉なら、まだいいんですけども、一文字の言葉の場合、絶望的です。たとえば、「香」を調べてみたとき、古今集は「ゼロ」という結果が出ました。ちょっと待って、「五月待つ　花橘の　香をかけば　昔の人の　袖の香ぞする」という有名な歌があるじゃないか、とイライラしながら、歌を確認してみたら、何と「香」ではなく、平仮名の「か」になっていたんです。私はコンピュータの専門家ではありませんが、日本語のテクストの場合、日本語ならではのアプローチが必要であることは明らかでしょう。

質問者3　和歌を読むことの意味みたいなことが興味深かったのですが、和歌はみんなが参加でき、敷居が低かったとおっしゃったと思います。当時、平安時代に和歌を詠んでいた人というのは、政治的な地位も持っていることが多いと思いますが、和歌は誰によって詠まれていて、どの程度の範囲まで広がっていたのですか。

ツベタナ　まず平安社会は、人口が少なかったです。様々な文献からわかるように、平安京に住んでいた人は、地位を問わず、誰でも歌が詠めたようです。一般教養の知識だったので、地方でも、教養ある人は歌が詠めたのです。古今集にも、「東歌《あずまうた》」など、貴族社会に属していない人の歌が収められていますし、『土佐日記』などの日記文学の作品においても、旅に出会ったあらゆる社会層の人々との歌交換の記録があります。そもそも和歌を詠むことは、かなり簡単だったと思います。勿論《もちろん》、優れた作品は、昔も今も、才能が必要ですけど。とにかく、五七五七七のルールを覚え、また掛詞などの有名な前例を覚えれば、誰にも作ることができたはずです。和歌が教養ある人の一般的コミュニケーションの手段になりえたのは、一つにはそのためです。あまり正確な比較ではありませんが、こうした意味においては、現在のメールのように機能していたといえます。

和歌がどこで作られていたかといいますと、プライベートなものは別として、知識や工夫を高めるための特別な「場」があった。一つには妃、中宮たちのサロンのようなところです。そして、最も有名なのは、「歌合《うたあわせ》」です。右と左というように二つのグループに分かれて、題を決めて歌を作っていたわけです。勝負については、判者が根拠を挙げて決めていたのですが、引き分けのケースも少なくないことからすれば、目的は、勝つことというよりも、創作を楽しんで歌の工夫を高めることだったといえます。面白いことに、参加者自身も反論できたが、時と場合によって、オーディエンスの意見さえ取り上げられていたんです。つまり、判者の判断に対して、文句を言う自由があったわけですね。いわば、日本最古の民主主義の表れだったんです。これはもちろん、冗談ですが、どの冗談においても、真実の種が植え付けられています。いずれにしても、和歌を作っていたのは地位の高い貴族たちだけだというステレオタイプは、真実を非常にゆがめたものです。和歌はとても広くよまれていて、一般教養のようなものでした。

お薦めの本

沼野　では、最後にゲストのツベタナ先生がお薦めする本をお願いします。

ツベタナ　まず、『古今集』です。『古今集』のなかで特に読んでほしいのは、三十二番から四十八番までの、梅の花のシリーズです。連続的に読めば、恋の物語として読めるし、また、色か香りか、という興味深い議論にもなっています。とにかく、歌を読むことの快楽が覚えられると思います。ちなみに、私はＩＣＵ（国際基督教大学）で「文学の世界」という一般教養の授業のなかでこのシリーズを取り上げ、学生に自分なりのストーリーを書いてもらっています。学生は、人文科学だけでなく、社会科学や自然科学などの人も多いですが、みんな一緒に和歌を楽しんでいて、とても面白い解釈を提案してくれます。

次は『枕草子』です。必ず読んでください。大きな刺激を受けるからです。想像力に働きかけてくれる作品です。短いし、順番に読む必要もありません。たとえば、電車の中で、アトランダムに本を開いて、一、二ページを読んで、自分の経験と思いと結びつけてみたら面白い。いろんな発見さえできると思います。とにかく、ブルガリア語訳の読者には、創作活動に携わる人が多く、みんなが大きな刺激を受けたと言っています。

もう一つは、江戸時代のものですが、上田秋成の『雨月物語』もお薦めしたいです。短編集のようなものなので、読みやすいと思います。少しは怖いストーリーも入っていて、よくわかるものです。ちなみに、溝口健二という名前を聞いたことがありますか。日本の優れた映画監督ですが、彼の『雨月物語』という映画も、とても素晴らしいです。

現代文学は、皆さんもよく読んでいるでしょうが、私が特に好きなのは、太宰治と芥川龍之介です。訳したことがあるからでしょう。太宰の『斜陽』は、泣きながら訳して、生きること、人生って何だろうか、と考えていました。文章も素晴らしいです。芥川も、考えさせてくれる作家です。「藪の中」や「羅生門」は、黒澤の映画もあってとても有名ですが、たとえば「河童」のようなパロディも、素晴らしいです。

理論書や哲学書ですが、すでにウンベルト・エーコの『開かれた作品』をお薦めしました。ちなみに、もしまだ『薔薇の名前』という彼の小説を読んでいないなら、お薦めします。とてもよい映画もあります。

しかし、私に最も大きな影響を与えたのは、ジャック・デリダです。あなたたちと同じぐらいの年齢で『根源の彼方に―グラマトロジーについて』（上・下、足立和浩訳、現代思潮社、一九七二年）を読んで、考え方が変わった。とても難しい本ですが、ステレオタイプから解放されるため、デリダを読むべきです。ちなみに、日本語訳はちょっとわかりにくいと思っていますので、英語に自信があれば、ガヤトリ・スピヴァクの英訳をお薦めします。また、研究のなかでよく使っているデリダの本は、『ディセミナシオン』（邦訳『散種』、藤本一勇ほか訳、法政大学出版局、二〇一三年）です。やっと日本語訳も出て、嬉しいことです。バーバラ・ジョンソンの英訳は、とてもよくできています。ちなみに、彼女自身が書いた『詩的言語の脱構築』（土田知則訳、水声社、一九九七年）もとても面白いです。

デリダが難しすぎると思う人には、少なくともクロード・レヴィ＝ストロースの『神話と意味』（大橋保夫訳、みすず書房、一九九六年）を読んでいただきたいです。公開講座の記録なので、とても読みやすい。なかでも特にお薦めしたいのは「〝未開〟思考と〝文明〟心性」の章です。たとえば「人間のもつ多様な知的能力をすべて同時に開発することはできません。ごく小さな一部分を使用するのみで、どの部分を用いるかは文化によって異なります、それだけのことです」という言葉は、とても参考になります。地理的に離れている文化、あるいは古典文学のように、時代的に離れている文化へのアプローチとして。知の形態は、文化によって、時代によって異なるということですね。

沼野 最後に私からは、ツベタナさんの『心づくしの日本語』という本をお薦めします。新書で比較的簡単に読めますが、中身は濃くて深い。

ツベタナ ありがとうございます。どれほど成功したか、判断できませんが、少なくとも、なるべく読みやすい本にしてみました。読んでいただければ嬉しいです。今日お話したことも、もっとわかりやすくなるでしょう。

＊1 ツベタン・トドロフ Tzvetan Todorov（一九三九〜二〇一七年）、ブルガリア生まれのフランスの思想家、文芸批評家。『小説の記号学—文学と意味作用』『民主主義の内なる敵』など著作多数。

＊2 デリダ Jacques Derrida（一九三〇〜二〇〇四年）フランスの思想家。ポスト構造主義の代表的哲学者。脱構築（ディコンストラクション）、差延等の概念を提唱したことで知られる。代表的な著作に『エクリチュールと差異』『声と現象』『根源の彼方に—グラマトロジーについて』など。

＊3 エンプソン William Empson（一九〇六〜一九八四年）英国の文学理論家、詩人。主な著書に『曖昧の七つの型』『牧歌の諸変奏』などがある。ニュー・クリティシズムの重要な批評家とされる。

＊4 石川九楊（いしかわ きゅうよう、一九四五年〜）書家・書道史家。京都精華大学教授・同大学表現研究機構文字文明研究所所長などを歴任。主著に『書の終焉』（サントリー学芸賞）、『日本書史』（毎日出版文化賞）、『近代書史』（大佛次郎賞）など。

＊5 嘘つきのパラドックス 誰かが「私は嘘つきだ」と発言するとき、その真偽は確かめられない、という

こと。私が真に嘘つきなら「私は嘘つきだ」という発言も嘘のはずであり、すなわち本当は嘘つきではないことになる。一方、私が嘘つきでないなら「私は嘘つきだ」という発言は真ではなく、すなわち私は嘘つきであるということになる。

＊6　アレゴリー　allegory。寓意。諷喩。また、たとえ話。寓意物語。

＊7　「道の道とすべきは、常の道にあらず」　原文は「道可道非常道」（老子）。

進行　**沼野充義**

パネリスト　**柳原孝敦／阿部賢一**
亀田真澄／奈倉有里

5

世界文学と愉快な仲間たち

［第一部］日本から世界へ

阿部賢一

あべ・けんいち
1972年生まれ。チェコ中欧文学、比較文学。東京大学文学部（現代文芸論）准教授。著書『イジー・コラーシュの詩学』『複数形のプラハ』。訳書にフラバル『わたしは英国王に給仕した』、オウジェドニーク『エウロペアナ』（共訳、第1回日本翻訳大賞受賞）、フクス『火葬人』、アイヴァス『もうひとつの街』、クラトフヴィル『約束』など。

柳原孝敦

やなぎはら・たかあつ
1963年生まれ。スペイン語文学・思想文化論。東京大学文学部（現代文芸論）教授。著書に『劇場を世界に—外国語劇の歴史と挑戦』（共著）、『ラテンアメリカ主義のレトリック』など。訳書にアイラ『わたしの物語』『文学会議』、ゲバラ『チェ・ゲバラ革命日記』、メンドサ『グルブ消息不明』、バスケス『物が落ちる音』、ボラーニョ『第三帝国』など。

©JPIC

奈倉有里

なぐら・ゆり
1982年生まれ。ロシア詩、現代ロシア文学。東京大学大学院人文社会系研究科博士課程。日本学術振興会特別研究員を経て、現在サントリー文化財団鳥井フェロー。訳書にシーシキン『手紙』、アクーニン『トルコ捨駒スパイ事件』、ウリツカヤ『陽気なお葬式』、共訳書に『ポケットマスターピース10　ドストエフスキー』など。

亀田真澄

かめだ・ますみ
1981年生まれ。ロシア・東欧文化研究、プロパガンダにおける視覚表象。ザグレブ大学大学院留学の後、日本学術振興会特別研究員を経て、東京大学文学部（現代文芸論）助教。著書に『国家建設のイコノグラフィー──ソ連とユーゴの五カ年計画プロパガンダ』、共著書に『アイラブユーゴ　ユーゴスラヴィア・ノスタルジー』1〜3。

「ラテンアメリカ文学」という広がりのあるジャンル

沼野　司会役を務める沼野です。今日は大学で行うシンポジウムですが、学術的な研究報告会ではありません。日本の外の世界では、読むべき魅力的な文学がたくさん書かれているので、日本人の中にも外国語を勉強してそれを読みたいという人たちが多い。その一方で、日本文学の魅力に惹かれて、外国から若い優秀な研究者が日本にたくさん集まってきている。つまり日本から世界へ、世界から日本へ、という二つの正反対の方向に向けられたまなざしがクロスするようなイベントにしたいと思っています。第一部では現代文芸論研究室のスタッフを中心に、外国文学、あるいは外国文化を研究している日本人研究者四名が登場しますので、それぞれまず、どんなふうに自分が専門とする地域に出会ったのか、その地域の文学の魅力とは何なのか、話していただいて、それからお薦めの本を一冊ずつ挙げていただきましょう。

それでは、まず柳原孝敦さんからお願いします。

柳原　私はスペイン語圏のラテンアメリカの文学が専門ということになっています。スペイン語を習い始めたのは単なる偶然だったんですが、先生のうちの一人が、牛島信明先生という方だったんですね。もうお亡くなりになりましたので、今は岩波文庫の『ドン・キホーテ』の翻訳で、一番目に触れる機会が多い方だと思います。その方が最初の授業の締めくくりに神聖ローマ帝国のカール五世、スペイン王カルロス一世が言ったという「ドイツ語は馬と話す言葉である。フランス語は愛人と話す言葉である。スペイン語は神と話す言葉である」というセリフを引用して「スペイン語は世界で一番美しい言語です。世界で一番美しい言語をこれから学んでいきましょう」と結んで、颯爽《さっそう》と立ち去ったわけです。びっくりしました。言語に美しい、美しくないがあるとは思っていなかったですし、スペイン語がそんなに美しい言語だとの印象も抱いていなかったからです。何よりもそんなことを言う大学の先生がいるとは全然思っていませんでした。ずいぶん気取った人だなぁと思ったわけです。典型的な「文学青年」のイメージでした。それで、気取った人というのは面と向かって付き合うと面倒なことが多いですが、端《はた》で見ている限りではなかなか面白いわけですね。当時の僕は、こうして牛島先生を気にするようになったわけです。

その牛島先生が、その年の終わりくらいに翻訳書を一冊出された。その頃が一番の働き盛りで、ほぼ毎年のように翻訳を出されていたんですけれども、僕が入った年に出した翻訳書は、たまたまアレホ・カルペンティエルというキューバの小説家の『ハープと影』という遺作でした。それを大学の生協で見つけた僕は、あの授業であんなことを言った人が訳した本だから、どれだけ気取った小説だろうと思って手に取ってみたら、本当に気取った小説だった。

コロンブスの「列福裁判」を扱った小説です。コロンブスはご存じのように、アメリカ大陸に最初に到着したとされる人物です。キリスト教世界には、「聖人」、「聖者」といわれる人が存在します。キリスト教に貢献のあった人で、その聖人にゆかりの日をカレンダーに記載し、その日に生まれた人たちはその聖人のことを守護聖人として崇《あが》め、その人の名を授かったりします。聖人の一つ手前の段階に「福者」というのがあります。福者になるにも、そこから聖者になるにも、バチカンで協議しなければいけません。列福裁判、列聖裁判というのが開かれるのです。それで、十九世紀にチリの司教が、コロンブスを聖者にしたいのでまずは福者にしようと、列福裁判を起こしたそうです。『ハープと影』はそのコロンブスの列福裁判を扱った小説です。実際にあった話を扱っているのですが、小説の中では、その裁判に、死んでいるからいようがないのですけれどコロンブスその人が登場し、それからコロンブスが死んだ後にコロンブスの攻撃者になったバルトロメ・デ・ラス・カサスという人も出てきて、それからラス・カサスに反撃したファン・ヒネス・デ・セプルベダという人も、さらにコロンブスが読んでいたはずのセネカという古典古代時代の詩人まで呼び出されて出てきます。普通に考えると、裁判の証拠品としての文書を検討しているわけなんですが、それを本人が証言する裁判として描くんです。こういうふうに説明するとわかりやすいでしょうが、読んでいるととてもわかりづらい。コロンブスやラス・カサス、セネカなどからのおびただしい引用から成り立っていますし、カルペンティエル自身の地の文もとても凝った作りで、それを牛島先生が流麗な日本語に直しているので、文章に目が眩《くら》むばかりで内容がさっぱり頭に入ってきませんでした。

困ったことに、僕にはそういう難解な文章を面倒だなぁと思う反面、そこに惹かれてしまうという傾向があったようです。そういうわけで、難しかったし、正直にいって何が書いてあるのかわからなかったけれど、そういうわからない本を書いているカルペンティエルという人に興味を持ったわけです。

わからなければ当然、そこで引用されているコロンブスであるとか、ラス・カサスという人を読んでみればいいわけですね。小説に限らず一冊の本の中には、わかることもありますが、わからないこともたくさんあるわけで、何か必ずそれをわかるためのきっかけとなるような別の本がある。コロンブスを扱った本だとすれば、コロンブスを読めばいいし、ラス・カサスを読めばいいわけですね。日本の翻訳書の場合は「訳者あとがき」という名の解説があったりしますから、ほかに何かヒントになりそうなものも読めばいいんじゃないかなと思った。それで、コロンブスやラス・カサスを読んだり、あるいは牛島先生のあとがきに従ってカルペンティエルのその他の著作を読んだり、あるいはカルペンティエルに限らず、当時、一九八〇年代のはじめには日本でいわゆるラテンアメリカ文学の翻訳ブームがあり、大作がたくさん翻訳されていましたので、牛島先生の解説なんかに従って、じょじょにガルシア＝マルケスだとかそういった人に手を伸ばして世界を広げていって、今、ここに至っているという次第です。

ラテンアメリカ文学の魅力と特徴について語れということですが、はっきりいって、小さな一国の文学でもそうでしょうが、あまりに広大で多様なんです。ラテンアメリカ文学の魅力を一言で言い表す言葉はないと思います。あるいは、そこにはすべてがあるとでもいえばいいんでしょうか。実は僕、一週間ばかりメキシコに行っていて昨日帰ってきたばかりなんですが、メキシコ市内の本屋では、文学の棚がだいたい三分割されています。メキシコ文学、世界文学。それからメキシコ文学と世界文学の間に、イベロアメリカ文学ないしはイスパニカ、つまりスペイン語圏の文学、あるいはラテンアメリカ文学という棚があって、それが世界文学とメキシコ文学を繋《つな》いでいます。ですから、たとえばメキシコ文学に入っていなくても、コロンビアのガルシア＝マルケス、あるいはアルゼンチンのホルヘ・ルイス・ボルヘスやフリオ・コルタサルという人たちの本が、すぐ隣の棚に置いてあるわけですね。

日本だったら日本文学と外国文学という二分法が多いと思うのですが、そういう二分法の真ん中にラテンアメリカ文学ってものが割って入るのが面白いところです。ラテンアメリカ文学というものは、「世界文学」というあまりにも広大な概念に比べれば少しは身近で、だがメキシコ文学でもない。そういう広がりを感じさせるカテゴリーが二つのあいだに存在しているところが面白いんだと思います。

我々がラテンアメリカ文学、もしくはラテンアメリカに対して持っているイメージはいろいろあるでしょう。たとえば非ヨーロッパ系の先住民の存在を扱った小説も、当然、存在します。あるいは日本の風土からは想像もつかない、とんでもない大金持ちがいる世界ですから、そういったものを扱うものもあるし、そうではなくて、世界のどこででもわかり合える、前提を置かないで読んでも面白い小説も当然あるわけです。我々が想像するようなラテンアメリカの現実を書いていなくても、面白いものだってありますから、とにかくいろいろです。一つのラテンアメリカ文学とくくることができないくらいに。

ある程度外国文学に興味を持ってらっしゃる方ならば、ラテンアメリカ文学というと、いわゆる魔術的リアリズム、マジック・リアリズムというものがここから生まれてきたんだという言い方を知っている人がいるかもしれません。ですが、その用語はもう世界的なものでして、ラテンアメリカと関連づけて考える必要はありません。今は、とりわけ二十年ほど前からのラテンアメリカでは、むしろマジック・リアリズムとどう対峙《たいじ》し戦うか、あるいはマジック・リアリズムでは表現できないグローバルな社会におけるラテンアメリカをどう描くかということに主眼が移っていますし、グローバル化された社会のあり方というものは世界中どこでもほぼ似たようなものだと思いますので、そうした社会と向き合う態度によってラテンアメリカ文学も他の地域の文学同様、世界的だといいたいと思います。そうしたものとしてラテンアメリカ文学を楽しんでいただきたい。

僕が推薦したいのは、コロンビアのファン・ガブリエル・バスケスという人の『物が落ちる音』（柳原孝敦訳、松籟社、二〇一六年）という作品で、これはまさにそういう現代のグローバル化された世界を描いた、ラテンアメリカ文学的な作品だと思います。かつてコロンビアはアメリカ合衆国に麻薬を売ることによって麻薬王が出現し、その麻薬王が対抗する人たちを殺すために殺し屋を雇い、そういった麻薬戦争で一日に何十人も何百人も死んでいくという悲惨な国だったわけですけれども、その麻薬戦争が、実は、最大の消費国であるアメリカ合衆国の、海外協力のためのある種のボランティア団体から始まっていたことを告発するかのような作品です。しかし、それが決して大それた告発ではなく、個人的な小さな恋愛と国際結婚の物語として描かれているという、面白い作品です。

皆さんにお渡ししたプリントは『物が落ちる音』の一節です。登場人物のアメリカ人女性が出版から二年経ったころ、ガルシア＝マルケスの『百年の孤独』という小説をどのように読んだかということが書いてあります。彼女はまだスペイン語の文章を読むのに慣れていないので、「こんなに退屈なものなんて、もうだいぶ読んだことがなかった」と祖父への手紙で漏らしているわけです。その面白さで空前のベストセラーとなり、世界の多くの作家たちに影響を与えた『百年の孤独』が、こんなふうに評されていることのおかしみというのは、ラテンアメリカ文学に馴染んだあとにさらにもう一度読んでもらえば、よくわかると思います。だから、これを読んで、その後『百年の孤独』を読んで、それからまたこの部分を読み返していただければと思います。

沼野　どうもありがとうございました。短い時間でしたが、ぎゅっと詰まった形で、ラテンアメリカの多様で魅力的な文学世界についてお話をいただきました。

チェコ文学——一つの価値観が絶対ではない世界で生きていくための「術《すべ》」

沼野　では、ほかの地域に移りましょう。次は、イギリス・ドイツ・フランスといったメジャーなヨーロッパの中心から見ると周辺的で、その意味でラテンアメリカとちょっと似たところがある東欧とか中欧といわれる地域の話です。チェコ文学の専門家である阿部賢一さんに話していただきましょう。

阿部　今日はチェコの文学との出会い、そしてその魅力について、頑張ってアピールしたいと思います。よく「なんでチェコなんですか?」と、これは年間三十回ほどは必ず聞かれる質問でして、留学していたときには毎週、三回くらい聞かれていました（笑）。それで、実は返答するパターンが、相手やシチュエーションにあわせて、一から十くらいまであるのですが、今日は一番オーソドックスなパターンで説明いたします。

僕の高校時代は八〇年代の末で、いわゆる東欧の革命があった時代です。ちょうどそのころに、第二外国語でドイツ語をやっていまして、授業ではドイツはずっと二つだと教えられていたのに、いきなりベルリンの壁がガラガラっと崩れていくという、そういう事態を目の当《ま》たりにし、「歴史」は習うものというよりも、今、動いていくものなのだと思いました。

そのころに、出会った本がいくつかあって、その一つは、千野栄一先生の書いた『外国語上達法』（一九八六年）という岩波新書で出た本でした。どうしたら外国語が上手になるのかという、今でもベストセラーになっている本ですが、その本に出会って何かチェコ語という不思議な言語があるらしいと知ったのです。その上同時期にたまたまフランツ・カフカの作品をいろいろ読んでいて、何かプラハ的な場所に関心を持っていたことが重なったのです。

しかも、大学受験を考えていたころに、一九九一年から東京外大にチェコ語とポーランド語専攻が日本で初めて開設されるという知らせが舞い込んできたんです。ドイツ語とかフランス語とかは大学で専攻があるばかりか、TVやラジオ講座もあるけれども、チェコ語はそういう環境はない、せっかく大学で勉強するのであれば、ほかでは勉強できないことをやってみよう、という感じで選びました。ですから、千野栄一先生の名前と、カフカと、よくわけのよくわからない歴史的背景のある場所だという、この三つの要素が偶然重なって、チェコ語を選択したというのがスタートでした。

はじめはですね、千野先生は言語学者ですし、落語家のようなストーリーテラーでもあったので、言語学の楽しみといいますか、その魅力の虜になってチェコ語の語順とか統語論《シンタックス》とか、そういうものを研究していました。でも、チェコの文学も読みたいなと思って、学生時代に新宿の紀伊國屋書店に行ったことがあります。九〇年代初頭でしたが、チャペックとかクンデラとかいろんな本が出始め、チェコの文学が多少は知られるようになった時代だったのに、外国文学コーナーに行っても何もなかったんです。当然ながら、アメリカ文学、フランス文学、ドイツ文学、ロシア文学とあって、そのあとはご存じの通り「その他の文学」でした。最近は細かく分かれていますが、あのころはまだ「その他」だったうえに、棚もごくわずか。でも、そのころ人気があったカレル・チャペックの『ダーシェンカ』という犬の話とか何冊かはあるはずだと思って、店員さんに「チャペックとかチェコの本はどこにあるんですか」と聞いたら、「ああ、こっちにあります」と裏側の棚に連れて行かれて、そこが何だったかといいますと、「犬と猫の文学」のコーナーでした。ですから、あの時代はまだ、チャペックを中心とした童話には関心が持たれてはいましたが、チェコの現代文学はなかなか日本には入っていなかったという状況でした。

じゃあ、チェコの文学とのほんとうの出会いはいつかというと、一九九五年にチェコのプラハに留学してからです。あたりまえですが、プラハの本屋さんに行くと、本当にすごい量のチェコ文学の本があるわけです。しかも革命後ということもあって、共産主義時代に発禁処分になっていた書物が次から次へと刊行され、出版業界も活況を呈していました。革命以前はボイラーマンをしていた人が九〇年になってから教授として大学にもどるという人も数多くいて、皆、目を輝かせていろんな作家や作品を語っている、そういう雰囲気がありました。それで辞書を引き引き読み始めると、パッと新しい世界が開けたような感覚になったのです。

そんなときに出会ったのがイジー・コラーシュという芸術家の作品です。初期は非常に前衛的な詩人だったんですが、あるとき脳梗塞を患ってしまい、ペンを持って書けなくなってしまう。そうしたときに、彼は、脳梗塞になった人が詩を書いたらどうなるだろう、あるいは文字を知らない人が詩を書いたらどうなるだろうと考えて、造形的な詩としての「コラージュ」を始める。彼の手がけたヴィジュアル・ポエトリーは詩の世界と美術の世界を往還するもので、一瞬にして魅了されてしまいました。

ほかにもコラーシュと同じ年に生まれて、コラーシュが一番初めに自分の作品を活字にするのを手伝ったというボフミル・フラバルという作家がいます。チェコはビールがとても有名なところでして、ビールの一人当たりの消費量は世界一だといって、みんな胸を張っているわけです。チェコのビアホールのよいところは、基本的に相席なんですね。日本ではレストランなどに入っても、カウンターが少しあって、基本的にはテーブルごとにグループでお話をするパターンだと思うんですけれども、チェコは長椅子とテーブルがあってですね、グループで座っても、一人で座ってもいいわけです。そうこうしていると、私なんかは明らかにアジア系の人間ですから「おいお前、何してるんだ」という話になる。そうやって話しはじめると、友達やいろんな人の名前がどんどん出てくるわけなんですけれども、そこで必ず出てくる名前がボフミル・フラバルでした。いわゆる文学史などで有名な人ということは知っていたんですが、プラハの面白いところは「いやあ、フラバルじいさん、酒飲みでねえ」って、みんな、本当に友達のように作家を話題にするんです。小さな町ですから、みんなが飲み仲間という感覚があるのですね。我々はなかなか「村上春樹って、いい奴でね」とは言えません。面識がないわけですから。でもプラハにはそう言える空気があって、一般の人と作家が非常に近い距離にあって、いい関係を構築できているということにも驚きました。

フラバルの作品ですけれども、居酒屋やビールの話が圧倒的に多いです。ビール醸造所の生まれでして、文字通りビールにまみれて生涯を過ごしました。まだ乳児だったころ、みんな貧乏で乳児用の飲み物もとても高かった。でもビールは売るほどあったので、ノンアルコール・ビールを飲ませていたという逸話があるほど、ビールが身近な人だったんです。フラバルの作品の面白いところは、こういった類の気取らないエピソードのなかにきらりと光る言葉が随所に溢《あふ》れているところです。デビュー作は『水底の小さな真珠』という短編集ですが、これは水底というと綺麗ですが、実は泥沼のようなところでも、ちょっと探すと綺麗にきらめく小さな真珠が見つかるはずだというのが彼の考え方で、どんな酔っ払った「変なおじさん」にでも、実はきらりと輝く瞬間があるということを、市井の人に焦点を当てて描いた人です。けれどもそこに「歴史」という大きな物語が介入してくる。代表作『わたしは英国王に給仕した』（阿部賢一訳、「池澤夏樹＝個人編集 世界文学全集 第3集」河出書房新社、二〇一〇年）は、百万長者になることを夢見るチェコの地方出身の若者の物語です。主人公のジーチェは単に金持ちに、ホテル王になりたいだけなのに、ナチスや共産主義といった自分ひとりではどうにもならない大きな流れに呑み込まれてしまいます。ですが、フラバルはジーチェというひとりの人間のつまらない営為、つまり「小さな物語」にスポットをあてていくんです。

中・東欧には、二十世紀の縮図を体験した場所の背景として「歴史」というものがつねに存在していますが、それを単線的に小説の題材にすると、体制批判の書というふうに読まれてしまい、色眼鏡で見られてしまうわけです。フラバルは、奥さんがドイツ系の人であったり、当時としてはいろいろ難しいことがありました。たとえば、悪者としてのドイツ人という図式になりがちなところを、フラバルの場合は、ちょっと引いて見るわけです。そういう遠近法のうまさがある。我々はついついチェコは小さな国でオーストリアの支配を受けてといったように図式的に考えてしまいがちですが、そうではないものを、フラバルの場合は、うまく描いているのかなと思います。

ですから、ビールにまみれたフラバルのお話もそうですし、あるいは同じ歴史というテーマでは、二〇一四年に篠原琢さんと共訳した『エウロペアナ　二〇世紀史概説』（パトリク・オウジェドニーク著、白水社）という本がありますが、あれもある種の歴史の相対主義です。そういった一つの価値観が絶対ではない世界で生きていくのに「長《た》けている」といいますか、生きる「術《すべ》」が、いろんな形で凝縮されているのが、チェコというかプラハの、文学的なエッセンスの一つなのかなと思います。とりあえず、以上です。

沼野　阿部さんの話に出てきたコラーシュという詩人がいますね。このコラーシュという人がコラージュを作ったなんて冗談みたいですが本当の話です。コラーシュは阿部さんの博士論文のテーマでもあって、著書にもなっていますし（阿部賢一著『イジー・コラーシュの詩学』成文社、二〇〇六年）、阿部さんは研究だけでなく、現代チェコ作家の様々な作品を破竹の勢いで翻訳されています。ラテンアメリカ文学の柳原さんも、このところすごい勢いで翻訳をしていまして、この二人を合わせると現代世界文学のミニ図書館ができるくらいです。

こういう世界の文学についてみんなで集まって話をするときに、いつも問題になるのは、アンソロジーや事典などの出版物を作るときなどもそうなのですが、時間とかスペースを国別、地域別にどう配分するかということです。スペイン語圏がこんなに広大で、スペイン語を使う国がたくさんあるのに比べたら、チェコはとても小さな国です。それなのにスペイン語圏文学と、チェコ文学に対して、同じ時間配分でいいのか、という疑問も出ないわけではない。しかし、まあ、文学の価値というのは、領土や人口の大きさや、国の強さとはとりあえず関係がないと考えるべきでしょう。世界文学の共和国では不毛な領土争いはしないことにして、国の大小を問わず皆が同じ権利を持つものと考えましょうか。そんなわけで、今日のシンポジウムではそれぞれの登壇者に同じ時間だけ喋《しゃべ》っていただくという原則に従って、先に進みたいと思います。

クロアチア・セルビア――大国に翻弄され続けた地域の「プロパガンダ」という物語

沼野　次は亀田真澄さんです。亀田さんはいろいろなことをなさっていますが、第一にバルカン諸国、つまり旧ユーゴのセルビア、クロアチアなどの専門家です。その上ロシア語もよくできるので、ロシア・ソ連も比較の対象にして、体は小柄なのにとてもスケールの大きい研究をしています。

亀田　ありがとうございます。今回のシンポジウムの案内には私の名前のあとに、「クロアチア」「・《ナカグロ》」「セルビア」と書いてあって、どっちだと思う方がいらっしゃるかもしれません。私自身は両方の国に留学経験がありますが、そもそもこの二つの地域は言語がほぼ同じで、二十五年ほど前までは同じ国、ユーゴスラヴィア社会主義連邦共和国でした。私はソ連とユーゴスラヴィアの「プロパガンダ」について研究していました。

「プロパガンダ」というのは、イデオロギーの宣伝のことですが、人々を騙して戦争に送り込むというような悪いイメージがかなり強いと思います。これは日本だけではなく、第一次大戦以降の世界的なイメージでして、この言葉はイメージが悪くなって使いにくいということで現れたのが「PR」、パブリック・リレーションズ（Public Relations）という言葉です。余談ですけれども、このPRという言葉を使い出したのはアメリカで広報マンをしていたエドワード・バーネイズという人で、彼は第一次大戦後に宣伝理論を発展させてPRの父と呼ばれるようになるのですが、彼の叔父さんはジークムント・フロイトでした。精神分析の父の甥《おい》がPRの父だというのは、面白い縁戚関係だと思います。

このように「プロパガンダ」は悪者になっているわけですけれども、「プロパガンダ＝（即）悪」というものではないと思います。たとえば私が興味を持っていることに、人々が思い描く未来像というものは歴史的にどう作られてきたのかな、ということがあります。未来は明るいと言ったときに、皆さんはどういう未来を思い浮かべられるでしょうか。それは権力や政治とどのように結びついているのでしょうか。

難しい時代にこそ、その悪い面を覆い隠すために、未来は明るいというイメージを使うことがしばしばあります。たとえばアメリカの一九三〇年代、大恐慌の時代の雑誌を見ていると、幸せで豊かな生活をイメージさせる記事、フォトエッセイ、広告が不自然なほど多いように思えます。アメリカン・ドリームという言葉が出現したのも一九三一年、まさにこの時代でした。そしてソ連で未来は明るいとか幸せで豊かな生活を送ろうというのがモットーになっていくのが、やはり一九三〇年代でした。これはスターリンによる大粛清と大規模な飢饉で知られる時代です。これから未来がどうなるかわからない、今よりもっと暗く大変な時代が来るかもしれないときに、「いや、そんなことはない、未来は明るい」と宣言してしまうことは、れっきとした「プロパガンダ」です。ただしそれは実際、人々に希望を与えていたというところもあったはずです。

国家の「プロパガンダ」のなかでもっともエキサイティングなのは、やはり国家を作るときの宣伝ではないでしょうか。新しい国、新しい国民というまとまりを作るということは並大抵のことではなくて、さまざまな物語が必要になってきます。「プロパガンダ」も物語の一形態というふうにいえます。国家建設の物語となると、文学の伝統ももちろん重要ですけれど、二十世紀以降は人々の視覚、聴覚に直接訴えかける映画も大変重要なメディアになりました。ソ連のスターリンも、ナチス＝ドイツのヒトラーも、ともに映画マニアだったことで知られています。二十世紀を代表する二大独裁者が映画ファンというのは、なにを意味するのだろうと興味を持っています。

スターリンの映画好きに関しては、いい映画がありまして、

（壇上のスクリーンに映し出される）

これは『映写技師は見ていた』というアンドレイ・コンチャロフスキー監督の一九九一年の映画で、スターリン専属の映写技師だった実在の人物が主人公です。この映写技師本人が監修もしています。クレムリンの一室に映画鑑賞用の部屋があったそうで、それもかなり忠実に再現されているということです。クレムリンでのスターリン主催の映画会というのは、多いときで週に二回以上、真夜中に開催されていたということで、彼はものすごく忙しい人だったはずなので、どうやってその時間を捻出していたのかなと思います。

さらにこのスターリンやヒトラー以上といえる映画好きな独裁者がいまして、それはユーゴスラヴィアの終身大統領だったティトーです。これに関してもいい映画があって、『シネマ・コミュニスト』（二〇一二年）という今映っている映画です。これはユーゴスラヴィア時代の映画産業についてのセルビアのミラ・トゥライリッチ監督によるドキュメンタリー映画ですが、ここでも主軸となっているのが、ティトーの専属映写技師だったという人物です。この映画では本人がインタビューに答えているのですが、撮影の翌年に彼は亡くなっているので、最後のチャンスに間にあってよかったというふうに思います。

彼は三十二年間、専属の映写技師としてティトーに仕えていたんですが、その間にティトーに見せた映画の数、どれくらいだと思われますか。映画好きのティトーが三十二年かけて見た映画の本数ということですが、答えは八千八百一本。かなりの数です。ほぼ毎晩映画を見ていたようです。ティトーが見たことのない、しかも質の高い映画をほぼ毎日上映しないといけないので、映画を探してくるのが本当に大変だったと、映写技師のコンスタンティノヴィッチ氏が語ります。ユーゴスラヴィアは当時、西側にも東側にも属さない「第三の道」を歩んでおり、政治的に難しい立場にありました。それなのにティトーは外国映画好きときています。どうしようもなくて数年前に上映した映画をしれっと流したらすぐにばれたとか、町中を駆けずり回って、それでも見つからず泣きそうになったとか、そういう裏話が出ています。この映画にはユーゴ時代の雰囲気がすごくよく出ているので、冒頭部分を少しだけ上映させていただきます。

（映画が映し出されて、音声が流れる。英語の歌が流れる）

亀田　今、英語で字幕が出ていますが、これは「これはもう存在しない国についての作品だ。映画の中にしか存在しない国についての」と書いてあります。

（しばし上映される）

亀田　この辺で、切り上げます。

今の映像にあったユーゴスラヴィアとして知られていた地域ですけれども、たくさんの民族が多様に入り交じる地域でした。いろいろな国に支配されてきたという歴史もありますし、また宗教も入り乱れていて、たとえば一つの交差点から正教会の教会、カトリックの教会、ユダヤ教のシナゴーグ、イスラムのモスクが全部見られるという、そういうことがそんなに珍しくないという地域です。そんな地域性のためにさまざまな物語が語られてきましたし、そういう物語が政治的に利用されたり、忘れられたり、また復活したりを繰り返し、現在に至ります。

社会主義のユーゴスラヴィアは第二次大戦後に急拵《きゅうごしら》えされる形で作られましたけれども、ソ連側にも欧米側にもつかないという独自のスタンスを採ったために、それについての物語を大量生産していました。たとえば、旧ユーゴのどの国でも有名な童話があって、ブランコ・チョピッチという作家による『ハリネズミのおうち』という、小さな洞穴に住むハリネズミのお話です。自分以外の森の動物たちは贅沢好きで、家など持たずにその日暮らしで楽しく暮らしている。主主人公のハリネズミは小さな洞穴を自分の大切な家だといってすごく大事にしますが、それを森の動物たちは馬鹿にするわけです。その贅沢好きな動物たちは事故に遭ったり、人間に狩られてしまったりでみんな死んでいく。でも、ハリネズミだけはこの小さな洞穴のおかげで生き延びるという、ちょっと残酷な話です。貧しくても自分の家を持て、そうすれば自由と安全が守られるという教訓は、東西陣営のどちらにも属さないという旧ユーゴ的スタンスのプロパガンダにもなっていました。

この童話は歌にもなっていて、今も幼稚園で歌われているようです。そんなユーゴスラヴィアでは建国から五十年も経たずにユーゴ紛争が起きて、国がなくなったということは皆さんもご存じのことかと思います。

今回、私がお薦めの一冊としてあげたのは、そんなユーゴスラヴィアが生んだミロラド・パヴィチの『ハザール事典』（工藤幸雄訳、東京創元社、一九九三年、のち創元ライブラリ）という小説です。これは中世に滅びたという伝説のハザール王国を巡る事典形式の小説になっています。つまりこれも国家の物語ということです。ハザール王国が歴史の流れの中で改宗しなければいけないということになって、結局、滅亡するんですけれども、それについて、キリスト、イスラム、ユダヤ、三つの宗教がそれぞれの立場から解釈をする、その解釈を網羅した事典という装いです。言ってみればハザール王国をネタに、宗教組織間のプロパガンダ合戦をパロディにしたような物語です。女性版と男性版があって、それぞれで少しずつ違う。ちなみに二〇一五年に出版された文庫版で、沼野先生が解説を書かれておられますけれども、解説も男性版と女性版とで「間違い探し」をしてみてください。この作品で語られるのはどれも現実離れした不可思議なエピソードばかりですが、それを通して宗教・民族の問題のみでなく、さまざまな利害関係や欲望、その中での政治というように、いろいろな問題が浮かび上がってきて、まるで世界の縮図のようになっています。

旧ユーゴ地域の文芸作品は、事典形式のものがやたらと多く、この傾向は二〇〇〇年代以降はとくに顕著です。デヤン・ノヴァチッチの『落第生のためのユーゴ連邦』という二〇〇二年の作品がありますけれど、これはユーゴスラヴィアについての用語集の形式をとったエッセイです。虚実をたくみに混ぜ合わせたブラック・ユーモアのなかから、消滅した祖国への愛着がほんの少し顔を出すという具合の語り口が人気を博しました。

あとドゥブラフカ・ウグレシッチや他の人たちで編集した『ユーゴ神話学事典』、これは結構分厚い本なんですけれども、ユーゴスラヴィア時代のモノや文化について、作家やジャーナリストたちが書いた項目別エッセイを、事典形式にまとめた作品です。ユーゴスラヴィアが崩壊してもユーゴスラヴィアに生きた記憶は残そうという動きは他にもいろいろあるわけですけれど、こういった作品を前にすると、ユーゴスラヴィアという国自体が一つの物語のようにも見えてきますし、また、ユーゴスラヴィアというのは一つの事典に収まってしまうサイズだとかわいらしくも見えます。ユーゴスラヴィアには東西の間にあっていろいろな権力に翻弄されてきたという歴史がありますので、サイズとしては小さいけれども、世界の問題が詰め込まれ凝縮されていて、ユーゴを知ろうとすればするほど、世界について知らなければならないということがあります。

ユーゴスラヴィアは旧共産圏の中でも「プロパガンダ」が過剰気味な国だったかなと思います。

ただしそのプロパガンダのなかには、今も人々が愛着を感じずにはいられない、未来への希望を感じた経験や、幸せな生活のイメージも入り込んでいて、それらを「プロパガンダだから」という理由で否定すべきではないと思います。私たちの現代社会においても、どんなライフスタイルが幸せかを教え込む宣伝が、大きな影響をもたらしていることは確かだからです。

ユーゴスラヴィアのことを調べていると、大国の利害関係や民族問題などがいろいろに反映された文化を持つ国は、世界の縮図を描くためのいいキャンバスになると感じます。もちろん、世界をそのまま縮小するということは不可能なので、歪《ゆが》んだ鏡で切り取った像のようなものになっているところがあります。その歪みがあるからこそ、縮図から世界へと視野を広げるときに、世界に対して、通常とは違ったような、少し変わった見方ができるといいなと思っています。

沼野　ユーゴスラヴィアは比較的小さな地域ですが、確かに非常に複雑な地域でもあります。その複雑さをとても興味深く描き出していただきました。

ロシア——スモーリヌイの建物の、突き当たりにある小さな部屋で聞かされたこと

沼野　次はとても大きな国を研究している、ロシア文学の専門家、奈倉有里さんにお話をしていただきたいと思います。

ロシアというのは国が大きいだけでなく、ロシア文学は、日本で知られている外国文学の中で

はメジャーな文学の一つといっていいでしょう。ロシアは明治以降の日本人にとって、西欧の英独仏の文学と並ぶくらいに、あるいはそれ以上に大きな影響力を持ってきた文学の大国ですが、残念ながら現代のロシア文学はそれほど広くは読まれなくなってしまった。奈倉さんは現代ロシア文学の非常に重要で面白いところを研究、翻訳しています。

奈倉　ありがとうございます。「大きい」という括《くく》りでちょっと途方に暮れていますが、ロシア文学という枠から始めるとやはり、ロシア文学とは何かなどと大変なことになってしまうので、私がロシア文学に進んだきっかけという小さなところから、普段はあまりしたことのない話をしようと思います。

私は小さい頃から本が好きでしたが、十五歳の頃にすごく好きだったのがトルストイでした。その後、十六、十七、十八くらいのころにいろいろあって、文学というものに非常に救われる体験をしました。それで、トルストイの文庫版『復活』をお守りみたいにずっと持ち歩いて、自分にはもう文学しか残されていないんじゃないかと考えていた時期がありました。ロシア文学というものに好感を持ち、なんとなくＮＨＫラジオの語学講座を聴くようになったとき、ちょうど沼野先生がロシア語の応用編で、ブラート・オクジャワ＊[1]の詩を読んでいて、それに大変感銘を受けたことを覚えています。時期的にはその後ですが、もともと思いつめる性質の私はふと無茶をして、いきなりロシアに留学したのです。

そのときに少し頭にあったのが、英文学をやっていた奈倉次郎という曽祖父のことでした。といっても私は曽祖父に会ったことがないだけでなく、話に聞いて知っていることも僅《わず》かでした。一八七一年生まれで、若いころに当時としてはかなり無茶をして、家族に黙っていきなりアメリカに留学し、帰ってきてから学者になって、シェイクスピアやデフォーなどを翻訳していたということ。日本にエスペラント語を広めたエドワード・ガントレットという人と親しくしていたということ。それからものすごく変な人だったということぐらいでした。

その曽祖父が訳した本の一つがここにあって、赤い表紙の文庫本サイズで、和英対訳になっている『青年英文学叢書』。明治三十九年、つまり一九〇六年の訳です。題名が『船乗新八』。新しいの「新」に、漢数字の「八」で「新八」というのですが、誰のことだかわかりますか。『千夜一夜物語』、『アラビアンナイト』の船乗りシンドバッドのことです。シンドバッドを新八と訳したわけですね。当時の翻訳ではそれはよくあったことらしく、日本人に親しみやすい名前に変えていたのだと思います。本を開けてみると、中は英語と日本語の対訳になっていて、当時の青少年に向けた啓蒙的な読み物であったことがわかります。

私がいきなりロシアに留学したのは、そんな曽祖父の真似をしたわけではありませんが、ただ自分を救ってくれたのがトルストイであり文学であって、それがなかったら自分は存在しなかったかもしれない、その文学のために何か少しでもできる人生が送れたら、他のことは、たとえ誰かにものすごく変な人だと思われたとしても、もうどうでもいいんじゃないかな、と思っていたからかもしれません。

最初に行ったペテルブルグでは、旧スモーリヌイ女学院、現在は外国人向けにロシア語やロシア文化を教える機関が入っている、スモーリヌイというところに通い、語学や文化を学びました。なかでも面白かったのが文学精読の授業で、エレーナという先生がいて、古典も現代文学も詩も散文も何でも知っていたのですが、彼女の朗読するアレクサンドル・ブローク*2の詩に夢中になり、そのころから詩をやりたいと思うようになります。エレーナは普通の授業のあとに毎日残って個人授業をしてくれて、私の希望でトルストイの『クロイツェル・ソナタ』や、二十世紀初頭のいわゆる「銀の時代」*3の詩を多く読みました。

エレーナの個人授業を受けていたのは、スモーリヌイの建物の廊下をずっと奥にいった突き当たりにある小さな部屋でした。秋から冬になり、ペテルブルグは夏の白夜で有名ですが、冬になると逆になかなか日が出なくて、夕方三時くらいになるともう暗くなってしまいます。そんな薄暗い部屋の中で授業をしていたときに、エレーナが窓の外を指差し、「あ、鳥が来ている」と言いました。見ると、雪の吹き付けられた窓のすぐ外にある枝に、小さな鳥がとまっていました。そしてエレーナは「あなたは、絶対にこの瞬間を忘れないわ」と続けました。「毎日、こうして雪の降るなかで『クロイツェル・ソナタ』を読んで、二人で恋愛について、嫉妬について、社会制度について、その他ありとあらゆることについて語り合ったこと、その窓の外に鳥がとまったこと、あの鳥をあなたは絶対に忘れないわ」と。そのとき、私は本当にこの瞬間のことを、あの鳥のことを、絶対に忘れないだろうと、はっきりわかったのです。

種明かしをしてしまえば、それは言葉の魔力でした。文学の魅力を知り尽くしていたエレーナは、言葉の魔力を操ることにかけても超一流だったのです。私はもっと本格的に言葉を、文学を学びたいと思い、エレーナにそう伝えると、モスクワのゴーリキー文学大学を勧めてくれました。私はその勧めに従って、それから一カ月くらい後に夜行列車でペテルブルグからモスクワに向かい、モスクワ大学の予備科を経て、翌年の夏に文学大学に入りました。その大学で何を学んだのか、新たに知ったロシア文学の世界はどういうものだったのかというお話は、今日は時間がないのでとてもできません。その代わりというわけではありませんが、今の私が自信を持ってお薦めできる一冊の本を紹介したいと思います。

私がお薦めする本は、拙訳ですがリュドミラ・ウリツカヤの『陽気なお葬式』といって、「新潮クレスト・ブックス」の一冊として翻訳が出たばかりの中編小説です。この作品の舞台になっているのは一九九一年のニューヨーク。ウリツカヤは一九八〇年代末から九〇年代にかけて、留学した息子たちや移住した友人たちを訪ねるため、断続的にニューヨークを訪れるなかでこの作品の着想を得ました。画家である主人公のアーリクのアトリエはチェルシー地区にあり、この作品には、分厚いパストラミサンドを出す有名なカッツ・デリカテッセンというユダヤ系移民のお店や、ワシントンスクエアのすぐそばの大学、ウォール街、それから魚市場の新鮮な魚など、実際のニューヨークの活気が目に浮かぶ描写が多く登場します。

ところで皆さんは『陽気なお葬式』というタイトルを聞いて、どう感じるでしょうか。裏表紙の帯のウリツカヤの言葉にもあるように、人が死ぬということは、それが愛する人の死であればなおさら、深い哀しみに彩られるものです。この前提を踏まえていえば、そんなお葬式をあえて「陽気な」としたのは、文学的に言えばいわゆるoxymoron、「撞着語法《どうちゃく》」といって、普段は相反する二つの言葉をつなぎ合わせる、例えば「熱い雪」とか「生ける屍《しかばね》」とか「死せる魂」などと似た手法だということができます。例えば「死せる魂」が、ある時代には「魂は不滅のものであるのに『死せる』とは不謹慎だ」と批判されたのと同じように、人によっては『陽気なお葬式』というタイトルを見て「お葬式は悲しいものでなくてはならないのに、『陽気』とは不謹慎だ」と思う人がいるかもしれません。では、なぜウリツカヤは、あえてこのようなタイトルをつけたのでしょう。人の死を面白おかしく書きたかったのか、といえばそうではありません。重病を抱え、死を目前にしたアーリクは、思想的にはウリツカヤの分身といえるほど作者に近く、さらに、それまでに作者が会った、誰もが魅了されてしまう強い魅力を持った複数の人物の特徴を取り入れて描かれています。アーリクというこの主人公は、ほとんど生まれつき人に好かれてきて、ベビーシッターにも保母さんにも愛され、小学校に上がるとクラス中の女の子の誕生日パーティに招かれて、どこかに遊びに行くとその家の子どもはもちろん、おばあちゃんも飼い犬もみんなアーリクを好きになって、思春期になるといつも友達同士の喧嘩を仲裁して仲直りさせてみんなを笑わせていた。何よりも人並外れていたのは「人生は次の月曜日から始まる」という限りなく確かな自信で、昨日なんていうものは（とくにいまいちな昨日の場合はなおさら）なかったことにしてしまう才能だ――。こんなふうに描かれるわけなんですけれど、そんなアーリクの死にゆく姿が明るく澄んだ色彩感に充ちているのは、彼の魅力のなせる業《わざ》でもあり、そんな彼の魅力が伝染したように周囲の人々もまた魅力的であるからだ、とウリツカヤは語っています。

あるインタビューで「あなたはどうしてこんなどうしようもない人たちの滅茶苦茶な人生を、こうも肯定的に書けるのか。この作品には否定的な人物はいないのか」と聞かれたとき、ウリツカヤは笑って、「だって私、みんな大好きなんだもの」と答えています。そして「どんな人物にも必ずどこかに愛すべき点がある。私はそれを書きたい」と、そういうふうに語っています。それを聞いたとき、私は妙に腑に落ちました。最初にこの本を読んだとき、登場人物みんなに対する愛情というか愛着が湧いてきて、それが心地よかったのですが、なるほど、それは作者の「みんな大好き！」という姿勢が伝わってきていたんだなと思いました。数え切れないほど何度も読んだ本ですが、私は何度読んでも登場人物たちの人間的な魅力に憑《つ》かれたように夢中になり、それから何度読んでもどうしても泣いてしまう場面があって、読み終わると、最後にはとても安心していきます。

私の言葉で皆さんにこの本の魅力がどれほど伝わったのかはわかりません。興味を持っていただいたら、手にとってもらうのが一番いいのですが、もし内容についてしっかりした解説が欲しいという方がいらしたら、新潮社の『波』に平松洋子さんが書評を書いてくださっています（二〇一六年三月号「リュドミラ・ウリツカヤ『陽気なお葬式』／この不思議な祝祭感」）。今朝の『毎日新聞』には、江國香織さんが書評を書いてくださいました（二〇一六年二月二十八日〈今週の本棚〉リュドミラ・ウリツカヤ『陽気なお葬式』／「いまここ」に漂う透徹した明るさ）。どちらも素晴らしいので、機会があればぜひそちらも読んでみてください。

沼野　どうもありがとうございました。奈倉さんは今のお話からもわかる通り、若い頃にロシアに渡って、ゴーリキー文学大学というところを卒業したんですけれども、日本人でこの大学の全課程を終えて卒業したのは、歴史上ただ一人、おそらく奈倉さんだけのようです。そういう、日本でロシア文学に携わっている多くの人たちの中でも大変に珍しい経歴で、だからこそ人並外れた素晴らしいロシア語能力を持っていて、現代ロシア文学の紹介を精力的にすることができるわけですね。

質疑応答

沼野　以上、いろいろと中身の濃いお話が続きましたので、時間があっという間に過ぎてしまいました。会場の皆さんには、質問がいろいろあると思いますが、それぞれの登壇者に対して、一問か二問ずつ質問を受け、それでもさらに時間が残れば、あとは自由に討論しましょうか。今度は順番を逆にして、まずロシア文学の奈倉さんに対して、何か質問のある方はいらっしゃいますでしょうか。

質問者1　こんにちは。これは奈倉さんだけではなく、できれば皆さんに聞きたいと思いますけれども、外国語を翻訳ができるほどよくできるようになると、日本の文学を違った目で見るようになりますか。とくに文体を、どういうふうに見るようになるかということを知りたいです。

沼野　とても素晴らしい質問ですね。では奈倉さんからまず一言。

奈倉　大変素晴らしい、そして難しい質問をありがとうございます。確かにそうだと思います。そのことを最初に感じたのは、留学して数年経って、純粋にロシア語だけの環境で暮らしていたときに、どうしようもなく日本語の小説が読みたくなって、日本語の本が置いてある図書館に行き、日本文学全集などを読んだときに、あ、日本語ってこういう言葉だったのかと感じたときのことでした。すごく新鮮で、染み込んでくるように言葉が入ってきて。主観的な体験で申し訳ないのですが、見方は変わったと思います。ただ、今になってその前後の見方を比べてどう、と一言で言い表すのは難しい。

沼野　今の質問に対しては、ここにいる他の人もみな外国語の第一線の専門家ですので、手短に一言ずつ答えていただければと思います。亀田さん、どうですか。

亀田　外国語ができるようになって、現地の人たちのコミュニティに受け入れてもらうくらいに外国文化に親しむと、ふと日本文学を読んだときに、これまでは普遍的な物語に思えていたものが、とても日本的だなと感じることがあります。これは悪い意味ではなくて、どんなことにも、もちろん私の思考回路にも、文化的・歴史的背景、これは偶然の要素でいくらでも変わってしまうものですが、そういうことが強く影響しているということを意識するようになりました。

沼野　阿部さんはいかがでしょう。

阿部　おそらく二つあって、一つは、外の言語とか文化を紹介するという側面です。それからもう一つ、日本語の文学の一部としての翻訳ということも意識すべきかなと思っています。日本の書店では翻訳作品は外国文学の棚に置かれているわけですが、土俵としては同じ日本語の文学だと考えたい。紹介するのは現代の作家であったり、そうでなかったりしますが、あくまで日本の文学が一つ増えていくものとしてとらえています。そのときに、これはチェコに限らず他の地域の作家でもそうだと思いますが、要するに日本語の文学にないものを翻訳することに意味があると思うので、なるべく日本語の世界にはいないようなタイプの作家を意識して選ぶようにしています。

沼野　柳原さんはいかがでしょう。

柳原　阿部さんが立派なことを言ってくれたので、僕はとても個人的なことを言います。最近は日本語が読めなくなっているんです。読むのが遅くなったというか……ひょっとしたら老いによるものなのかもしれないですが。僕はもとから翻訳に時間をかけるほうではありましたが、最近はほぼ一字一句辞書を引いてしまい、ますます時間をかけるようになっています。スペイン語、あるいはスペイン語―日本語の辞書だけではなくて、日本語の辞書も頻繁に引きます。おかげでスペイン語自体もできなくなったと感じていますし、日本語も読めなくなったと感じています。それでもあえて読めるものを、あえて読める人を、日本語の作家では読むようになりました。これにはいい面もあります。ある種の日本語は読まなくてもいいと思えるようになったということです。誤用に満ちていたり、構文が成り立っていなかったりする日本語は、読む価値がないと断じることができるようになりました。

沼野　どうもありがとうございました。よろしければ、今質問してくださった方、どちらのご出身ですか。

質問者1　セルビアです。

沼野　日本に長くお住まいですか。

質問者1　そうですね。行ったり来たりしていますけれども。ベオグラード大学の日本語学科を二十年前に卒業しました。

沼野　なるほど。私も今の質問に一言答えさせてもらいますと、私はロシアとかポーランドの文学に携わっているのですが、若いころ、アメリカの大学院に四年ほど留学していまして、その後半の二年はティーチング・アシスタントとしてロシア文学を教えてもいました。アメリカの大学ですから、授業はもちろん全部英語で行いますが、英語はそんなに上手じゃありませんから、準備が大変で、もう一日中、うちに一人でいるときも、風呂に入っているときも、ブツブツ英語で授業の内容を喋って練習するなんて毎日でした。でもそんなふうにしていると、そのうち暇なときに娯楽のために気軽に読む本も英語のペーパーバックの推理小説になったり、うとうと昼寝をすると、英語で夢を見たりという状態になってですね、一時期日本語からいったん切れてしまったんです。

日本に帰ってきてから、翻訳をしようとなったときに、ロシア語とか英語で知っている概念が、日本語にすぐにつながらなくて、結構、苦労したことがあります。しかし、外国語で外国文学を読み、その上で今度は日本文学を日本語で読むと、日本語が外国語のように見えて、新鮮なんですね。ロシア語では言えないようなことを日本の作家は言っているんだなとか、逆にロシアの作家はこういうことをきちんと言えるのに、日本の作家はなんでそれが言えないんだろうか、などと思うようになる。これはやっぱり日本語を外国語と比較しながら見る視点が出てきたからで、日本文学を読むためにも、外国語・外国文学を知っていることが重要ではないかと、後で思うようになりました。

では、次に、ユーゴスラヴィアの話をしてくれた亀田さんに何かご質問のある方はいらっしゃいますか。

質問者2 私、ユーゴスラヴィアやチェコとかの文学が好きで、読もうと思ってみても基本的に日本語での翻訳が手に入らないので、英語で読むしかないという経験があったんです。現在の出版の状況としては、その辺の比重をどう思われていますか。

亀田 そうですね、英語にはかなり翻訳されていますし、あとドイツ語訳も相当あるので、外国語に翻訳されている作品は少なくないのですけれど、日本まではなかなか来ないですね。でも、もっと読みたいという声が多ければ。

質問者2 もっと読みたいです。

沼野 はい、そういう声をちゃんとここで伝えてくれれば、これから亀田さんが頑張ってくれると思います。今日は会場には出版社の方も来てくださっていますから。今の質問、阿部さんにもお答えいただけますか。

阿部　やはり、少ないです。圧倒的に。

沼野　阿部さんが、ほとんど一人で翻訳してるような感じがしますけど。

阿部　いや、そんなことはないです。でも本当に、先ほどお話ししたことが他のことにも当てはまる感じがします。僕はたまたまチェコという鉱脈に出会って、こんなに面白い作家がいると知った。たまたま出会ったんですけれども、もしこれを他の言語に広げたら、もっといるだろうと思うとすごいことですよね。まだ知られていない、たまたま出会いがないだけで眠っている作家たちが、実はたくさんいると思うので。

その手がかりとしては、出版情報をよく調べてみるとかですね、確かに書店では翻訳文学は少ないんですけれども、よくよく調べると意外と訳されていることもありますし、大きく取り上げられなかったので、知られないまま忘れられてしまうこともある。逆に、皆さんのほうから、これを訳してくださいとか、これを復刻してくださいとか、こういう場でアピールしていただければ、出版社の方も、今日も何人かいらっしゃっていますが、拾い上げてもらえるかなと思います。

沼野　東欧、中欧というのは日本ではかなりマイナーな分野ですが、今、とくにそこに力を入れている出版社が、小さいといっては失礼ですが、松籟社という京都の会社です。阿部さんが訳したフラバルの『剃髪式』、それからつい最近は『東欧の想像力』（奥彩子、西成彦、沼野充義編、二〇一六年）という東欧文学のハンドブックも松籟社から出ています。ラテンアメリカ文学でも、柳原さんが訳したバスケス『物が落ちる音』も松籟社ですね。そんないいものを、松籟社が独り占めしているような状態なんですが、逆にいうと、もっとメジャーな会社はこういう一見マイナーな外国文学には手を出さないんですね。

それでは亀田さんに、もう一つ、ユーゴ関係、あるいはプロパガンダ関係で何か質問はありますか。

質問者3　独裁者たちの映画によるプロパガンダの話であるとか、ユーゴスラヴィアという一つの物語という話を面白く聞きまして、今、私たちがいるこの国のことも含めてですが、権力というものは常に「プロパガンダ」を欲するものであるんでしょうし、大きな意味での物語というものは何処へどう、我々を乗せて進んでいくのか。大きな物語から小さな物語まで、たくさんの物語があると思うんですけれども、亀田さんがユーゴという国の物語から学ばれたティトーの物語が、どんなものだったのか、一言では語るのは難しいと思いますが、何かそういうことでメッセージをいただければうれしいです。

亀田　どうもありがとうございます。ティトーの物語ということで思うのは、やはり、ティトーはバランスをとることに長けていたということです。たとえばお正月に大統領のスピーチというのをするのですが、お正月を過ごす場所がセルビアの首都ベオグラードだけだと、ベオグラード中心という感じがしてしまうので、共和国の中を順番に回るかたちで、持ち回り式にしていました。彼自身もスロヴェニア人とクロアチア人のハーフですけれども、何事につけても細かくバランスをとっていたなあと思います。

また、第二次大戦からどれだけ年月が経とうとも、仮想敵はあくまでもナチス＝ドイツであって、同時代のほかの国や人ではなかったというところも、ティトー時代のプロパガンダの特徴だと思います。これは実は冷戦期のソ連にも当てはまることで、たとえば冷戦まっただなかの一九五〇年代、六〇年代のソ連映画には、極悪非道なアメリカ人というのはほとんど出てきません。これは同時代のアメリカ映画では、ものすごく悪い、ほとんど宇宙人のように描かれる冷徹なソ連人がたくさん出てくることと比較すると、根本的に違う点です。このようにソ連と共通するところもありますが、ティトー時代のユーゴスラヴィアでは、明るい未来を思わせるプロパガンダが多かった。特定の敵についてのネガティブ・キャンペーンよりも、希望で国民をまとめようとしていたということが、ティトーの物語の特徴ではないかと思います、その裏では独裁的権力をふるって、言論の自由のない社会を作ってもいたわけですが。

ある俳優が語った、ティトーとの面白い逸話があります。ティトーはある夏、クロアチアのブリオーニ島という、とても美しい島の別荘に、たくさんの映画関係者たちを呼んだことがありました。食事中の写真が残っていますが、一般的な飲み会のような、和気藹々《わきあいあい》とした雰囲気だったようです。そこでティトーがおもむろに、「みんなが自分についてどんなジョークを話しているのか教えてくれ」と聞いてきたそうです。俳優たちがびっくりして、「無理ですよ、そんなことを言ったら逮捕されてしまいます」と答えたところ、ティトーは笑って、「なにを言ってるんだい。この国で逮捕の命令を出しているのは私じゃないか」と応えたそうです。ティトーは安心させようと思って言ったのかもしれませんが、みんな背筋が凍ったのではないかと想像します。表と裏がはっきり分かれているのに、それを隠さないというところが、なんともティトーらしいエピソードだと思いました。

沼野　それでは今度はチェコ文学の専門家の阿部さんに対してご質問がある方はいらっしゃいますか。

質問者4　今日はありがとうございました。先生方全員にお聞きしたいのですが、現在でもカフカとかトルストイとかドストエフスキーとか、あとマルケスなども加えて、みんなが知っているような文豪が多くいるじゃないですか。その中で、今は情報化が進んで世界中の文学が翻訳されるようになっている。そうすると、どんどん膨大になっていくと思うんです。大学の研究者の人たちは、そうやってどんどん増やしていくことについてどう考えているのかなと思って。難しいかもしれませんが、よろしくお願いします。

阿部　難しいですね。フラット化という現象は別に文学に限らず、いろんな知の世界にもあると思います。要するにカノンというか、この作品を読めばこの分野はいいという共通理解のようなものがかつてはあったんだけれども、幸か不幸かはわかりませんが、そういう誰もが認める土台がなくなっている。これ一冊読めばチェコ文学がわかるというものもないでしょうし、それは世界文学でも日本文学でも同じだと思います。

逆に、それは自分で世界をどう描いていくかということだとも思うので、今、亀田さんがおっしゃったように、大きな物語ではなくとも、自分が描いていく主体になれるチャンスがあるとも思うんですね。それまでは「これを読まないでロシア文学をやるの」とか、「カフカを読まないでドイツ文学なんて」みたいなことを言えたし、それが支配的だったわけですけども、そういうのがなくなってしまうということは、逆に普通の人が主体的に自分のなんとか文学っていう枠組みを提示することができるということだと思うんです。それは、チェコ文学でも中欧文学でも東欧文学でも世界文学でもいいと思うんですよね。ですからフラット化の現象には悪いことだけではなくて、逆にいい側面もあるんじゃないかと。

ただし、おっしゃったように、じゃあどこから始めるかというと難しい。とはいえ、世界文学全集がまだ河出書房新社から出ていますし、おなじく日本文学全集が出たりという部分もあるので、あるいはそこから興味を持った作家なり研究者なり翻訳者なりを手がかりに、少しずつ自分なりの間口を広げていくことが一つのあり方かなあ、と思います。そういった入り口はおそらく今はいろいろあって、たとえば映画から入って原作を読むということもあると思います。ただし、逆にもう一つ大事なことは、自分が知っている知識はつねに一部でしかない、部分的なものでしかないと意識することだと思います。常に更新していかないと、自分が次なる対象とする関心のあるものが、どんどん上書きされていくので、こっちも負けずに知識を蓄えるなり読書をして考えるなりして、文学のイメージをどんどんアップデイトしていかないといけないかなと思います。

沼野　今、質問された方は、ご自分も教える立場の方ですか。学生さんですか。

質問者4　まだ大学生です。

沼野　そうですか。今の質問には他の方にも答えていただきたいのですが、残念ながら時間が足りなくなってきました。今度は、柳原さんに対して、ラテンアメリカ文学関係の質問はありますか。

質問者5　先生は、世界の都市に共通の文学的な姿勢というのは、グローバリズムと戦うところにあるという内容のことを仰っていたように思うんですけれど、そこのところを具体的にお聞かせいただきたいと思います。

柳原　わかりました。グローバリズムと戦うというか、なんというんでしょう、今日はお薦めしませんでしたけど、エドゥムンド・パス・ソルダンというボリビアの作家がいまして、この人は一九六七年生まれでまだ四十代の後半の人ですが、その人の『チューリングの妄想』（服部綾乃、石川隆介訳、現代企画室、二〇一四年）という小説が翻訳されているんです。ボリビアの第三の都市のコチャバンバというところで、水道を脱国有化し、私有化したという事実があったんです。それで、アメリカ合衆国の資本の入ったある会社が水を供給し始めた。そうしたら、水道料金が数倍にもなって、普通の人が払えなくなってしまった。それで、ストライキと暴動が起こって、どうにか民衆の側が勝ち、水道料金は平常化されました。「水戦争」と呼ばれる出来事です。それを元にした映画などもできている。その事実をヒントに、電気会社が私有化された社会を描いたのが『チューリングの妄想』です。電気の供給が不安定になって、市民がストライキを起こします。それに便乗して、反大統領勢力が、サイバー空間を足がかりに政権打倒の運動を始めて、それを現実の世界に広げていくという展開の小説です。

こうしたことは、電気の自由化に直面している我々にも他人事《ひとごと》ならず思えるし、そういえば大阪では水道の自由化の話が出ていました。電気については、自由化で競争の原理が働いて現実には安くなってよかったのですが、たとえばカリフォルニアでは安定的な供給ができなかった会社があると伝えられていますね。国のサービス事業の場合、国民の健康で文化的な最低限の生活を営む権利を保証するという論理でなされるのでしょうが、私企業の論理は必ずしも市民の人権とは相容れませんから、そんな論理で動くところにライフラインを任せるということにはリスクがあるはずなんです。値段が高騰するかもしれないし、供給が十分ではないかもしれない。実際にどんな結果が出るかは別として、そういう潜在的な恐怖を持って生きるのが一種のグローバル化の世界だとするならば、これはボリビアでは既に水道で起こったことをもとに書いた小説ですが、僕らだって共感しうるところがあるという気がするんです。グローバリズム云々というのは、そういう意味です。

質問者5　ありがとうございました。『チューリングの妄想』は日本語訳が出ているんですね。ぜひ読んでみたいと思います。

沼野　もう一つくらい柳原さんに質問はありますか。

質問者6　ラテンアメリカ文学ブームがあったという話がちょっと出ましたが、僕の世代はラテンアメリカ文学に触れていても、昔あったというブームというものは遠い過去のことであって、もはやマジック・リアリズムの清算が始まっていて、ブームは本当にあったのかという感じさえしてきます。柳原先生が学生だったころ、ラテンアメリカ文学ブームがどう見えたのか、状況や経緯を、ちょっと語っていただけないでしょうか。

柳原　経緯……はい。ただ、一応言っておきますと、ラテンアメリカ文学ブームというのは僕が生まれたころの話でして、その当時の大作が日本語に翻訳されてまとまって紹介されたのがちょうど僕が大学に入るちょっと前くらい、大学に入ったころが頂点だったという感じなので、本当のブームというのは僕も知らないのです。ただ出版状況にかんしては、大挙して一気に大作が翻訳されていたし、普段はラテンアメリカなんて言わないような人たちもそれらの翻訳を読み、それについて書いていました。たとえば筒井康隆や安部公房など、いろんな人が触れていたことがあって、確かに七〇年代後半から八〇年代前半にかけては、ラテンアメリカ文学をみんなが新しい文学だと思って読んでいたという意識はあります。そのつもりで僕らも飛びついたっていうか、たまたまスペイン語を学んでいたのでそれを読み始めたという感じです。ただし、いわゆる研究者になろうとしたときには、その地域の広大さと作家たちの多様性にあきれてしまって、ラテンアメリカ文学と一語で表すことへの疑念が湧き上がってきました。それで、ラテンアメリカという概念は一つのディスクールに過ぎず、そんなものの実在性を主張するつもりはないということを、主張するような博士論文を書きました。

沼野　もっと質疑応答を続けたいのですが、既に予定の時間を過ぎています。この辺でそろそろ第一部をまとめたいんですが、最後に一言。先ほど、どんどん膨大になっていく世界文学に対してどう対処したらいいかという質問がありましたが、まさにこれは今日このシンポジウムを企画した現代文芸論という研究室が、常日頃の課題としているところなんです。既に制度化されている日本文学とかフランス文学などの場合、文学史が既成のものとしてちゃんとできていて、『源氏物語』を読まなくちゃ駄目ですよとか、明治時代のものだったら漱石、鷗外とか、そういうふうに読まなきゃいけないものの体系がある。ところが、現代の世界文学に取り組もうと思ったら、言語も国も超えてやろうとすると、ありとあらゆるものが押し寄せてくる。今日も四人の専門家にそれぞれ違う専門の立場からお話しいただきましたが、これだって世界文学のごく一部です。もちろん、世界文学といっても既に亡くなった作家が書いた古典的作品だけに限定して見れば、いちおう有限な体系ですけれど、実態としては現在進行形で、無限に広がっているわけですね。こんなにも膨大で、多様な世界文学に直面すると、誰でも圧倒されるでしょう。でも圧倒されてしまって、何にも読まなくてもいいのかというと、そんなことはない。この膨大な塊の中に入っていくと、とても面白いもの、魅力的なもの、日本にはないようなものがたくさんあるわけで、それを知らないまま終わったら、人生にとって大きな損失です。じゃあ、それにどうやって向かっていくのか、それを考えたい。それが私たち共通の思いなんです。

世界文学に立ち向かうための特効薬はありません。全部を系統的に読み尽くすということは不可能ですから、やっぱり何か、たまたまでもいいです、出会った作品に面白いものがあったら、それをとっかかりにして、そこから広げていくということしかないと思いますが、一番手軽ないい方法はですね、今日の四人の講師がそれぞれ教えてくれた、これがいいぞというお薦めの本をまずは読んでみることです。それから、今日、この後の第二部に登場する若い外国からの留学生の皆さんも、それぞれお薦めの本について語ってくれますから、そういったものを読んで視野を広げていくといいんじゃないかと思います。

＊1　ブラート・シャルヴォヴィッチ・オクジャワ　Булат Шалвович Окуджава（一九二四～一九九七年）ソ連・ロシアの詩人、シンガーソングライター、小説家。自作詩に曲をつけてギターで弾き語るスタイルで一世を風靡した。

＊2　アレクサンドル・アレクサンドロヴィチ・ブローク　Алекса́ндр Алекса́ндрович Блок（一八八〇～一九二一年）ロシアの詩人、劇作家。ロシア象徴主義を代表する文学者。

＊3　銀の時代　ロシア文学で十九世紀末から二十世紀初頭、すぐれた詩人が輩出した時期。十九世紀初頭のプーシキンの時代を「金の時代」というのに対して「銀の時代」という。

進行　**沼野充義**

パネリスト　**ライアン・モリソン／ヴィヤチェスラヴ・スロヴェイ／邵丹《しょうたん》／鄭重《ていじゅう》／ウッセン・ボタゴス／ソン・ヘジョン／エルジビエタ・コロナ**

世界文学と愉快な仲間たち

［第二部］世界から日本へ

6

邵丹
［中国］

揚州市出身。東日本大震災の僅か1カ月後の2011年4月に来日。橋本治や村上春樹など現代日本文学を幅広く研究。日本における翻訳文学の受容について博士論文を執筆中。

©JPIC

ライアン・モリソン
［アメリカ］

名古屋外国語大学専任講師。谷崎潤一郎『痴人の愛』をきっかけに日本文学に関心を持つ。専門は石川淳。東大での博士論文『写実的リアリズムへの対抗―言説としての石川淳初期作品』。

©JPIC

鄭重
［中国］

上海市出身。現在、記号学・言語学を視野に入れた小島信夫のテクスト分析で博士論文を計画中。中国語から日本語への翻訳に嚴歌苓『妻への家路』、『永遠の少年―ジャッキー・チェン自伝』がある。

ヴィヤチェスラヴ・スロヴェイ
［ウクライナ］

キエフ大学卒業。ウクライナ語とロシア語のバイリンガル。日本語と英語を含めて四言語を比較対照しながら、概念メタファーと翻訳可能性の問題について研究を進めている。

エルジビエタ・コロナ
［ポーランド］

ワルシャワ大学日本語学科卒業。日本語の音の美しさを俳句で再確認したのをきっかけに、実作を含めて世界文学としての俳句を研究している。東京大学での修士論文『俳句とHaikuの詩学』

ウッセン・ボタゴス
［カザフスタン］

ロシア語とカザフ語のバイリンガル。日本語と英語も含めて4カ国語にわたる多言語的な能力を活かし、太宰治を中心に比較文学的な研究をしている。現在、ハーバード大学大学院博士課程。

ソン・ヘジョン
［韓国］

多和田葉子に惹かれて文学に目覚める。身体的な文学性の問題に関心が強く、多和田葉子の朗読パフォーマンスを記録しながら、世界を旅している。現在、日本学術振興会特別研究員。

外国の日本文学研究者たちが与えてくれるもの

沼野　それではこれから今日のシンポジウムの第二部を始めます。第一部は「日本から世界へ」というタイトルで日本の外国文学研究者の皆さんに話をしていただきましたが、第二部は「世界から日本へ」というタイトルになっています。というのは、現代文芸論研究室に留学している、あるいは留学していた外国の日本研究者七名に勢ぞろいしていただいて、それぞれの観点から日本との出会いや、日本文学の面白さなどについてお話をしていただくからです。

日本を研究している以上、当然といえば当然ですが、皆さん日本語が大変上手で、お話も全部日本語でしていただきます。

第一部にも増して登壇者の数が多いので、一人ずつの発言の時間は大変短いのですが、限られた時間の枠内でもそれぞれの背景と個性を生かした話が聞けるものと期待しています。では最初に、アメリカから来た日本文学研究者で、現在名古屋外国語大学専任講師のライアン・モリソンさんにお願いします。

わけがわからないままどっぷり浸かった、日本版モダニストの石川淳

ライアン・モリソン　よろしくお願いします。モリソンと申します。専門は近代日本文学、とくに石川淳です。石川淳について六年前からずっと博士論文を書いていて、昨日、最後のチャプターの最後の文章を徹夜してようやく完成させたので、まったく寝ていません。名古屋からこちらに向かう新幹線の中で、今日の簡単なスピーチを書いてきました。それを今から読み上げます。

テーマは一応、日本文学を勉強したきっかけ、なぜ日本の文学を選んだのかという話です。私は学部のときは英米文学を専攻したのですけれど、あるとき友達に一冊の本を渡されて、それが谷崎潤一郎の『痴人の愛』の英訳でした。読んでみたら大変面白かったです。とにかく衝撃を受けたのは、この小説に出てくる「ナオミ」という女性ですけれど、それほど美しくかつ悪い女に現実世界でも小説世界でも出会ったことがなく、そのナオミに思い切り魅了されてしまいました。人生が破綻することになるまで彼女に惚れてしまう一人称の語り手「譲治」という人に自分を重ねて読みましたが、読み終えたら、ぜひナオミの現実バージョンを探したいと思いました（笑）。

二年間かけてカリフォルニア全州を探し続けましたけれども、結局のところ見つからなかったです。現実バージョンが存在しないのなら、せめてその小説の中のナオミにより近づきたい、ナ

オミとの距離を縮めたいと思い、原文で読もうと考え、その目的で日本語を独学で学習し始めました。そして『痴人の愛』を誰が英訳したのかと、ネットで調べてみると、偶然にも私が生まれ育ったアリゾナ州の大学の教授であることがわかって、さっそく彼に連絡をとり、そこで大学院に行こうと決心しました。

（以下、用意した原稿を朗読）

『痴人の愛』と登場人物のナオミの何が二十歳の自分にとってそれほど面白かったのか、何が刺激だったのか。それはおそらく自分のそれまでの女性たちとの経験に、非常に切実に通じる、何か響くところがあったからである。それは男女関係において必ず出てくる必然的な権力問題、つまりどっちが上になるかどっちが下になるかという揺らぎ、非常に流動的なその構造が、その小説においては非常に巧みに、かつ繊細に描写されているところだった。自分より十三歳若い女性を支配しようする譲治は、最終的には逆に女性に支配され、奴隷になってしまう。あるいは他の観点から考えれば、彼があえて自分を女性の支配下に置くことによって、ナオミを陰で支配するという仕組みになっているともいえる。その上下関係、つまりSとMの複雑極まる構造、人間の微妙な心理、男性の性癖、欲望の構図というものを、そこまで把握している作家にそれまで出会ったことはなかった。谷崎の作品を読んだことがある人ならわかるように、このテーマは谷崎のデビュー作品「刺青」という明治時代に書いた最初の作品から、晩期の昭和三十七年の『瘋癲《ふうてん》老人日記』という作品まで、終始一貫した主題でもある。

今日は、外人の留学生がたくさん来ることを想定して、これを書いたんですけど、なぜか一人も見当たらないし、日本人に向かってこれを言うのはおかしいんですが、日本近代文学の入門として、この素晴らしく奥行きの深い作家をぜひ読んでください。

日本文学を英語圏の世界に紹介したドナルド・キーン先生という方がいます。みんなご存じだと思いますが、去年、アメリカでの生活をやめて日本に暮らしに来ました。彼は、「谷崎の評価はまだ定まっていないが、二十世紀の日本におけるもっとも重要な作家であるだろう」と言っています。私はその大胆な主張に同意します。

しかし、谷崎をきっかけに日本語の勉強、日本文学に魅了された私ではありますが、結局、研究対象として中心に取り組むことになったのは、谷崎ではなく、むしろ彼とは正反対の性質、感覚、文学的な方法を持つ石川淳という作家であります。石川淳の初期作品のいくつかを翻訳し、その作品について考察した博士論文を今日の朝に仕上げてきました。最初に申し上げたように、私は英文学を専攻していましたが、学部のときは、ジェイムズ・ジョイスとかT・S・エリオットとか、そういう二十世紀のモダニストの作家たちを好んで読んでいました。彼らの作品は間《かん》テクスト性に富み、様々な昔の他の作品と深く関係し合うような、非常に濃厚で複雑極まりないもので、正直、ほとんど理解していないながらも、その時は面白く思い、次々と読んでいました。そこで日本のモダニズム作家にあたる人は誰かと探してみて出会ったのが石川淳でした。

最初に「佳人」とか「普賢」というフィクションの作品や評論のいくつかを読んだときの印象は、最高だ、だがさっぱりわからないというものでした。『痴人の愛』を読んで深く共感したり納得したりしたのとは、まったく逆の形でその面白さに衝撃を受けたのです。ジョイスやエリオットといった海外のモダニズム作家の作品をわけがわからないまま面白く、止められなくなるほど読んでいた興奮に通じるものを感じ、石川淳の研究にどっぷりと浸《つ》かっていくことになりました。石川淳の話になるとかなり難しい長い話になるので、興味のある方は、これが終わったら、個人的に僕に聞いてください。

お薦め本もまた、外人が来ることを想定して、ヘレン・クレイグ・マッカラの『文語マニュアル』(Helen Craig McCullough, *Bungo Manual: Selected Reference Materials for Students of Classical Japanese*, Cornell University East Asia Program, 1988.)を選びました。これは外人である僕には非常に役に立った本です。向こうでは、近代、現代の日本語文法という授業がそもそもなくて、授業で教える文法としては古文しかなかったので、アリゾナの大学に入ったときに古文の文法を最初にやりました。その基礎ができていると、近代の小説を読むうえでも非常に役に立ちました。自分では読まないとしても、日本語の勉強をしている外人が周りにいたら、これをぜひ薦めてあげてください。

沼野　モリソンさんが自分で「外人」という言葉を使うのもちょっと可笑しいですね。そもそもこれからこの第二部に登壇してくださる方はみんな「ガイジン」なんです。つまり外国からやってきた日本研究者。で、日本研究者である以上、「ガイジン」の彼らが、普通の日本人の知らないことを知っていて当たり前なんですね。日本人はまだそういう事態になかなか慣れることができなくて、「ガイジン」が日本人でも知らないような文学作品を読んでいる、とびっくりしてしまう。今日の日本人の聴衆の皆さんの中に、石川淳の「普賢」という作品を読んだことがある人がどれくらいいるでしょうか。失礼ながら、少なくとも若い人たちの中にはあまりいないんじゃないでしょうか。というわけで「ガイジン」ではない皆さんは、どうぞ外国の若き日本研究者たちにいろいろ教えてもらってください。恥ずかしがることはありません。それがこの第二部の趣旨なんです。ということでモリソンさん、どうもありがとうございました。

次にウクライナから来た日本研究者、とくに語学的な研究をしているヴィヤチェスラヴ・スロヴェイさん。よろしくお願いします。

興味の焦点は言語と文学の間にあった

ヴィヤチェスラヴ・スロヴェイ　私はウクライナ出身で、キエフ大学の日本語学科を卒業後、研究生として東京大学に来ました。十年前のことです。キエフ大学では日本語と日本文学を専攻していましたが、私の興味の焦点はこれらの二つの間《あいだ》に置かれていました。間というのは文学の翻訳のことです。当初は日本語の文芸作品とウクライナ語の翻訳を単に照らし合わせて、翻訳の問題についてあれこれ考えていましたが、当然ながらウクライナ語に翻訳しにくい日本語の言葉がたくさんありました。

その中には日常の生活によく出てくる、たとえば「フトン（蒲団）」などという、日本の文化を示すものもあれば、「常識」とか「義理」とか「遠慮」とか、そういった抽象的な概念を表すものもありました。前者は訳注などで説明すれば、何とか通じるものですけれども、後者の翻訳はそう簡単にいきません。しかも失敗すれば文芸作品全体の理解に影響を及ぼす恐れがあることが十分にわかりました。そこで東京大学に来て、修士論文で日本語の「世間」とか「かわいい」とか「遠慮」とか、そういった他言語に翻訳しにくいとされる文化的キーワードを取り上げて、それが表す日本語の世界観とその翻訳の可能性についていろいろと考察することになりました。

もちろん私の母語にはそれに正確に当てはまる言葉はないため、その意味をより深く理解するために、様々な専門書を読みました。たとえば四方田犬彦《よもたいぬひこ》先生の『「かわいい」論』（ちくま新書、二〇〇六年）とか、あとは阿部謹也先生の『「世間」とは何か』（講談社現代新書、一九九五年）などを読み、それぞれの概念がものすごく奥が深くて複雑な構造を持っていることがわかって、大変驚きました。修士論文を提出してから、ふと思ったのですが、一般の日本人はこういった専門書を読むことがなくても、こういった言葉を正しく、問題なく使えます。たとえば女子中学生は、四方田先生の『「かわいい」論』を読みもせず、一日百回くらい「かわいい」などと言っています。しかもその「かわいい」と「かわいくない」もののイメージには、何となくみんな共通したものがありますよね。だったら、そのネイティブの感覚はいったいどこから出てくるのかと単純に疑問に思いました。子どもが周りの大人たちの使い方を真似するため、その使い方、つまり使われる連語などから、単語の意味のイメージが湧くのではないかと思いました。そのように博士論文では、訳しにくいとされる言葉の意味を解明するには違うアプローチで研究しなければと思いました。あれこれ試した結果、ジョージ・レイコフ[*1]という学者の「概念メタファー論」にインスパイアされて、「Collocation」[*2]、日本語でいうと「連語」の分析をしようと、自分なりに辿《たど》りつきました。

　具体的に、例を使って一緒に考えてみましょう。もちろん大人になってしまうと自分が言語を習得したときの感覚をいまさら思い出すことは困難なので、比較的最近身につけた外来語なら、その感覚が鮮明に蘇《よみがえ》るのではないかと思って、先日、考えた例ですけれども、「コミュニケーション」という外来語を一緒に考え、分析していきたいと思います。そのために今日は、小内《おない》一《はじめ》*3先生の編纂した『てにをは辞典』（三省堂、二〇一〇年）が非常に役に立つと思いますので、今日はあえて文学作品ではなくて、この辞書を推薦したいと思います。

現代の日本では「コミュニケーション」という言葉をどう使うかというと、「コミュニケーションをとります」とか「コミュニケーションをはかります」、あるいは「コミュニケーションを交わします」などと言います。「コミュニケーション」が日本語に入ったすぐあとからそうだったのでしょうか。こちらで六〇年代から七〇年代の書籍を調べたところ、その当時からもうすぐに、先ほど言ったコロケーションが使用されていたことがわかりました。では一体なぜ「コミュニケーション」に、よりによってその特定の連語が定着して、「コミュニケーションを借りる」、「コミュニケーションを掛ける」、「コミュニケーションを売る」などと言わなかったのでしょうか。

定着した連語のそれぞれを、日本語の辞書を引いて調べますと、おそらく「コミュニケーション」が当時は「意思疎通」という単語として理解され、使用されていたのでしょう。ただし、誰もが最初からその感覚を共有していたかというとそうでもないようです。七〇、八〇年代には「コミュニケーションを通わす」という言う方が出てきます。「通わす」という語を引いてみますと、その言い方はおそらく「心を通わす」という連語から来ていることがわかります。さらに「コミュニケーションがマッチする」とか「コミュニケーションがよく合う」といったちょっと変な使い方もあります。おそらくこの場合は「コミュニケーション」には「話」という単語の遺伝子が受け継がれているように見えます。

　では現代の「コミュニケーション」が「意思疎通」と同じであるといえるかと考えますと、多少ニュアンスが異なるようです。たとえば「意思疎通を作る」という言い方はやや不自然ですけれども、「コミュニケーションを作る」といった言い方はどうやら通用するようです。「コミュニケーションを結ぶ」とか「コミュニケーションを中断」する、「コミュニケーションを打ち切る」と同じようには「意思疎通」は使えません。「コミュニケーション」という単語のそういった性質はどこから来ているのでしょうか。

　生物学の用語をちょっと借りますと、「コミュニケーション」は「意思疎通」のほぼ同義語として使われ始めたものの、途中で遺伝子が変異して、他の単語の遺伝子も組み込まれたようです。この例は少し前に考えたばかりで、まだ深く分析するまでには至ってはいませんが、おそらく「コミュニケーション」に「関係」という単語の遺伝子が加わったものだと思います。要するに「コミュニケーション」は「意思疎通」と「関係」の子どもになったのです。この推測を確認するために、もう一回辞書を使って、さらにＤＮＡ検査をして、親子鑑定をしてみましょう。

「関係」という単語は「築く」とか「絶つ」とかいいますが、「コミュニケーション」も「コミュニケーションを築く」とか「コミュニケーションを絶つ」といった言い方が可能で、「関係」の特徴が「コミュニケーション」にやはり伝わっています。こういった連語の分析で「世間」「遠慮」「常識」といった文化的キーワードにも範囲を広げて親子鑑定をすることにより、その言葉に表れる日本人の世界観の理解に少しでも近づくことで、翻訳の可能性の研究にも生かせるのではないかと思います。そういった意味で、この辞典は日本語を磨く教材としてだけではなくて、連語、あるいは概念やメタファーに見られる日本人の発想を考えさせる教材としても十分に楽しめる作品となっていると思います。

沼野　スロヴェイさんはキエフ大学を卒業したウクライナ人で、ウクライナ語とロシア語のバイリンガルですが、さらに日本語や英語も大変よく知っているので、これらの四言語を比較対照しながら、研究を進めています。大変興味深い比較結果が出てくるものと期待しています。

揚州の鑑真を偲ぶ庭園に日本を想い、京都に残る古き唐朝の息吹に感動した

沼野　それでは次に、中国からいらっしゃった方が二人いるのですが、まずは邵丹《しょうたん》さん、お願いします。

邵丹　まずお断りしておきたいのですが、いまのお二方の話とちょっと違って、私は自分の経験

に基づいてもっと日本文化の面から話をしたいと思います。私は中国揚州市の出身です。中国の事情、揚州のことはわかりますか。中国の事情に詳しくない方にはピンとこないかもしれないんですけれども、揚州は現在は中国の一地方都市に過ぎませんが、唐の時代に一、二を争う商業都市として栄えて、日本からの遣唐使を多く受け入れていました。当時の日本からの留学生は、まず東にある揚州に渡って、そこで唐朝の言葉を覚え、そのあとに西にある長安に向かったそうです。

そしてその逆の方向なんですけれども、七五四年に揚州から鑑真というお坊さんが幾たびもの困難を乗り越えて日本に渡りました。一説によりますと、この鑑真と一緒に日本に渡ったのはお豆腐でした。実は、私の実家のすぐ後ろにこの鑑真を奉る大明寺というお寺があって、このお寺にはまだ鑑真を偲《しの》んで、彼の奈良での住まい、唐招提寺のお庭を模倣して作られた日本庭園がありました。子どものころからよくこの日本庭園で遊んだりしました。このような環境で育ったおかげで、私は早くから日中の絆を、身をもって感じることができたと言っても過言ではないんです。

その後、二〇〇六年に日本人の友人たちと一緒に、長安を、今は西安市ですけれども、訪ねました。滞在中、西安市の旧城壁の上をブラブラしていたところ、偶然にも一人の老人と出会いました。彼は一九九二年に今上天皇ご夫婦が西安を訪問した際に、案内役を務めた人で、当時の思い出話をいろいろ語ってくれました。今上天皇は自分の年号である「平成」を、西安博物館の金石文*4の中に認めたとき、大変お喜びになったそうです。このお話を聞いてすっかり感心した私は、やがて二〇一一年の夏に京都を訪れて、日本に残る古き唐朝の息吹を感じました。

このような日中の歴史的な結びつきは、やはり文学にも表れます。たとえば漢文体で綴《つづ》られた『古事記』の冒頭とか、張鷟《ちょうさく》の『遊仙窟《ゆうせんくつ》』*5を彷彿とさせる『源氏物語』。あるいは『懐風藻』をはじめとする数々の漢詩集など、枚挙にいとまがないほどです。しかし、私が惹かれたのは決して古き良き時代の日本だけではなくて、明治維新以降に近代化を進めていく日本も含まれます。中国の文化的な要素を取り入れるときと同じような積極性を持って、近代日本は西洋文明に学び、洗練を続けていきます。その結果、現代の日本の生活空間やライフスタイルだけでなく、現代日本語さえも欧文構造を取り込んで高度にハイブリッドになりました。私はこの変貌のプロセスをとても興味深いと思いました。

日本に来る前に、私は大学、並びに大学院で英語や翻訳学を専攻しました。順当な道をいけば欧米に渡るはずで、実際に私の同級生の多くはそうしていました。でも昔から日本に惹かれていたため、私は心の赴くままに日本に来ました。二〇一一年の四月です。東日本大震災の僅か一カ月後でした。最近読んだ本の中にわりと好きなフレーズがあって、「人の行く裏に道あり花の山」っていうんですけれど、今振り返ってみれば、当時私が日本研究の道に進んだのはまさにそれでした。人生の岐路を変える大きな選択でしたが、日本に来ることは宝庫を掘り当てたようなものでした。

最後に私も皆さんに一冊の本を薦めたいんですけれども、それは谷崎潤一郎の『鍵』という作品です。谷崎潤一郎のすばらしさに対しては、さっきライアン・モリソンさんも詳しく話されたので、私の話はここでは省きます。ただ補足としては今年の、まさに今月（二〇一六年二月）ですね、九日にまず中央公論新社から「乱菊物語」「盲目物語」の入った『谷崎潤一郎全集』の第十五巻が刊行されました。そしてその僅か二日後には池澤夏樹個人編集「日本文学全集」（河出書房新社）の谷崎潤一郎の巻が出ました。ゆえに今月はまさに谷崎が注目を浴びた月だといえましょう。

文学を研究する立場は、主に作品を症例として見るというか、つまりフロイト風に一方向的に解釈することを求めるんですけれど、ライアンさんはどう感じたのかはわかりませんが、私は谷崎を読むときに、いつも、その作品自体にすごく揺るがされて喜びを感じます。皆さんにもこの喜びを感じていただきたく、『鍵』という作品をお薦めします。

沼野　邵丹さんは、今日は谷崎を取り上げてくださいましたけど、もちろんそれ以外にもいろいろな日本文学作品に親しんでいて、橋本治や村上春樹もよく読んでいます。最近では、村上作品との出会いについて、テレビでインタビューを受けていましたね。

「あ行」から始めた乱読が、「こ」まで来たところで小島信夫が見つかった

沼野　それではもうお一方、中国からの留学生、鄭重《ていじゅう》さん、お願いします。

鄭重　今日ここに来る前に、沼野先生からメールがきて、学術的なシンポジウムじゃないから、大して準備はいらない、普通に話してくれと。で、来てみたら、みんな読み原稿を持っていて（笑）、話がどれも学会発表と同じレベルの立派なもので、これ、騙されたと思っているのですけれども。パーティに誘われて、普通の格好で来ていいよと言われ、行ってみたら、みんなタキシードとかドレスを着ているのに、自分の格好をみるとパジャマだったというようなことをよく夢で見ますけど、いまはその夢の中の自分と同じような気分（笑）。

さらに、ついさっき、先生から、日本文学の話をしてくれと。しかも持ち時間が五分だからそれに収まるように、と。あまり余計なことを喋《しゃべ》ってるとそれだけで五分が終わりそうなので、しかたなく、そこに関係者席って書いてある紙があるじゃないですか。それに、シンポジウムがはじまる前の休憩時間に、言おうと思ったことの要点をメモってきました。とりあえず、なんでここにいるかについて少し説明します。

ぼくの場合は日本文学や日本文化に惹かれて留学してきたわけでは全然なく、高校を中国で出ると、進学も就職もせず、地元の友達とつるんでふらふらと遊んでばっかりいました。すねかじ

りをしていました。自分ではべつに罪悪感も何もなかったのですが、どうやら親が心配したらしく、いわゆる占い師のところに行ったんです。「うちの子、どうしたらいいのか」って、相談したらしい。ちょっと言い訳すると、いまでは変わったかもしれませんが、当時の中国は一人っ子政策で、ぼくだけじゃなく、まわりの友達も一人っ子ばかりで、誰もが親からものすごく甘やかされて育っていた。中国の上海で、そこそこの都会だったから、経済的余裕のある人たちが多く、しかも誰もが文革をかいくぐってきたばかりで、躾《しつ》けるよりもまずは溺愛する。ぼくもふんだんに溺愛されましたので、だめな息子の見本みたいになっていました。それで、占い師のところで何て言われたかよくわからないんだけど、帰ってくると、「ちょっと日本に留学しないか」と言うんです。まあ、風水か何かで方角かなんか言われたのかも知れない、東のほうにって。わからないですけど。

それで、ちょうどその時期に、地元の友達のあいだでは、X JAPANってご存じですか、それが流行ってた。まわりに、髪の毛を真っ赤にしたり、鼻にピアスをあけたり、ドクロの刺青《いれずみ》をいれたりしてる人ばかりが増えて、日本に行くことがその流行のルーツを辿ることになり、「かっこいい」ことのように思われていた。そのなかで占い師に相談してきた親は、金を出すから日本に行ってみないかというので、じゃあ行ってみようということになって、それで来たんです。

その時点では、日本語はX JAPANの歌詞《リリック》くらいしかわからなかった。その歌詞《リリック》も、紅い血がどうのとか、そういうのばかりだから、もちろん何の役にも立たず、友達もできず、何していいのか全然わかんなかった。日本語学校というところに行ってたんですけど、授業がひたすら退屈、同級生たちは何かしらの志を持ってやってきてるふうだったので、馴染めず、二日くらいで行かなくなった。それで最初は町をうろついてたんですけど、外から見ると顔はアジア人なので全然わからないんです、日本語できないということが。だからちょっと話しかけられると「えーっ?・」ってなって、けっこう怪訝《けげん》な顔をされて。それが嫌でほとんど家のまわりから出なくなった。

荒川区の町屋ってところに住んでいたんですけれど、家の近くに大きな公園があり、その横に三階建てのアパートがあるんですけど、そのアパートの二階の一室は区立図書館でした。その程度の規模しかないところですが、漫画本と文庫本が充実していました。どうせ家にいてもやることないから、日中はだいたい公園に行ってバスケして、終わったあとにその図書館で本を読んだりしました。最初は漫画を読んで、何が置いてあったっけな。たしか、つげ義春の全集をそこで読んだ気がします。あと岡崎京子とか、杉浦日向子とか、そういうちょっと変わったもの。手塚治虫はなかったかな。それを一通り読むと、活字の本も読んでみようと思った。何から読めばいいかがよくわからないので、とりあえず、漫画の隣は文庫本の棚だったけど、そこを一番端っこから、「あ行」から読んでいこう、と。いっぱい本が置いてある人のほうがいいだろうと思って、そういう人から選んで読んでいって。だから「あ行」だと赤川次郎とか、綾辻行人とかそういう人を読んで、阿佐田哲也の『麻雀放浪記』を読んだのもこの頃が最初だった気がする。一番読んだのは赤川次郎かな。「三姉妹探偵団シリーズ」っていうのと、「三毛猫ホームズシリーズ」っていうのがあるんですけど、「三姉妹探偵団シリーズ」は十冊は読んだはず。そのうち、気になった作家と関係のある作家とか、言及された作品を読むようになって、だんだんと五十音順で読みすすめていくだけではなくなった。もちろん芥川とかも読んでいた。今日は純文学寄りの話をしようと思って、今、メモってきたんですけれど。

そもそも本を一冊薦める、という話でしたね。ぼくはいまは戦後の日本文学を専門にしているので、そこからひとりだけ作家を薦めるとしたら、深沢七郎だと思います。とくに今日は若い方がたくさんいらっしゃると聞いたので、皆さんに一番お薦めしたいのは『東京のプリンスたち』（中央公論社、一九五九年、のち新潮文庫『楢山節考』所収）という小説です。描かれているのは基本的にはジャズ喫茶に行ったり、女の子とデートしたりするような昭和三十年代の男子高校生たちの日常ですが、途中で友達の家の二階でエルヴィスのレコードをかけながら「原子爆弾ノ実験ト実在」という架空の本をそれとなく読む場面があります。その内容が引用されますが、「原子核ノ破壊ニヨツテえねるぎいハ誕生スルノデアルガ破壊デハナクえねるぎいハ速度ニ変ルノデアリ、放射能モマタ速度デアル」などと、よくわからないことが書かれてあるだけです。イデオロギーの入りこむ隙がないというか。こういうかたちで「原子爆弾」を取りあげている小説はこの時代ではほかにないと思います。

それからもう一冊、自分が翻訳した本を持ってきているんですけど、これです、これ。『妻への家路』（嚴歌苓著、鄭重訳、角川書店、二〇一五年）。いま言ったような上海の事情とか、この本の時代は戦前なんですけど、ほんとぼくのような、なにもできない男の子が、もうこういう環境の中で生まれてきているんだというのが、これを読むとよくわかる。そういう話です。これ、女性作家の書いた小説ですが、主人公である男の子が愛おしくてたまらない感じが前面に出ています。それがまた少女漫画っぽくて面白いです。中国人はみんな子どもを甘やかすんだなと思って、今日、持ってきたんですけれど。……こんな話で。

沼野　今日のお薦め本というのは、原則として外国の研究者の目で見て面白いと思う日本文学作品を挙げてほしいということだったんですが、鄭さんの場合は自分で訳した本を挙げた（笑）。これはなかなかすごい話で、彼が何かを日本語から中国語に訳したというのならわかるんですけれど、『妻への家路』は彼が中国語から日本語に訳した本なんです。鄭さんはその後、もう一冊、ジャッキー・チェンの自伝も日本語に訳しています（『永遠の少年―ジャッキー・チェン自伝』ダイヤモンド社、二〇一六年）。いまの彼の話で、図書館についての部分ですね、暇なので「あ行」の作家から順番に読んでいったというのは、正直なところ本当なのかな、と疑わしくもあるんですが（笑）、まあ、信ずるとして、鄭さんは赤川次郎からどんどん読み進めて、少なくとも「こ」まで来たらしい。そこで小島信夫という作家に出会って、いまやそれが彼のアカデミックな研究のテーマになっています。今日の話では結局、「こ」までは来ませんでしたが。

日本人の真似をしながら日本語を話すということから自分を解放できずにいます

沼野　それでは、たくさん登壇者がいますので先を急ぎます。次はカザフスタンからいらっしゃったウッセン・ボタゴスさんです。よろしくお願いします。

ウッセン・ボタゴス　私は現代文芸論の博士課程に在籍していて、出身はカザフスタンです。どうして日本研究の道に入ったかという質問は、留学生としてよく聞かれるんですけれど、皆さんと違って、私の場合はそういう面白いストーリーがなくて、私が行っていたカザフスタンの大学に東洋学部というところがあるんですけれど、そこでアジア言語のどれか一つを選んで、いわゆるアジアン・スタディーズという分野を勉強することになった。

その東洋学部で勉強できるアジア言語の中では、当時、日本語はとても珍しくて、普通、カザフスタンの他の大学では勉強できない言語だったんですね。東洋学部の日本語学科も新しくできたところだったので、日本語を専攻した専門家もあまりいなかったです。だから私はまず日本語の珍しさに惹かれて勉強することを決めました。日本語学科は新しくできた研究室だったので、教科書とか本とかが少なく、たとえば日本語の教科書は一冊ずつしかなくて、みんなでコピーして勉強していたのですね。ネイティブの先生も最初はいなくて、後になっても一人しかいないとか、あと留学する機会もあまりなかったので、いつか日本に行けるとは夢にも思わなかったのです。当時カザフスタンにたまに遊びに来ていた日本人に会って、ちょっとだけ日本語で話ができればラッキーだなというくらい、日本人と日本語は珍しかったです。本も日本人も少なかったのが逆に刺激になったかもしれません。

文学に関しては、私はもともと本を読むのが好きで、日本語を勉強し始めたときにも、いつか日本文学を日本語で読めるようになりたいという気持ちがありました。日本文学の面白さは、私にとって、まず長い歴史を持っているところ、それから日本語は言語として長い歴史の中でいろいろと変わっていったところにあります。

私の考えでは日本文学の大きな特徴は、アジアの文学として長い歴史を持ちつつ、明治時代にヨーロッパから大きな影響を受けたという意味で、アジアとヨーロッパの文化が混じり合ったところにあるんじゃないかと思います。だからそういう外からの影響によって日本語も言語として大きく変わったんですね。

たとえば、古典はもちろんですけれども、百年前の樋口一葉の作品を現代の日本語に訳すってことがすごく面白いです。同じ言語なのに、時代によって理解できないほど変わってしまうという現象は、たぶん、日本にしかなかったのではないでしょうか。もちろんどんな言語でも時代によって変わりますけれども、百年という比較的短い期間で、書き言葉が大きく変わったという歴史の現象は、日本の独特のところではないかと思います。

ロシア文学と比較してみれば、二百年前のプーシキンのロシア語は現代のロシア語とあんまり変わらないし、カザフスタンの文学も、二百年前のカザフ語で書かれたものは、現在のカザフ語とあまり変わらないのです。日本語は、時代と社会における変化によって、様々な知識と文体を取り入れた結果、とても豊富な言語になったと思います。いうまでもなく、豊富な言語を持つ国では、文学の可能性も広がります。

アジアとヨーロッパ、両方の影響を維持しながら、自分自身のオリジナリティをなくさずに国文学を作るということは、とくに現在のカザフスタンにとってとても重要な課題の一つです。だからアジアとヨーロッパの叡智を調和させるという日本の文学と日本の歴史的な経験からは、見習うべきところがたくさんあると思います。カザフスタンが独立したのは一九九一年なので、まだ二十五年しか経っておらず、今、重要な課題の一つは、ロシア語の影響から解放されて、カザフスタンの国文学を作り、それと同時にカザフスタンに住んでいるいろいろな民族の共通語であるロシア語を維持することです。つまりカザフ語とロシア語を同時に守ったら、カザフスタン文学の範囲も広がるし、二カ国語の影響で文学の可能性も広がります。国文学を作るという意味で日本の経験に習うところがたくさんあると思います。

私は現代文芸論で、太宰治を勉強してきました。太宰治の小説のうち初めて読んだものは、「ヴィヨンの妻」という短編小説でした。男性作家が女性の視点で書いて、しかも女性の感情をうまく伝えているという印象が、当時強く残りました。だから今日のお薦めの一冊としては、太宰が「女性の独白体」で書いた短編集『女生徒』（角川文庫）をお薦めしたいと思います。

太宰研究において、「女性の独白体」は重要なテーマの一つです。太宰の文学は、前期、中期、後期に分けられるのですけれども、その中で女性のモノローグ形式によって書かれた作品は、前期にはなくて、中期以降に現れてくるのです。前期の太宰は実験的な文学に励んでいて、たとえば最初の『晩年』という短編集はそのタイトルからいっても、文学にデビューしたばかりの太宰がもう晩年の作品を発表したという、二項対立的な意味ですごく実験的です。この『晩年』という作品集で太宰は伝えたいことを全部伝え尽くそうとして、ある意味で言語と文体の可能性を極めて、その限界に達したといわれます。そこで何か新しい文体を見つけて自分の文学を建て直そうとしたときに、「女性の独白体」は彼にとって自分の感情とストーリーを伝えるためにもっとも相応《ふさわ》しい文体となったといわれます。

なぜ女性の視点で語る必要があったかというと、いろんな解釈があるんですけれども、最も簡潔な解釈は、太宰は自殺未遂とか麻薬の問題とか、いろいろ辛い経験をして、当時の日本の社会において敗者、つまり弱い人の立場にいたので、そういう同じく弱い立場にいる女性の視点で語ることによって自分自身を表現しようとしたという、まあ簡単な解釈なんですけれども。つまり、「女性の独白体」は太宰にとって文学の転換とともに回復策でもあったといえます。そして、太宰はロシア文学の中でとくにチェーホフに影響を受けて、チェーホフの短編とか戯曲のパロディとも思えるものを試みたり、他にも誰かの日記とか書簡を元にして、それらを書き直しながら新しいストーリーを作るということも、太宰の主な特徴ですけれども。だから太宰の素晴らしいところは、そういう様々な方法、文体、形式を採用してただ実験的な文学を作ることだけではなく、そういう様々な形式や文体の中で自分のスタイルと独特の声、つまりオリジナリティをなくさずに、自分自身を表現できたところにあるのではないかと思います。

最後に一つだけ指摘しておきたいんですけれども、太宰が女性の視点で語るときは、やっぱり女性の真似をしていますね。他者の真似をするときに、自分にとって使い慣れない他者の言語で話すということは、外国語を勉強したときの経験にすごく似ています。これは自分の経験ですけれど、最初、外国語で話すたびに、どこかで聞いたことのあるような、ネイティブが使う言い方などの真似をしていました。だから、そういう真似をせずに自分自身をはっきりと表現できるようになると、その言語はもうネイティブのレベルに達したということを意味すると思います。

私も日本語とは長い付き合いで、もう十年以上になりますけれども、まだ真似をする段階にいます。太宰も女性の視点で語っても、自分の男性としての存在と男性としての視点から自分を解放できなかったのです。私もやっぱり今でも日本人の真似をしながら日本語で話すということから自分を解放できずにいます。だから他者の言語を身に付けることによって他者に変身できるかという観点からも、とても面白いので、太宰の実験的な文体をぜひ読んでみてください。

沼野　今のお話を聞いていて、ボタゴスさんがカザフ語やロシア語で喋るときと、日本語で喋るときでは、きっとどこか人格も違ってくるのかな、ということを思いました。ちなみに、ウッセン・ボタゴスさんはロシア語とカザフ語のバイリンガルで、それに加えて日本語と英語もよく知っている。こういう多言語的な能力を生かして、言わば複数の人格に変身しながら比較文学的な研究をしています。

着地するのではなくどこかに向かう気持ち、そしてその過程に存在することへの関心

沼野　それではさらに先を急ぎますが、次に韓国からいらっしゃったソン・ヘジョンさんにお願いします。

ソン・ヘジョン　ご紹介にあずかりました現代文芸論博士課程のソン・ヘジョンと申します。韓国からの留学生です。私は、韓国における自分が感じてきた日本文化をもとに自分の研究についい

てお話しさせていただきたいと思います。韓国での日本文化の解禁は、二〇〇二年のワールドカップ開催を境に進んだのですが、実際には、二〇〇一年頃から徐々に行われていました。歴史問題やさまざまな規制があって、当時、音楽もマンガも、映画ももちろん法律的規制が敷かれていました。しかし、不思議なことに日本の文学は全面的とはいえないものの、有名な作家の本はちゃんと本屋に並んでいました。夏目漱石や川端康成は大学受験の必読書でしたし、高校の頃は、村上春樹と村上龍の二人の村上が若者の間で大変流行していましたので、学生の間でも「あなたはどっちの村上派？」という質問を常に交わしていた覚えがあります。

それでも日本文化は、文学も含めて、思い切り楽しめるものではありませんでした。日本のものならとりあえず否定する人も多くいましたし、歴史の影響で日本の文化を楽しむには、ある程度の罪悪感というものを感じなければなりませんでした。日本の文化は身近だとはいえませんし、陰に隠れた存在でもありました。とても遠く不可解なもの、しかし、だからこそドキドキしながら手を伸ばすもの、複雑な感情をもたらしながらも魅力的なものとして存在していたのです。

私が初めて触れた日本語は、小学校に入る前から三年ほど暮らしていた、韓国で日本と一番近い釜山で触れた、たくさんの本の中にありました。港にある闇市に近い古本屋街が大好きだった私は、船に乗って海を越えて流れてくる、とても合法とはいえないものですが、たくさんの本やレコード、カセットテープに触れていました。お小遣いを貰《もら》うと、母がゴミだと勘違いして捨てるほど汚い、船の底で転がっていたそれらを買い集めるのが何よりも楽しかったのです。どこから来たのか、当時の私には見当もつかない、これまで見たことのない色の、その中に広がるたくさんの変な文字をなぞりながら、ときめきを隠せず海を眺めていました。海の向こうには何があるんだろう、つかまらない、つながってもいない、でも何らかのカタマリとして、海の外を思う気持ちは次第に大きくなります。憧れとは少し違います。ただただ不思議でしょうがない、たくさんの知らない文字が引き寄せる魅力に、自分が作り上げた世界と空間に、どっぷりとはまっていたのでした。

大学では哲学を専攻しました。でも世界をみる視野を広げてくれた哲学そのものよりは、なぜか哲学理論から触れた様々な外国語に惹かれ、大学時代、必修科目以外は、ドイツ語やフランス語など、いろんな外国語の授業をたくさんとっていて、そのときに初めてカタカナとひらがなを覚えました。そして大学を卒業すると、どこでも、とにかく何でもいいから違う言語を話すところに行ってみたいという気持ちに溢《あふ》れ、たまたま父の仕事関係で日本に留学することになります。

日本に来たのは本当にたまたまでしたが、私は日本で「文学」というものに出会いました。実は、それまで文学というものにあまり興味がなく、今もですが、文学のことはよくわかりません。たまたま留学中に、ドイツ語と日本語のバイリンガルの作家、多和田葉子を知って、彼女の『海に落とした名前』（新潮社、二〇〇六年）というタイトルの本に引き寄せられただけの、たまたまが重なって今に至る、偶然の結果です。

でも、多和田葉子を知った直後、すぐに留学をやめることになります。それで帰国したんですが、韓国に戻って『海に落とした名前』を読みながら、このわけのわからない本にある、海の上でのんびり揺れながら、どこかに届くこともなく、どこにいるのかもわからない胸を震わせる緊張感に、妙な興奮を覚えます。また事物であれ、人間であれ、「名前」を持つことの危うさと、同時に「名前」から離れる心地良さを知ることになります。それは自分の名前や自分の国、自分の母語や自分の性別など、誰かによって決められた自分を定めるすべてのことばを振り返ってみるきっかけとなりました。当たり前のように思われるすべてが当たり前でなくなる瞬間、それは自分にとってとてもセンセーショナルな経験でした。

しかし、当時多和田葉子は韓国では翻訳されていなかったため、私が訳してみたい、研究してみたいと思うようになります。しかし、さてどこに行けばいいんだろうという難問にぶつかります。文学の研究は国でカテゴライズされているのが現状でありまして、このドイツ文学とも日本文学ともいえない作家を研究するための場所がないように思われたのです。そのとき、偶然、現代文芸論研究室を知って、また日本に来ることになりました。越境的な観点が研究の基になることの研究室との出会いは、文学の研究をするそもそものきっかけとなったのです。そして文学、そしてその先へとどんどん枠を広げていく力を与えてくれました。

今は、文学における声というテーマで多和田葉子の研究をしています。多和田葉子は二つの言語で多くの作品を執筆する作家でありながら、同時に現代社会で失われがちな「身体性」を発揮し、朗読の活動も積極的に行っています。境界を越えることを恐れない作家は、ジャンルを越えることを拒まず、いろいろなアーティストと共演したり、世界各地を飛び回りながら活発に文学の活動を行っています。

その、枠を越えていくことにそもそも魅了されていた私は、博士論文のため、紙と鉛筆だけでなく、今はビデオカメラを持って、世界各地の文学の現場、身体性に溢れる朗読パフォーマンスを撮影しています。今年（二〇一六年）の一月はインドのジャイプールで開かれた世界最大の文学フェスティバルに行ってきました。来月はアメリカの各地で開かれる朗読の撮影に行きます。今年いっぱい様々な国で撮影をしてくる予定です。それをもとにいつか世界を舞台にした文学に関するドキュメンタリー映画を作りたいと思っています。

文学を通じて海を越え、私は世界へ飛びます。何かに到達し、どこかに着地するのではなく、何か、どこかに向かう気持ち、その過程、そしてその間に存在することへの関心は、文学から始まり、私を世界へと繋《つな》げてくれました。あまり文学のことはよくわからず、個人的な話ばかりで恐縮なのですが、これが私が経験してきた世界と日本、そして文学です。未熟ながら今後も世界を跨《また》いで研究を進めていきたいと思います。

沼野　今のお話にもありましたように、ソン・ヘジョンさんは、今、パフォーマンスに興味を持って世界中を飛び回っていますけれども、特に多和田葉子さんとは個人的にも近い関係で、いろいろと一緒に活動してこられました。

ここで一つ、研究室の宣伝にもなりますが、現代文芸論研究室では『れにくさ』という雑誌を、ほぼ年に一回のペースで出しております。今準備している次の第六号には、ソンさんも多和田葉子に関する研究を寄稿していますが、それは多和田さんの卒業論文に関するものです。多和田さんはじつは早稲田大学露文科の卒業で、アフマドゥーリナという女性詩人について大変立派な卒論を書いていますが、これはこれまで未公開で、誰にも知られていなかった。ソンさんは多和田さんからその卒論を見せてもらい、それに基づいて論文を書いたうえで、その卒論の一部を付録として収録する予定です。多和田葉子という作家の知られざる原点を探るための貴重な資料になると思いますので、『れにくさ』の次号が出たら、興味のある方はぜひご覧になってください。

（注『れにくさ』第六号特集＝ロシア中東欧は、二〇一六年三月に刊行された。）

なお『れにくさ』はすべてUTokyo Repositoryという、東大の刊行物のデータベースで公開されていて、全文をウェブ上で読むことができます（http://repository.dl.itc.u-tokyo.ac.jp/bulletin/#76-0）。

完璧な瞬間の美に気づくことができたのは、俳句を読んでいたから

沼野　だいぶ時間が遅くなってまいりました。最後にポーランドからの留学生、エルジビエタ・コロナさんにお願いします。

エルジビエタ・コロナ　ありがとうございます。先輩たちの素晴らしい話を聞いてなかなか難しい立場に立っていますが、頑張っていきたいと思います。

エルジビエタ・コロナと申します。ポーランド出身で、ワルシャワ大学の日本学科の卒業生です。東京大学の大学院生で、現在は修士一年生です。

私たち日本学科の学生は、なぜ日本語なのか、なぜ日本学科なのかという質問に追われていますね。私の場合、日本語の音を好きになったのは、中学校のころでした。そのきっかけは友達が借りてくれたカセットテープに録音された日本のポップソングでした。X JAPAN、GACKT、ポルノグラフィティなどの曲で初めて日本語の言葉を聞きました。

日本語とポーランド語の違いが大きいというのは言うまでもありません。子音がたくさん詰まっているポーランド語と違って、日本語は母音が多く、そのメロディーが私の耳に美しく響いていました。好きな曲を何回も聞きながら知らないうちに歌詞を覚えていきました。無我夢中の状態で歌詞の原文と英語の翻訳を一所懸命に比較して、音の美しい日本語の謎を解こうとしてい

ました。

その日本語の音の美しさを再び実感したのは、日本の俳句と出会ったときでしたが、俳句を鑑賞できるまでかなり遠い道のりになりました。実は、私の俳句との最初の出会いはポーランド語の訳文でした。芭蕉・蕪村・一茶・子規の俳句は二十世紀の初頭からポーランド語に訳されており、そしてその翻訳のもとでポーランド文学の中にハイクという新しいジャンルが芽生えてきました。

音と内容、形とイメージの精巧なバランスを翻訳で保つことは非常に難しいことです。日本語の俳句の素晴らしさをポーランド語に反映しようと試行錯誤し、新しい謎を解こうとしている翻訳者がたくさんいます。また、五七五シラブルのハイクを作っている俳人がいる一方、リズムより簡潔性を優先して前衛的な句を詠んでいる詩人もいます。

しかし、その作品を読んでみても未熟な私にとって俳句はどうにも短すぎて、どこか物足りないと思っていました。ポーランド語のロマン主義時代に作られた豪華な詩に慣れ親しんできた私には、俳句の面白さはなかなか解けない謎でした。

その後、私に俳句の面白さを教えてくれたのは、なんと、温泉旅行でした。来日する前、私は何で日本人は、長い時間をかけて熱いお湯につかることがそんなに好きなのか、本当はさっぱりわかりませんでした。長い時間お湯の中で座ると、肌もしわしわになりますし、体も疲れるし、めまいもするのではないでしょうか。しかし、初めての日本の温泉体験が娯楽の経験だけではなく、むしろ美学的で、貴重な経験になるとは思いもしませんでした。

四年前のことですが、留学して東京に住んでいました。お正月は大学の友達に誘われて、一緒にその友達の実家――松本に行くことになりました。雪がほとんど降らなかった東京とちがって、その時の松本は白い雪に覆われていました。山の景色は本当に魅力的でした。そこで、夜は温泉へ行くことになりました。まず屋内の浴室で体を洗ってから、外におかれた大きな樽を使うことになりました。寒い冬の外気はマイナス八度ぐらいでしたが、お湯の中に座ることは大変気持ちよかったのです。月は水面と雪と私たちの肌を穏やかに照らし、竹の垣根のそばには赤い椿の花が咲いていました。そこに夜空から雪がちらちらと降り始めました。このような組み合わせはなかなか珍しいでしょう。その瞬間の感動をどうやってほかの人に伝えればいいのかと考えて、初めて「俳句を作ることができたらいいな」と思いました。

しかし、もともとその瞬間の完璧さに気づくことができたのは、俳句を読んでいたおかげではないでしょうか。なぜなら、俳句というのはこのような特別な瞬間とごく日常の風景に新しい枠を与え、一瞬の出来事を宝石のように磨きあげてくれるからです。儚《はかな》い人生の一瞬を摑《つか》み、琥珀に沈んだ虫のように周りに美しく提示することができます。つまり、俳句という形をとることによって、その思いは他者への刺激に変わります。そして、その刺激は他者に伝達され、さらなる連想を呼び起こします。

そこで、日本語の俳句についてもっと知りたいと思い、今日皆さんにお薦めする本を手に取ることになりました。この本は、『子規百句』（創風社出版、二〇〇四年）というタイトルで、子規の俳句をゆっくり味わえる一冊です。俳人の坪内稔典《としのり》と小西昭夫がその百句を選択しました。各作品の魅力をそのまま鑑賞できる上、選ばれた鑑賞者の解説と子規の人生を紹介するエッセイが含まれています。そのおかげで、俳句を読みながら子規についての知識も深め、俳句を通して正岡子規をよりよく知る、そして正岡子規を通して様々な日本の面を知ることができました。

子規の句の遠近感と精緻な言葉の選び方を鑑賞し、この句集は俳句の素晴らしさを感じさせる大変いい入門書になりました。大好きな句と出会う場所にもなりました。子規を読みながら笑ったり、納得したり、悲しくなったりしたし、ショックを受けたこともありました。

子規の好きな句を取り上げようとすれば、有名な「柿くへば鐘が鳴るなり法隆寺」と「菜の花の中に道あり一軒家」の二つが最初に思い浮かびます。句に描かれている景色は映画を見ているかのように、次々に目の前に広がっていきます。しかし、子規の句が刺激的であろうとも、私に見えてくる風景はしばしばポーランドの風景になっています。子規の菜の花を読んでいると実家の菜の花の風景が広がります。子規のおかげでポーランドと日本の景色が重なって見えるようになりました。

いつか子規の句をポーランド語に訳したいと思いますが、正直いえば、訳せないところが多いです。例えば、気に入っている句の「梅雨晴やところどころに蟻の道」の「梅雨晴」という季語は一言でポーランド語に訳すのはほぼ不可能です。日本語と百パーセント同じ句にはなりません。しかし、ポーランドの読者にも想像力に対する刺激を与える限り、訳す価値があると思っております。ポーランド語に訳された数多くの句とポーランド語で詠まれた数多くの句には、ポーランド語らしさもあれば、新たな魅力もあります。世界文学というのは、言語と文化の壁を越え、世界中の人々に影響を与える文学だとすれば、この子規の句集と俳句文学の全体は世界文学の一部になっているに違いありません。俳句の翻訳が刺激になって、ポーランド文学とポーランドの俳句愛好者が変わってきました。

世界を新しい角度から見てみたい方にぜひ、日本の俳句と、外国語で書かれた「ハイク」の両方を読むことをお勧めします。皆さんにも、世界文学でどうしても解きたい謎が見つかるようお祈り申し上げます。

沼野　どうもありがとうございました。ポーランドという国は日本では名前は誰でも知っていますが、実際に付き合いのある人は少ないので、まだあまりよく知られていない国かもしれません。実はエルジビエタ・コロナさんが卒業したワルシャワ大学は、ヨーロッパでも有数の日本研究の水準を誇る大学で、東大とワルシャワ大学の間では学術交流協定が結ばれており、それに基づいて研究者、留学生の交換を細々とですが長年にわたって続けてきました。ということで、現代文芸論研究室はこれまでもワルシャワ大学からはかなりの数の留学生を受け入れていて、留学経験者はその後、研究者や大使館職員などとして、様々な分野で活躍し、日本とポーランドの文化交流のために大きな力となっています。

ここまで、七名の留学生の皆さんにお話しいただきました。残念ながら質疑応答の時間がもうほとんど残っていないのですが、せめて一つでも質問をお受けしましょうか。

質問者1　ソン・ヘジョンさんに質問なんですけれど、身体性に関心をお持ちで、世界各地で朗読する様子をビデオカメラに撮っていらっしゃるということですが、他に言葉と身体性で表すものとしての、歌とか弾き語りとかそういったパフォーマンスがあると思うんです。朗読以外のそういった言葉と身体性が結びついたパフォーマンスについて、とくにこれはという何かがあれば教えてほしいのですが。

ソン・ヘジョン　そもそも私が朗読の研究をしたいと思ったきっかけは、文学というものが、現代社会では結構視覚に囚われていて、文学というと、本、文字を読むというイメージが多いんですけど、実際には文字が生まれる以前から物語は存在していて、みんなは声でそれを伝えてきたはずなんですね。それでまずは文学における声とは何だろうという疑問から始まったものなので、そもそもパフォーマンスの研究ではなくて、文学の中から声を意識化して、今はそれがどういうふうに受け取られてきているのかを研究しているのです。他のパフォーマンスについてはよく存じ上げていませんが、俳句もやっぱり、コロナさんもお話しなさったように、そういう芸術であると思います。

沼野　ありがとうございました。では、だいぶ遅くなってきましたので、もっと聞きたいことがたくさんあるのですけれども、このくらいで第二部を終了させていただきます。

私は教師としては、これらの留学生の皆さんをちゃんと指導してきたとはとても言えないのですが、これだけの立派な日本語で、へたをすると私でも読んだことのないような日本文学の作品についてその素晴らしさをいろいろ語られると、こっちももっと読まなくちゃ、もっと勉強しなくちゃ、という気持ちになるのが嬉しいですね。その一方で、もちろん私は同時に日本人の学生、大学院生をかなりの数受け持っている身ですから、「日本人の君たちももっと頑張って、これくらい外国語を喋れるようにならなくちゃ駄目だよ」ってハッパをかけたくもなる。いや、それはまず何よりも自分に対するハッパなんですけれども。

第一部の冒頭でも申し上げましたが、今日は「日本から世界へ」と「世界から日本へ」という正反対の方向を向いたまなざしが見事にクロスして、互いにとって刺激的ないい場になったと思います。皆さん、長時間、どうもありがとうございました。

＊1　ジョージ・レイコフ　George P. Lakoff（一九四一年〜）アメリカの言語学者。カリフォルニア大学バークレー校教授。一九七〇年代以降発展した認知言語学の提唱者の一人。

＊2　コロケーション　二つ以上の単語の慣用的なつながりのこと。連語関係。

＊3　小内一　校正者。一九五三年群馬県生まれ。編著書に『究極版　逆引き頭引き日本語辞典　名詞と動詞で引く17万文例』（一九九七年）、『日本語表現大辞典　比喩と類語三万三八〇〇』（二〇〇五年）、『てにをは辞典』（二〇一〇年）など。

＊4　金石文《きんせきぶん》　刀剣や青銅器といった金属や石碑などに刻まれた文字や文章のこと。

＊5　張鷟《ちょうさく》の『遊仙窟《ゆうせんくつ》』　中国唐代の文人、張鷟による伝奇小説。主人公が旅行中に神仙窟に迷い込み、仙女の歓待を受けて一夜を過ごす。四六文（一句の字数が四字または六字を基本とする装飾的な文）の美文でつづられ、日本には奈良時代に伝来して、のちの文学に影響を与えた。

あとがき――二十六回の「対話」を終えて

多彩なゲストをお招きし、私がホスト役となって行ってきた「対話で学ぶ〈世界文学〉連続講義」の第一回は、いまからもう七年以上前、二〇〇九年十一月のことで、記念すべき最初のゲストは、リービ英雄さんだった。そのときは、まさかこんなに長く続くとは思っていなかったが、それから七年かけて計二十六回の対話を繰り返し、全部で五冊の本ができた。

お世話になった方々に改めて感謝の気持ちを込めて、またこの五冊を通じて、文学のどんな側面や問題、可能性が取り上げられてきたか、もう一度見直すために、これまでの対話のテーマとゲストのお名前を列挙させていただく（敬称略）。

『世界は文学でできている——対話で学ぶ〈世界文学〉連続講義』（二〇一二年一月刊）

1．リービ英雄「越境文学の冒険」
2．平野啓一郎「国境も時代も飛び越えて」
3．ロバート キャンベル「『Ｊブンガク』への招待」
4．飯野友幸「詩を読む、詩を聴く」
5．亀山郁夫「現代日本に甦るドストエフスキー」

『やっぱり世界は文学でできている——対話で学ぶ〈世界文学〉連続講義2』（二〇一三年十一月刊）

1．亀山郁夫「あらためて考えるドストエフスキー」
2．野崎歓「『美しいフランス語』の行方」
3．都甲幸治「『世界文学』の始まりとしてのアメリカ」
4．綿矢りさ「太宰とドストエフスキーに感じる同じもの」
5．楊逸「日本語で書く中国の心」

6．多和田葉子「母語の外に出る旅」

『それでも世界は文学でできている――対話で学ぶ〈世界文学〉連続講義3』（二〇一五年三月刊）

1．加賀乙彦「いま、あらためて考える――『文学』とは何なのか」

2．谷川俊太郎・田原「詩の翻訳は可能か」

3．辻原登「私を『世界文学』に連れてって」

4．ロジャー・パルバース「驚くべき日本語、素晴らしきロシア語――視線は地平をこえて」

5．アーサー・ビナード「『言葉を疑う、言葉でたたかう』」

『8歳から80歳までの世界文学入門――対話で学ぶ〈世界文学〉連続講義4』（二〇一六年八月刊）

1．池澤夏樹「いまだから、文学だからこそできること」

2．小川洋子「どうしても物語が必要だ」

3．青山南「子どもと絵本翻訳が教えてくれたこと」

4．岸本佐知子「私の『スイートスポット』が呼び寄せたアメリカ現代小説」

5．マイケル・エメリック「外から見た日本の現代文学」

『つまり、読書は冒険だ。――対話で学ぶ〈世界文学〉連続講義5』（二〇一七年三月刊、本書）
1．川上弘美、小澤實「『私と文学』――なめらかで熱くて甘苦しくて――」
2．小野正嗣「マグノリアの庭から――文学の未来はどうなるのか――」
3．張競「世界文学としての東アジア文学――日中文学交流の現在――」
4．ツベタナ・クリステワ「心づくしの日本語――短詩系文学を語る――」
5．シンポジウム「世界文学と愉快な仲間たち」
第一部「日本から世界へ」パネリスト　柳原孝敦、阿部賢一、亀田真澄、奈倉有里
第二部「世界から日本へ」パネリスト　ライアン・モリソン、ヴィヤチェスラヴ・スロヴェイ、邵丹、鄭重、ウッセン・ボタゴス、ソン・ヘジョン、エルジビエタ・コロナ

多くの人たちに出会い、多くのことを語り合い、多くの本を読んだ。それでもこれでもういい、ということがないのが世界文学だ。そして人生も。

本書所載の各対談は、以下の講演をもとに再構成したものです。

●川上弘美　２０１６年１月31日『私と文学』——なめらかで熱くて甘苦しくて——」［東京大学法文２号館文学部１番大教室］

●小野正嗣　２０１６年２月27日「マグノリアの庭から——文学の未来はどうなるのか——」［御茶ノ水ソラシティ　テラスルーム］

●張競　２０１５年11月28日「海を越える日本文学——日中文学交流の現在——」［東京大学法文１号館文学部１１３教室］

●ツベタナ・クリステワ　２０１５年11月30日「心づくしの日本語——短詩系文学の魅力を語る——」（東京大学大学院人文社会系研究科現代文芸論研究室による公開講義）［東京大学法文１号館２１６番教室］

以上の４対談は、いずれも一般財団法人出版文化産業振興財団（ＪＰＩＣ）主催／「世界は文学でできている——10代から出会う翻訳文学案内〈新・世界文学入門〉沼野教授と読む世界の日本、日本の世界」のシリーズ対談として行われました。

●シンポジウム　２０１６年２月28日「世界文学と愉快な仲間たち」第１・２部［東京大学法文２号館文学部１番大教室］

このシンポジウムは一般財団法人出版文化産業振興財団（ＪＰＩＣ）の主催により、東京大学大学院人文社会系研究科現代文芸論研究室が企画・実施したものです。

編集協力／今野哲男

沼野充義

ぬまの・みつよし
1954年生まれ。文芸評論家。東京大学大学院人文社会系研究科・文学部教授（現代文芸論・スラヴ語スラヴ文学研究室）。東京大学教養学部教養学科卒、同大学大学院人文科学研究科、ハーヴァード大学大学院に学ぶ。専門はロシア・ポーランド文学。著書に『屋根の上のバイリンガル』、『W文学の世紀へ』、『亡命文学論』、『ユートピア文学論』、『チェーホフ　七分の絶望と三分の希望』、「対話で学ぶ〈世界文学〉連続講義」シリーズ（『世界は文学でできている』『やっぱり世界は文学でできている』『それでも世界は文学でできている』『8歳から80歳までの世界文学入門』編著）など。訳書にシンボルスカ『終わりと始まり』、ブロツキイ『私人』、レム『ソラリス』、ナボコフ『賜物』、チェーホフ『新訳チェーホフ短篇集』『かもめ』など。日本文学の海外への紹介にも積極的に取り組んでいる。

つまり、読書《どくしょ》は冒険《ぼうけん》だ。
対話《たいわ》で学《まな》ぶ〈世界文学《せかいぶんがく》〉連続講義《れんぞくこうぎ》 5

2017年3月20日　初版1刷発行

編著者　沼野充義《ぬまのみつよし》
発行者　田邉浩司
発行所　株式会社 光文社
〒112-8011　東京都文京区音羽1-16-6
電話　編集部　03-5395-8162
書籍販売部 03-5395-8116
業務部　03-5395-8125
URL　光文社　http://www.kobunsha.com/
組　版　萩原印刷
印刷所　半七写真印刷工業
製本所　国宝社

落丁・乱丁本は業務部へご連絡くだされば、お取り替えいたします。

ISBN978-4-334-97921-8